STADT IN DER GESCHICHT

Band 20

Stadt in der Geschichte

Veröffentlichungen
des Südwestdeutschen Arbeitskreises
für Stadtgeschichtsforschung

Band 20

Begründet von
Erich Maschke und Jürgen Sydow

Jan Thorbecke Verlag Sigmaringen
1994

Vom Städtebund zum Zweckverband

30. Arbeitstagung in Waiblingen
1991

Herausgegeben von
Bernhard Kirchgässner und Hans-Peter Becht

Jan Thorbecke Verlag Sigmaringen
1994

Die Deutsche Bibliothek – CIP-Einheitsaufnahme

Südwestdeutscher Arbeitskreis für Stadtgeschichtsforschung:
... Arbeitstagung ... / Südwestdeutscher Arbeitskreis für Stadtgeschichtsforschung. – Sigmaringen: Thorbecke.
Früher Schriftenreihe
30. Vom Städtebund zum Zweckverband. – 1994

Vom Städtebund zum Zweckverband / hrsg. von Bernhard Kirchgässner und Hans-Peter Becht. – Sigmaringen: Thorbecke, 1994
(... Arbeitstagung ... / Südwestdeutscher Arbeitskreis für Stadtgeschichtsforschung; 30)
(Stadt in der Geschichte; Bd. 20)
ISBN 3-7995-6420-9

NE: Kirchgässner, Bernhard [Hrsg.]; 2. GT

Dieses Buch ist aus säurefreiem Papier hergestellt und entspricht den Frankfurter Forderungen zur Verwendung alterungsbeständiger Papiere für die Buchherstellung.

Gesamtherstellung: M. Liehners Hofbuchdruckerei GmbH & Co. Verlagsanstalt, Sigmaringen
Printed in Germany · ISBN 3-7995-6420-9

Inhaltsübersicht

Vorwort

Vom hohen Mittelalter bis in unsere Zeit versuchten Städte, Probleme und Aufgaben, welche die Kraft einer einzelnen Kommune überstiegen, im Verbund zu lösen. Teils zusammen mit den überörtlichen Gewalten, teils gegen sie wurden entscheidende Fragen zu lösen versucht. Nennen wir hier nur unter vielen anderen Münz- und Gewerbefragen, Sicherung des überörtlichen Verkehrs und Abwehr von Gewalten, die die städtische Selbständigkeit bedrohten. Nicht weniger gravierend waren Sozialprobleme im Hinblick auf tatsächliche oder vermeintliche Gefahren revolutionärer Umtriebe, schließlich die alles überlagernde Frage der Selbständigkeit in politischer und wirtschaftlicher Hinsicht – die Reihe derartiger Problemfelder ließe sich beliebig fortsetzen. In der neueren Zeit kamen die Stadt-Umland-Probleme hinzu, Fragen des Gewerbesteuerausgleichs, des Schul- und Wohnungsbaues vor allem im Zusammenhang mit massiven Zuwanderungsströmen, schließlich die Selbstbehauptung von Mittel- und Kleinstädten im Einflußbereich großer zentralörtlicher Agglomerationen.

Der Südwestdeutsche Arbeitskreis für Stadtgeschichtsforschung hat deshalb die Einladung der Stadt Waiblingen gerne aufgegriffen, um in einer Jahrestagung Einzelfragen dieses Gesamtkomplexes zu behandeln. So gilt auch unser erster Dank der gastgebenden Stadt, insbesondere Herrn Oberbürgermeister a. D. Dr. Ulrich Gauss und dem verstorbenen Stadtarchivar Wilhelm Glässner, aber auch dem Stadtrat und allen städtischen Mitarbeitern, die uns bei der Vorbereitung und Durchführung dieser Tagung bereitwillig geholfen haben. Unterstützung haben wir auch erfahren vom Ministerium für Wissenschaft und Kunst Baden-Württemberg und vom Badischen Sparkassen- und Giroverband. Dank sei schließlich denjenigen Städten gesagt, die unsere Arbeit durch kontinuierliche Hilfestellungen unterstützen. Die Mühe der Registererstellung lag in Händen von Herrn Dipl.-Volkswirt Matthias Stuhlinger, der sich hierdurch unseren Dank verdient hat.

So übergeben wir diesen Band als Zeichen unseres Dankes an alle Freunde der Stadtgeschichte in der Hoffnung, Referate und Diskussionsvoten mögen wiederum mancherlei Anstoß geben für weitere Forschung.

Bernhard Kirchgässner *Hans-Peter Becht*

Mittelstadt in der Region

von Ulrich Gauss

I

Ich heiße den Südwestdeutschen Arbeitskreis für Stadtgeschichtsforschung als Gast in der Stadt Waiblingen und damit in der Region herzlich willkommen. In Waiblingen freuen wir uns besonders über den Besuch von Stadthistorikern, denn wir sprechen gern über die interessante Geschichte unserer Stadt, die durch baulichen Bestand leider nur teilweise anschaulich zu machen ist. Was wir in unserer alten Innenstadt finden, sind diejenigen Häuser, die nach dem großen Stadtbrand von 1634 wieder aufgebaut wurden; es hat länger als ein Jahrhundert gedauert, bis Waiblingen seine alte Einwohnerzahl wiedererlangt hatte. Vom späten Mittelalter zeugen Bauten wie der Hochwachtturm, die Michaelskirche und der zum Glück noch fast zusammenhängend erhaltene Mauerring.

Die Zeit der Kaiserpfalz Waiblingen ist aber nur schriftlich belegt: durch Urkunden der Karolinger, die hier in den Jahren 885, 887 und 907 ausgestellt wurden, und durch spätere literarische Quellen, aus denen wir gern entnehmen, daß es die ›Heinriche von Waiblingen‹ gab und daß Waiblingen ›die vorzüglichste unter den Festen in Schwaben‹ gewesen ist. Die Stadt Waiblingen wurde in der ersten Hälfte des 13. Jahrhunderts gegründet; es war die erste Stadt der Wirtemberger. Seitdem ist sie Amtsstadt mit einem dazugehörigen Amt, das zunächst bis zum Neckar reichte und dann im Zuge von Reformen sich immer mehr nach Osten hin erweiterte. Zum Amt Waiblingen kam 1808 das Amt Winnenden hinzu, es entstand das Oberamt später mit Teilen des Oberamts Cannstatt (1923), weiterhin der Landkreis Waiblingen durch Vereinigung mit den Oberämtern Schorndorf und Welzheim (1938) und schließlich durch Zusammenlegung mit dem Landkreis Backnang (1973) der Landkreis Rems-Murr mit Sitz in Waiblingen.

Die Entwicklung zur Mittelstadt im heutigen Sinn setzte mit der Eröffnung der Rems-Bahn 1861 ein. Doch nur sehr langsam wurde Waiblingen von der wirtschaftlichen Dynamik des Raumes Stuttgart erfaßt. Dies war aus heutiger Sicht ein Glück: Wie wären uns sonst der mittelalterliche Siedlungsrand und die Talaue der Rems erhalten geblieben! Das Siedlungswachstum von Stuttgart her wurde durch die Geländeschwelle des Schmidener Feldes aufgehalten, welche die Waiblinger Bucht vom Neckartal trennt. Waiblingen hat sich deswegen etwas anders entwickelt als die Nachbarstadt Fellbach, zumal nach deren Anschluß an die Stuttgarter Straßenbahnen (1929).

Nach dem Zweiten Weltkrieg hielt sich die Stadt Waiblingen bei der Erschließung von Bauflächen relativ lange zurück. Als aber die Stadt Stuttgart und ihre unmittelbaren Nachbarn den Bevölkerungsdruck nicht mehr aufnehmen konnten, wuchs die Einwohnerzahl – bei Kriegsbeginn etwa 10000 – und in der Folge auch die Wirtschaftskraft der Stadt um so rascher. Bis zum Jahr 1970 war die Einwohnerzahl auf 25000 gestiegen. Durch die Gemeindereform kamen die Nachbargemeinden Beinstein, Bittenfeld, Hegnach, Hohenacker und Neustadt zu Waiblingen, was zur Folge hat, daß seit 1975 die Bevölkerung sprunghaft wächst.

Heute ist Waiblingen als Kreisstadt für Rems und Murr auch zu einem wirtschaftlich aktiven Mittelzentrum – doppelzentral mit Fellbach verbunden – mit mehr als 50000 Einwohnern, einer gesunden Struktur kleiner und großer Betriebe und mehr Ein- als Auspendlern geworden. Der Wohnqualität kommt unsere Landschaft zugute: Der Verdichtungsraum Stuttgart geht hier über in die Talaue des Remstals mit den Weinbergen, durch die man zur Buocher Höhe und in den Schwäbischen Wald wandern kann.

Mit dem Blick über die Markungsgrenze unserer Stadt hinaus begrüße ich unsere Gäste auch im *Raum Stuttgart.* Oder soll ich vom Verflechtungsbereich, von der Nachbarschaft, von der Region Stuttgart sprechen? Auf alle Fälle weiß man in der Stadt Waiblingen, daß wir in einem zusammengehörigen Raum leben und daß die Aufgaben nicht an unseren Markungsgrenzen enden. Lassen Sie mich dazu einige historische Überlegungen anstellen.

Seit die Wirtemberger zu Beginn des 14. Jahrhunderts ihren Hauptsitz nach Stuttgart verlegt haben, war Stuttgart die Landeshauptstadt der Grafschaft, des Herzogtums und dann des Königreichs. Immer bestand also eine Beziehung zwischen Stuttgart als Hauptstadt und Waiblingen als einer der nahen Amtsstädte des Landes. Von einer Nachbarschaft kann man aber wohl erst seit dem Bau der Eisenbahn sprechen. Man war zwar auch vorher von Rathaus zu Rathaus nur 12 km voneinander entfernt, dazwischen lagen aber die Stadt Cannstatt, die bis 1905 selbständig und eigene Oberamtsstadt war, und Fellbach, die heutige Große Kreisstadt mit etwa 40000 Einwohnern. Der letzte württembergische König erzählte übrigens, er habe in seiner Jugend gelernt, daß Stuttgart 40000 Einwohner habe.

Der geographischen Lage Stuttgarts ist es zuzuschreiben, daß Stuttgart über den Charakter der Residenzstadt hinaus nur mühsam zentrale Bedeutung gewann. Im Jahr 1669 ließ der Philosoph Leibniz eine Denkschrift beim Herzog abgeben mit der Überschrift: »Ursachen warumb Cannstatt füglich zur Hauptstadt des Herzogthums Würtenberg zu machen«. Im Jahr 1905 konnte Stuttgart jedoch die Eingemeindungen vornehmen, die den dem Wachstum vergleichbarer deutscher Großstädte entsprechenden Zuwachs an Markung und Einwohnerzahl brachten sowie die für die wirtschaftliche Bedeutung wichtigen ebenen Industrieflächen zu Stuttgart kommen ließen.

Die kleinteiligen politischen Strukturen des Raums Stuttgart sind also siedlungsgeographisch und entwicklungsgeschichtlich vorgegeben[1]. Sie haben heute eine stärkere Verflechtung zwischen Kernstadt und Umland zur Folge, als sie die meisten vergleichbaren Räume aufweisen. Durch das Landesplanungsgesetz wurde die Region Mittlerer Neckar gebildet, bestehend aus der Stadt Stuttgart und den sie umgebenden Landkrei-

1 »Regionalakademie« Robert Bosch-Stiftung, Stuttgart 1991, S. 53.

sen Böblingen, Ludwigsburg, Rems-Murr, Esslingen und Göppingen[2]. Diese Region bezeichnet sich selbst als die »Region Stuttgart«. Hier wohnen auf 10 Prozent Landesfläche (3654 qkm) etwa 25 Prozent der Einwohner des Landes Baden-Württemberg, und hier werden 30 Prozent des Brutto-Inlandsproduktes des Landes erwirtschaftet. Von den knapp 2,5 Millionen Einwohnern dieses Raumes leben etwa 580000 in der Landeshauptstadt Stuttgart und etwa 1,8 Millionen Einwohner in den umgebenden 14 Mittelbereichen.

Die besonders starke Verflechtung der in wirtschaftlicher Hinsicht starken Region Stuttgart hängt mit der Struktur von Wohnen und Arbeiten in der Stadt und im Raum Stuttgart zusammen[3]. Ein relativ großer Teil der Wohnbevölkerung hat sich seit 1950 im Umland angesiedelt, während die Zahl der Arbeitsplätze in der Kernstadt Stuttgart nahezu gleich geblieben ist. Diese Randwanderung der Wohnbevölkerung hat aber in allen Regionen der alten Bundesrepublik außer in Berlin stattgefunden, sie ist am stärksten in den Räumen Düsseldorf und Stuttgart und annähernd gleich stark im Frankfurter Raum feststellbar[4]. Vergleichen wir aber die deutschen Wirtschaftsregionen bezüglich des Zuwachses an Arbeitsplätzen, so steht die Region Stuttgart in den Jahren 1970 bis 1987 mit ihrem Zuwachs unmittelbar hinter München an zweiter Stelle[5]. Die Stadt Stuttgart selbst nimmt hinsichtlich der Arbeitsplatzdichte mit 663 sozialversicherungspflichtigen Beschäftigten auf 1000 Einwohner im Vergleich deutscher Großstädte ebenfalls den zweiten Platz hier hinter Frankfurt ein[6]. Diese Daten zeigen, daß sowohl die Stadt Stuttgart wie die Region derzeit wirtschaftlich prosperieren.

II

Für Waiblingen habe ich bereits den Begriff Mittelstadt benützt. Ist dies richtig? Und was bedeutet es, wenn von der Region Stuttgart gesprochen wird?

Die Bezeichnung *Mittelstadt* grenzt von der Großstadt ab, die nach allgemeinen Maßstäben mehr als 100000 Einwohner hat. Als Kleinstadt bezeichnen wir Städte mit weniger als 20000 Einwohner, dazwischen liegt die ›Mitten‹, von der Mörike sagt, in ihr liege holdes Bescheiden. In Baden-Württemberg werden Städte mit mehr als 20000 Einwohnern regelmäßig zu Großen Kreisstädten erklärt, das heißt, sie unterstehen der unmittelbaren Rechtsaufsicht des Regierungspräsidenten. Wir wissen aber, daß für eine Stadt nicht allein die Einwohnerzahl wichtig ist, es kommt vielmehr auf den »Bedeutungsüberschuß« gegenüber ihrem Umland an[7]. Die Umlandbedeutung der Städte ist für die nach der Landes- und der Regionalplanung auszu-

2 Jetzt Landesplanungsgesetz vom 10. 10. 1983 (GBl. S. 621), § 22 Abs. 1 Ziff. 1.

3 Hubert Greiner, Die Verflechtung von Wohnen und Arbeiten in der Region, Magazin Wirtschaft 1991, S. 17.

4 Stuttgart im Standort-Wettbewerb, Eine Dokumentation der IHK Region Stuttgart, Stuttgart 1992, S. 12.

5 Stuttgart im Standort-Wettbewerb, S. 26.

6 Institut für Südwestdeutsche Wirtschaftsforschung, ISW-Papiere 1990/2, S. 3.

7 Die Stadt und ihr Umland, hg. vom Deutschen Städtetag, Beiträge, 1975, S. 8.

weisenden Zentren ausschlaggebend. Man wird also Waiblingen als die Kreisstadt im Osten der Region Stuttgart und als gewichtigen Teil des Doppelzentrums Waiblingen/Fellbach, das heißt als typische Mittelstadt, anzusprechen haben.

Schwerer ist der Begriff der *Region* zu fassen. Vielleicht wird er in der Politik deswegen so gern gebraucht, weil er nicht so leicht zu bestimmen ist. Natürlich kann man sich auf den Gesetzgeber beziehen, der in der Bundesraumplanung und in der Landesplanung Regionen ausgewiesen hat. In diesem Sinn sind Regionen formal nach dem Verflechtungsbereich der Städte abgegrenzt, die im Landesentwicklungsplan als Oberzentrum ausgewiesen sind[8]. Das Konzept der Zentralität zur Erfassung von Raumstrukturen und Funktionszusammenhängen wurde ja schon 1933 in einer Schrift über ›Die zentralen Orte in Süddeutschland‹ entwickelt. Das Modell der Region stammt aus den fünfziger Jahren (Boustedt), nachdem einfachere Konzepte zuvor unter dem Begriff der Agglomeration (Schott) und der Ballung (Isenberg) diskutiert worden waren[9].

In einem ganz anderen Sinn wird aber heute auch von Regionen in Europa gesprochen[10]. Die Bundesländer – nicht zuletzt Baden-Württemberg – gehen mehr und mehr dazu über, sich selbst als Region in Europa zu bezeichnen. In den verschiedenen europäischen Ländern wird das ›Europa der Regionen‹ freilich aus ganz verschiedenen Motiven angestrebt. Die Franzosen zum Beispiel denken dabei an die Dezentralisierung ihres Landes. Ihre Regionen bestehen aus mehreren Departements; neben dem Großraum Paris wurden in Frankreich 22 Regionen gebildet. Die Mittelmeerländer haben an Regionen in Europa Gefallen gefunden, weil sie für diese eine Art kommunaler Selbstverwaltung erreichen wollen, die ihnen auf der örtlichen Ebene in unserem Sinn weitgehend fehlt. Region ist für sie zum Beispiel ganz Venetien. Die deutschen Bundesländer sind hingegen daran interessiert, in der europäischen Gemeinschaft an der politischen Willensbildung beteiligt zu werden. Weil die meisten anderen europäischen Nationalstaaten nicht föderalistisch aufgebaut sind, ist für die deutschen Bundesländer in Europa kein Platz, und deshalb wollen sie als Regionen in Europa anerkannt und wirksam werden.

Der Begriff »Region« wird also vom Landesgesetzgeber für die Landesplanung ganz anders gebraucht als vom Land Baden-Württemberg im europäischen Kontext. Er bezieht sich darüber hinaus aber auch auf kleinere und größere Räume: Man spricht beispielsweise von Stadtregionen, von der Arbeitsmarktregion, von der Wirtschaftsregion, von der Region als Kulturlandschaft in Europa und von Weltregionen. Als im April 1991 der Ministerpräsident des Landes Baden-Württemberg zu einer Regionalkonferenz einlud, wurde der Anknüpfungspunkt in der ersten Stufe der Einladung beim Nachbarschaftsverband Stuttgart gesucht, der nur den unmittelbaren Verdich-

8 Dieter ANGST, Karl-Heinz KRÖNER, Hans Dietrich TRAULSEN, Kommentar zum Landesplanungsgesetz vom 10. 10. 1983, S. 104.

9 Horst MATZERATH, Städtewachstum und innerstädtische Strukturveränderungen, Stuttgart 1984, S. 8.

10 Zum folgenden Hans-Georg LANGE, Hauptversammlung Deutscher Städtetag 1991, S. 133 ff.; Winfried HANEKLAUS, Deutsches Verwaltungsblatt 1991, S. 295 ff.; Gerhard WITTKÄMPER, Stadt und Gemeinde, 1991, S. 283 ff.

tungsbereich der Landeshauptstadt einschließt, also nur den inneren Teil der Region mit ca. 1,4 Millionen Einwohnern.

Die Vieldeutigkeit des Begriffs »Region« besteht aber nicht nur in räumlicher Hinsicht. Auch funktional ist er unscharf. Wo sich Bund, Länder, Kreise und Gemeinden mit einer Aufgabe schwer tun, weil viel Geld erforderlich ist, spricht man neuerdings von einer ›regionalen Aufgabe‹. Früher hat der Gesetzgeber Wert darauf gelegt, für die einzelnen Aufgaben klare Zuständigkeitsregelungen zu treffen. Nach der Gesetzeslage sind die Städte und Gemeinden darauf beschränkt, sich nur mit Aufgaben zu befassen, die in der örtlichen Gemeinschaft wurzeln oder in einem Bezug zu der örtlichen Gemeinschaft eigenverantwortlich und selbständig bewältigt werden können (BVerfGE 8, 134; 52, 120). Darüber hinaus ist derzeit nur die Beteiligung kommunaler Vertreter an der Regionalplanung gesetzlich geregelt. Die Arbeitsgruppen der Regionalkonferenz Stuttgart beschäftigen sich aber nun mit den Themen: Verkehr, Industrie und Dienstleistungen, Messe und Kongreßwesen, Wohnungsbau, Siedlungsentwicklung und Freiräume, Abfallwirtschaft, Kultur, Sport und Tourismus sowie Krankenhauswesen. Hier handelt es sich großenteils nicht um Kommunal-, sondern um Landespolitik, denn die Kommunen können diese Aufgaben nicht eigenverantwortlich und selbständig bewältigen.

Daher soll im folgenden »Region« kurzerhand als ein Arbeitsbegriff verstanden werden, der das Stadtumland unterhalb der Ebene des Landes Baden-Württemberg, aber oberhalb der Stadt- und Landkreise – wenn auch unscharf – beschreibt. Um einem Mißverständnis vorzubeugen: Regionale Zusammenarbeit ist notwendig. Ich wehre mich aber ganz entschieden gegen die Unterstellung, das Handlungsdefizit bestehe in erster Linie in einem Defizit an kommunalem Handeln. Wo überörtlicher Handlungsbedarf besteht, spricht der Anschein zunächst für ein Defizit an staatlichem Handeln!

Die Unschärfe des Begriffs »Region« ist darauf zurückzuführen, daß man die Dynamik des Wachstums der Städte, die sich rasch verändernde Entwicklung der Strukturen in Stadt und Land rund um die Großstädte in einem Wort einbinden möchte. Das Problem besteht überall auf der Welt, stellt aber von Kontinent zu Kontinent, von Land zu Land, von Ort zu Ort die verschiedensten Aufgaben.

Die Deutschen leben nicht in dem Teil der Erde, in dem Millionenstädte in die freie Landschaft wachsen – bis zum Jahr 2025 rechnet man in der Dritten Welt mit mehr als einem Dutzend Großstädten von über 20, ja 30 Millionen Einwohnern[11]. In Deutschland, wo historische Orte und Städte dicht nebeneinander liegen, ist hingegen zu beobachten, daß der Unterschied zwischen Stadt und Land vielerorts durch ein »Stadt-Land-Kontinuum« abgelöst wird[12]. Der Zuzug vieler Menschen in die Städte im 19. Jahrhundert hat zu Eingemeindungen geführt, hat die Städte größer werden lassen und sie in ihrer Struktur verändert. Diese Entwicklung dauerte bis zu den letzten Gemeindereformen in den siebziger Jahren. Jetzt aber besteht die Gefahr, daß sich Stadt und Land zur Agglomeration hin verändern, sich einander angleichen[13]. Die »einfache

11 Gerhard SCHWEIZER, Die Zeitbombe Stadt, Stuttgart 1987, S. 12.

12 Wieland BACKES, Planung und Raumentwicklung im Mittleren Neckarraum, München 1978.

13 Jürgen NEUDECKE, Bedingungen und Folgen der Verstädterung, in: Zeitschrift für Stadtgeschichte, S. 270.

Arbeitsteilung« zwischen Stadt und Umland, die es früher gab, verwischt[14]. Ein Stadthistoriker hat darauf hingewiesen, daß aus vielen festgefügten Städten unseres Bundeslandes bereits Regionalstädte geworden seien[15]. Ja, es wird von dem neuen Bevölkerungstyp des »Regionalisten« gesprochen, der in einem Niemandsland lebe, das weder die Vorteile des offenen Landes noch die der Stadt bietet[16].

Das Kräftespiel zwischen den Städten und ihrer Umgebung hat Walter Benjamin 1929 hervorragend beschrieben: *Je weiter wir aus dem Inneren heraustreten, desto politischer wird die Atmosphäre ... Weichbilder sind der Ausnahmezustand der Stadt, das Terrain auf dem ununterbrochen die große Entscheidungsschlacht zwischen Stadt und Land tobt. Sie ist nirgends erbitterter als zwischen Marseille und der provenzalischen Landschaft ... Telegraphenstangen gegen Algaven*[17]. Dieses Bild entspricht der in der Landschaft ausufernden Stadt. In unserer jetzigen Lage ist die Atmosphäre nicht weniger politisch. Jedoch schiebt sich nun nicht mehr die Großstadt aufs Land, sondern es entstehen städtische Strukturen in Stadt und Land. Dabei gerät die einzelne Stadt und Gemeinde im Stadtumlandbereich – ob groß oder klein – *immer stärker in den Sog von Abhängigkeit und Fremdentscheidungen* (Stadt-Umland-Gutachten Bayern 1974).

III

Da sich das Wachstum der Städte auf der ganzen Welt gleichermaßen vollzieht, müßte man eigentlich annehmen, daß unser im Weltmaßstab relativ bescheidenes *Stadt-Umland-Problem* auch bezüglich der Frage, welche Aufgaben von einer Region wahrgenommen werden könnten oder sollten, schon eine ausführliche Untersuchung erfahren hat. Das Ziel ist klar: Man will Planungen auf den größeren Raum ausrichten, die für das Funktionieren der Ballungsräume wichtige Dienstleistungen sicherstellen, man will rationalisieren und die finanzielle Ungleichheit abbauen.

Nun ist aber von großen *Defiziten in der Stadt-Umland-Forschung* die Rede[18]. Aus soziologischer Sicht wird die weitgehende Ignorierung der politischen administrativen Seite des Suburbanisierungsprozesses bemängelt. An der Planungs- und Politikwissenschaft wird ausgesetzt, daß ihre Art der Stadt-Umland-Forschung ahistorisch angelegt und technokratisch orientiert sei. Stadtgeschichtlich sieht man ein Defizit darin, daß zum einen weitgehend bloß deskriptiv und theorielos vorgegangen werde, zum anderen der Betrachtungszeitraum auf das 19. und frühe 20. Jahrhundert beschränkt bleibe, also die Entwicklungslinie nicht bis in die Gegenwart fortgeschrieben werde. Ein Zielkonflikt dieser Überlegungen wird in einem offiziellen Bericht des Deutschen Städtetags vom Jahr 1975 herausgestellt, in dem es heißt, die Diskussion werde von zwei gegensätzlichen Zielsetzungen beherrscht: Man wolle nämlich einerseits den Bedeutungsüberschuß der Stadt stärken – was ein Umland voraussetzt –, zum anderen diesen

14 Wulf Tessin, Stadtwachstum und Stadt-Umland-Politik, München 1986, S. 23.

15 Kuno Ulshöfer, Vom Städtischen Territorium zur Regionalstadt. Acht Jahrhunderte Stadtgeschichte, 1981, S. 191.

16 Victor Gruen, Das Überleben der Städte, Wien 1973, S. 344.

17 Ders., Städtebilder, Frankfurt/M. 1963, S. 42.

18 Zum folgenden Tessin (wie Anm. 14), S. 9ff.

Bedeutungsüberschuß beseitigen, indem das Umland in die zentrale Stadt einbezogen wird[19]. Alles in allem wird kritisiert, die bisherige Forschung oszilliere zwischen der Stadtsoziologie, Stadtgeschichte und lokalen Politikforschung[20].

Ich möchte als Praktiker nur das zuletzt genannte Stichwort aufgreifen. Zur lokalen *Politikforschung im Raum Stuttgart* ist anzumerken, daß hier nun zum zweiten Mal eine Diskussion über die Stadt-Umland-Frage geführt wird, ohne daß wissenschaftliche Grundlagen erarbeitet sind. In den eineinhalb Jahrzehnten zwischen diesen Diskussionen wurde die Region Stuttgart zwar regionalplanerisch gut untersucht, und der Regionalverband Stuttgart hat sich sehr bewährt[21]. Es ist aber nicht gelungen, das Material für eine Beurteilung der Frage vorzulegen, welche Vor- und Nachteile mit bestimmten Änderungen in der Verwaltungsorganisation und in der Finanzverfassung verbunden sind.

Es war schon davon die Rede, daß die Stadt Stuttgart und ihre Region im Vergleich zu anderen deutschen Großstadträumen wirtschaftlich einen recht guten Platz einnehmen. Man ist sich hier aber sehr wohl im klaren, daß diese gute Position der hier aus historischen Gründen vorhandenen Industriestruktur zu verdanken ist, die in der Nachkriegszeit vielleicht einen einmaligen Vorteil brachte. Zukunftsvorsorge ist erforderlich, damit die Landeshauptstadt ihre zentrale Aufgabe in Baden-Württemberg weiter erfüllen kann, damit die Region Stuttgart die für das ganze Land wichtige Wirtschaftskraft behält, damit die Bürger hier auch künftig ihre Arbeitsplätze finden. Dazu bedarf es gemeinsamer, regionaler Anstrengungen. In den Beratungen der Regionalkonferenz sollen dazu Vorschläge erarbeitet werden; es ist besonders dringend, den Öffentlichen Personennahverkehr über das S-Bahn-System hinaus nach regionalen Interessen zu gestalten.

Wenden wir uns nun aber dem Ausgangspunkt der Regionaldiskussion im Raum Stuttgart noch einmal zu. Immer wieder wird gesagt, daß die Struktur des Raumes Stuttgart mit den die Landeshauptstadt umgebenden Mittelstädten einen grundsätzlichen Nachteil für Stuttgart darstelle. Ist nicht das Gegenteil richtig? Bei der vorgegebenen kleinteiligen siedlungsgeographischen Struktur des Mittleren Neckarraums ist und war es ein großer Vorteil, daß historische Mittelstädte und Gemeinden um Stuttgart vorhanden sind, welche die Nachkriegsentwicklung auffangen konnten! Durch die Mittelstädte konnte sich der Raum seine Gliederung erhalten, die Struktur des Raums erlaubte es, neue Siedlungsgebiete an historische Ortskerne anzuschließen. So ist es der Stadt Stuttgart zum Beispiel erspart geblieben, eine Entlastungsstadt im Schönbuch bauen zu müssen – ein Projekt, das in Stuttgart ernstlich in Erwägung gezogen worden war und das erfahrungsgemäß wohl ein Problemgebiet mit hohen Kosten und nachteiligen Auswirkungen gerade auch auf die Umwelt mit sich gebracht hätte. Darum ist die Bemerkung des Kollegen Rommel: »*Die Region hat uns sicher von Steuerkraft entlastet, sonst aber nicht so sehr*« zwar witzig, aber unzutreffend«[22].

Die Stadt Stuttgart hat die Stadt-Umland-Problematik immer mit einem finanzpoli-

19 Deutscher Städtetag (Hg.), Die Stadt und ihr Umland, Beiträge 1975, S. 8.
20 Tessin (wie Anm. 14), S. 11.
21 Der 2. Regionalplan vom 29. November 1989 ist seit 4. März 1991 verbindlich.
22 Stuttgarter Nachrichten vom 13. 11. 1991, S. 25.

tischen Akzent versehen. In einer kürzlich erschienenen Untersuchung über die Entwicklungssteuerung in Verdichtungsräumen wird dargelegt, daß gerade Stuttgart Mitte der siebziger Jahre im Zusammenhang mit der Gebiets- und Funktionalreform die Frage des kommunalen Finanzausgleichs neu aufgeworfen hat. Es heißt dazu weiter: *Heute ist der Stadt-Umland-Konflikt eher vor dem Hintergrund zu sehen, daß der gemeindeübergreifende Aufgabenbestand gewachsen ist*[23]. Wichtig sind also beispielsweise die Sicherung von Freiflächen, die Vorsorge wegen Entsorgungsengpässen, die Standortentscheidungen für Schwerpunkte des Wohnungsbaus und für großflächiges Gewerbe, der Ausbau des regionalen öffentlichen Personen-Nahverkehrs (ÖPNV).

Gerade hinsichtlich der aktuellen Siedlungspolitik in Stadt und Umland hat die Stadt aber Mitte der siebziger Jahre einen ganz anderen Standpunkt vertreten, als er heute zum Beispiel bei der Auftragserteilung an die Regionalkonferenz durch den Ministerpräsidenten eingenommen wird. Jetzt lautet der Appell, der Region durch Ausweisung neuer Wohn- und Gewerbegebiete zu helfen. In einem Grundsatzpapier der Stadt Stuttgart vom 6. November 1975 wurde aber noch von der Notwendigkeit gesprochen, der Verzerrung des Wettbewerbs zwischen der Landeshauptstadt und ihrem Umland entgegenzuwirken. Dort heißt es: *Dazu gehört, daß im Umland nicht mehr im bisherigen Umfange Bauland erschlossen werden darf, das nur mit einer Bevölkerung besiedelt werden könnte, die aus Stuttgart abwandert.* Es wurde *ein Überangebot an Wohnungs- und Gewerbeflächen* befürchtet[24].

Viele Vorhersagen mußten in der Vergangenheit berichtigt werden. Wir alle sitzen im Glashaus, und deshalb will ich nicht mit Steinen werfen. Um so vorsichtiger sollte man aber sein, wegen der momentanen Situation, die man in der Tagespolitik sehen zu müssen meint, historisch gewachsene Strukturen zu vernachlässigen. Die Struktur des Raumes Stuttgart hat sich bis heute bewährt; Änderungen müssen so überlegt werden, daß nicht schlechter wird, was besser werden soll.

An die Wissenschaft ist deshalb die Bitte zu richten, sie möge noch mehr als bisher herausarbeiten, welche Änderungen in der *Organisation der Großstadträume* Sinn machen.

1. Für die Bundesrepublik liegen vergleichende Untersuchungen zur Zusammenarbeit in Großstadträumen vor[25]. Sie ergeben, daß die Zusammenarbeit in vielen Fällen loser ist als im Raum Stuttgart. Dem Nachbarschaftsverband Stuttgart ist immerhin die Flächennutzungsplanung für Städte und Gemeinden mit ca. 1,4 Millionen Einwohnern übertragen. Weiter geht aber die Regelung beispielsweise im Zweckverband Großraum Hannover, der auch den ÖPNV trägt und Flächenvorsorge betreibt. Dazu muß man freilich wissen, daß es sich nur um einen Zusammenschluß

23 Fürst/Klinger/Knieling/Mönnecke/Jeck, Regionalverband im Vergleich. Entwicklungssteuerung in Verdichtungsräumen, Baden-Baden 1990, S. 9.

24 Manfred Rommel, Gedanken zur Kernstadt-Umland-Frage in der Region Mittlerer Neckar, Württembergische Landesbibliothek, Sign. 28 Ca/771, S. 13, 19.

25 Zum folgenden z. B. Friedel Erlenkämper, Die Stadt-Umland-Problematik der Flächenstaaten der Bundesrepublik Deutschland, Stuttgart 1980; Sitzungsunterlage Nachbarschaftsverband Stuttgart »Zusammenarbeit in Großstadträumen« vom 29. 6. 1990.

der Stadt Hannover mit einem einzigen Landkreis sowie den diesem angehörigen Städten und Gemeinden handelt.

2. Ein Blick in die Welt zeigt, daß man in anderen Ländern ganz andere Sorgen und auch die verschiedensten Lösungsansätze hat. Ein frühes Beispiel für die regionale Zusammenarbeit kommt aus den USA und reicht in das Jahr 1943 zurück: Die ›Alegheny Conference on Community Development‹ in Pittsburgh wurde von Unternehmern als »civic agency« initiiert und in Partnerschaft zwischen privatem und öffentlichem Bereich gegründet[26]. Das ist ein typisch amerikanischer, die bürgerschaftliche Verantwortung betonender Ansatz. Aus japanischer Sicht wird das bestehende deutsche Städtesystem gelobt, weil es ausgeglichen sei, während die Verstädterung in Japan vom Wachstum der fünf bis sechs großen Städte bestimmt ist[27]. Nehmen wir noch ein Beispiel aus unserer unmittelbaren europäischen Nachbarschaft: In Frankreich wurden durch Gesetze von 1966 vier obligatorische »Communautés Urbaines« für die Räume Lille, Lyon, Bordeaux und Straßburg gebildet. Auch freiwillige Verbände waren vorgesehen, von diesen kamen aber nur fünf zustande. Seit 1973 wurde keine »Communauté Urbaine« mehr geschaffen[28]. Dafür setzt man in Frankreich nun auf Zweckverbände mit einzelnen Aufgaben, wie sie sich ja auch hier bewährt haben.

IV

Zusammenfassend ist wohl zu sagen, daß noch einige Vorarbeit geleistet werden muß, um wirklich beurteilen zu können, welche Modelle sich zur *Aufgabenerfüllung in der Region* bewähren.

Klar ist, daß sich die Kommunalpolitik nicht an der Kirchturmspitze orientieren darf. Deshalb besteht bei den Kommunen im Raum Stuttgart die Bereitschaft, regionale Aufgaben in Angriff zu nehmen. Wer es aber mit der kommunalen Selbstverwaltung ernst nimmt, wird nach Lösungen suchen, die auch die Leistungsfähigkeit der einzelnen Städte, Gemeinden und Kreise insgesamt im Auge behalten. Es war nicht gut, daß die derzeitige regionalpolitische Diskussion mit finanziellen Forderungen einer Seite eingeleitet wurde. In einem Schreiben der Stadt Stuttgart an den Ministerpräsidenten wurde ein ganzer Katalog von Einrichtungen genannt, die bisher von ihr zum Teil sogar mit Hilfe des Landes betrieben werden wie Oper, Theater, Museen und Krankenhäuser, an denen sich die Region beteiligen soll[29].

Solchen Aufzählungen wäre entgegenzuhalten, welche Leistungen andere Städte und Gemeinden mit ihren Landkreisen je nach Leistungsfähigkeit für die Region erbringen. Die Mittelstadt Waiblingen leistet ihren Beitrag für die Region dadurch, daß sie seit Jahrzehnten alle Kraft aufwendet, um die Menschen ihres Bereichs ebenso

26 Regionalakademie Robert Bosch-Stiftung, Stuttgart 1991, S. 20.

27 Horst Matzerath, Kinichi Ogura, Moderne Verstädterung in Deutschland und Japan, in: Zeitschrift für Stadtgeschichte 1975, S. 252.

28 Jeanne Becquet-Leclercq, Der Bürger im Staat, 1989, S. 118ff.

29 Schreiben des Oberbürgermeisters der Landeshauptstadt Stuttgart an den Ministerpräsidenten Erwin Teufel vom 28. 1. 1991.

zufriedenzustellen wie in der nahen Großstadt. Es sind ja die Bürger eines gemeinsamen Raumes, die hier wohnen und arbeiten; sie stellen die gleichen Ansprüche und machen gleiche Rechte geltend. Das bescheidenere Leben, das in der alten Amtsstadt Waiblingen und ihren umliegenden Gemeinden geführt wurde, gehört der Vergangenheit an.

Unsere Aufgabe besteht heute darin, die alte Struktur – Stadt- und Ortskerne wie auch die Landschaft – zu erhalten, dazu aber diejenigen neuen Strukturen zu schaffen, die für die Mittelstadt und für die Funktion des regionalen Mittelzentrums notwendig sind. In der Großstadt besitzt man Einrichtungen aus herzoglicher und königlicher Zeit, die hier mit den heutigen Steuereinnahmen erst finanziert und aufgebaut werden müssen. Wir haben zum Beispiel keinen angestammten Schloßgarten, sondern mußten und müssen jeden Quadratmeter unserer Talaue kaufen, um Naherholungsflächen zu schaffen. Die Wirtschaftsstruktur der Stadt Stuttgart mit ihren großen Firmen und auch den stadteigenen Betrieben und Beteiligungen geht auf die Zeit der frühen Industrialisierung bis zum Zweiten Weltkrieg zurück. Dieser aus damaliger Zeit in der Großstadt konzentrierte Bestand ist dem Fleiß der Bürger in Stadt und Umland zu danken.

Deshalb sollten von nun an keine einseitigen Forderungen gestellt, sondern nach regionaler Gemeinsamkeit gesucht werden. Die Finanzen aller Partner in der Region Stuttgart müssen berücksichtigt werden, und die Kraft der kommunalen Selbstverwaltung, Aufgaben vor Ort gebündelt wahrzunehmen und finanzielle Eigenverantwortlichkeit zu beweisen, darf den einzelnen Gebietskörperschaften nicht verlorengehen.

Die Arbeitsgruppen der Regionalkonferenz sind im Begriff, Vorschläge zu einzelnen Aufgabenfeldern zu formulieren. Alle Beteiligten – Stadt Stuttgart, Städte und Gemeinden des Umlands und das Land Baden-Württemberg, um die wichtigsten zu nennen – haben Anlaß, ihre Standpunkte zu überdenken. Das Land Baden-Württemberg war wohl davon ausgegangen, daß sich die Regionalkonferenz vornehmlich mit Aufgaben beschäftigt, die in interkommunaler Zusammenarbeit zu lösen seien. Erfreulicherweise hat aber der Ministerpräsident bei der Eröffnung dieser Konferenz auch betont, daß das Land sich in allen Fällen direkt engagieren wird, in denen Landespolitik berührt ist, und das sei in sehr vielen kommunalen Bereichen der Fall[30].

Es stellt sich immer mehr heraus, daß überörtliche Aufgaben zunächst einmal Aufgaben des Staates sind. Darum richtet sich die Forderung, regionale Aufgaben gemeinsam zu lösen, nicht zuletzt an den Staat, nämlich an das Land, aber auch an den Bund einschließlich zum Beispiel der Bundesbahn. Das Land ist auch verantwortlich – wie es in einem gemeinsamen Schreiben von Städtetag und Gemeindetag an den Ministerpräsidenten vom 12. Februar 1991 heißt – *die staatlichen und kommunalen Aufgaben sachlich den verschiedenen Ebenen zuzuordnen und finanzielle Konsequenzen zu ziehen, soweit die bisherige Aufgabenverteilung verändert wird.*

Ich komme zum Schluß: Die Diskussion über die regionale Zusammenarbeit im Raum Stuttgart muß rasch praktische Ergebnisse zeitigen. Sie braucht dafür den Hintergrund, den die Wissenschaft geben kann. Es ist wichtig zu wissen, warum es auch andernorts schwerfällt, Ballungsräume gut zu organisieren. Vielleicht entgeht man

30 Einleitende Rede von Ministerpräsident Erwin Teufel bei der Regionalkonferenz Stuttgart am 24. 2. 1991, S. 16.

dadurch der Gefahr, komplizierte Wege zu beschreiten und mit deutscher Gründlichkeit das Rad neu erfinden zu wollen, anstatt praktische Lösungen für die wichtigsten einzelnen regionalen Aufgaben zu suchen.

Den Stadthistorikern, die wir an diesem Wochenende in unseren Mauern willkommen heißen dürfen, möchte ich als Vertreter der Mittelstadt Waiblingen provokativ die Fragen stellen: Wird es künftig noch die Geschichte der Städte oder nur noch die Geschichte von Regionen geben? Oder um es anders zu sagen: Ich hoffe auf den Beitrag aus dem Bereich der Stadtgeschichte, der deutlich macht, was die Region Stuttgart verlöre, wenn die Rolle ihrer Mittelstädte verkannt würde!

dieser kontrollierte die Politik des Magistrats. Eine offizielle Auflösung fand freilich nicht statt; die Dekapolis blieb eine juristische Realität, hatte aber weder die ursprüngliche Freiheit noch die Möglichkeit zu Zusammenkünften, so daß der Bund im Grunde genommen nur noch theoretisch bestand, sich aber de facto nicht mehr betätigen konnte.

Abschließend sollte aber festgehalten werden, daß der Geist der Dekapolis sich doch noch längere Zeit erhalten hat. Ein Jahrhundert später erlebte diese Idee eine Renaissance, kurz vor Beginn der Französischen Revolution: Im Jahre 1787 wurde im Elsaß wie in den meisten französischen Provinzen eine Provinzialversammlung, eine Art Landtag, einberufen, die »Assemblée de notables d'Alsace«. Zu diesem Zweck hatten die Stadträte der zehn Städte ihre eigenen Delegierten auf diesen Landtag gewählt, und damit hat es spezifische Vertreter der zehn Städte in diesem politischen Gremium gegeben. Als ein Jahr später die Wahlen für die Etats généraux, für die Generalstände in Paris organisiert wurden, bekamen die zehn Städte noch einmal einen besonderen Wahlsektor für sich, so daß also auch in Paris in den Etats généraux in juristisch festgeschriebener Weise zwei Abgeordnete im Namen der zehn Städte, der Décapole, tätig waren. Die Décapole hat während dieser Wahlsitzungen eine eigene Klageschrift, ein eigenes »cahier de doléances«, verfaßt, das sich erhalten hat. Leider hat die radikale Vereinheitlichung im Gefolge der Revolution die Dekapolis definitiv abgeschafft, aber noch heute kommen die Bürgermeister der neun elsässischen Städte ab und zu zusammen. Insbesondere ist hervorzuheben, daß auch Landau bei diesen Versammlungen mitarbeitet; es gibt schon seit zwanzig Jahren eine Partnerschaft zwischen Hagenau als der alten Hauptstadt der Dekapolis und Landau. Hieraus ist zu erkennen, daß heute die gemeinsamen Probleme grenzübergreifend angegangen werden und die Zusammenarbeit positiv gestaltet wird.

Die Städte auf dem frühneuzeitlichen Reichstag

VON GEORG SCHMIDT

Das späte Mittelalter und die Reformationszeit gelten als Blütezeit des Städtewesens und der »Städtekultur« in Deutschland – eine Epoche, die zu den kühnsten Hoffnungen Anlaß gab, die aber in eine Stagnationsphase »der städtisch-bürgerlichen Entwicklung« mündete[1]. Die Enttäuschung darüber, daß sich das städtische Bürgertum nicht durchzusetzen vermochte, daß die »frühkapitalistischen« Ansätze versandeten und sich die feudale Gesellschaftsordnung noch einmal stabilisierte, um sich für mehr als zweieinhalb Jahrhunderte zu behaupten, ist vielen Darstellungen der städtischen Welt des 17. und 18. Jahrhunderts anzumerken. Den Kommunen wurde derselbe Verfallsprozeß unterstellt, den scheinbar auch das Reich deutscher Nation durchlief: hier ein steter Abstieg vom Staat des Mittelalters zur politischen Fragmentierung der Frühen Neuzeit, dort der permanente Niedergang der Frei-, Reichs- und Hansestädte. Während die beachtlichen Entwicklungsschübe, die vielen Land- und Residenzstädten in der Spätzeit des Alten Reiches gelangen, noch längst nicht hinreichend erforscht sind[2], richteten sich die kritischen Blicke der Zeitgenossen und der Historiker immer wieder auf die kleine Gruppe der reichsunmittelbaren Kommunen, die als Beispiel und Repräsentanten des deutschen Städtewesens insgesamt in Anspruch genommen wurden. Beim Vergleich mit der reichs- und hansestädtischen Glanzzeit um 1500 blieben für die Spätzeit nur Hohn und Spott: Es dominierten Begriffe wie »Stilleben«[3], »negatives Reichsbewußtsein« oder »Kirchturmpolitik«[4].

Diese Einschätzung kommt natürlich nicht von ungefähr, sondern erklärt sich mit dem katastrophalen Bild, das die – von wenigen Ausnahmen wie Frankfurt, Hamburg oder Bremen abgesehen – völlig überschuldeten Freien und Reichsstädte nach dem Dreißigjährigen Krieg boten. Die finanzielle Misere[5], die häufigen Klagen opponieren-

1 Otto DANN, Begriffe und Typen des Nationalen in der frühen Neuzeit, in: Bernhard GIESEN (Hg.), Nationale und kulturelle Identität, Frankfurt 1991, S. 56–73, Zitat S. 66.

2 Vgl. dagegen richtungweisend: Mack WALKER, German Home Towns. Community, State and General Estate 1648–1871. Ithaca 1971; Klaus GERTEIS, Die deutschen Städte in der Frühen Neuzeit, Darmstadt 1986.

3 Moriz RITTER, Deutsche Geschichte im Zeitalter der Gegenreformation und des Dreißigjährigen Krieges (1555–1648), Bd. 1, Stuttgart 1889, S. 53.

4 Karl Siegfried BADER, Die Reichsstädte des schwäbischen Kreises am Ende des alten Reiches, in: Ulm und Oberschwaben 32 (1951), S. 47–70, hier S. 66f. Bader hat später seine negativen Wertungen teilweise revidiert: DERS., Die oberdeutsche Reichsstadt im alten Reich, in: Jahrbuch für Geschichte der oberdeutschen Reichsstädte 11 (1965), S. 23–42.

5 Reinhard HILDEBRANDT, Zur Frage der reichsstädtischen Finanzen und Haushaltspolitik seit dem Westfälischen Frieden, in: Erich MASCHKE/Jürgen SYDOW (Hgg.), Städtisches Haushalts- und Rechnungswesen, Sigmaringen 1977, S. 91–107; Ingrid BATORI, Die Reichsstadt Augsburg im

der Gruppierungen oder der ländlichen Untertanen vor allem am Reichshofrat[6] und nicht zuletzt die Vielzahl der kaiserlichen Kommissionen, die den labilen inneren Frieden immer wieder neu stablisieren mußten[7], machten den »Stadtrepublikanismus« schon für die Zeitgenossen zu einer eher fragwürdigen Erscheinung[8]. Hinzu kam, daß gerade die Freien und Reichsstädte nun scheinbar freiwillig darauf verzichteten, ihre Interessen auf dem Immerwährenden Reichstag wirkungsvoll zu vertreten[9]. Die Regensburger Städtekurie bot in der Tat ein jämmerliches Bild. Selbst die größten Kommunen entsandten über viele Jahre hinweg keine eigenen Delegierten; ja sie betrauten nicht einmal einen Rat oder einen Bediensteten der Stadt Regensburg mit der Wahrnehmung ihrer Stimme. Das Städtekollegium bestand daher meist aus nur wenigen Regensburger Bürgern, die normalerweise mehrere Voten führten[10]. Von einer kraftvollen Vertretung »bürgerlicher« Interessen auf diesem »ständischen« Forum der Reichspolitik konnte unter diesen Umständen natürlich keine Rede sein.

Während der Kaiser und die höheren Stände eine größere Präsenz einklagten und den Fortfall von Stand und Stimme des Städtecorpus androhten, geißelte die Reichspublizistik das durch nichts zu entschuldigende Verhalten der städtischen Magistrate, die

18. Jahrhundert. Verfassung, Finanzen und Reformversuche, Göttingen 1969, bes. S. 76–105; Clemens GRAF VON LOOZ-CORSWAREM, Das Finanzwesen der Stadt Köln im 18. Jahrhundert, Köln 1978; Walter BERNHARDT, Was die ›Lutherei‹ die Stadt Esslingen gekostet hat. Esslingens Kampf gegen den Staatsbankrott am Ende des 16. Jahrhunderts, in: Esslinger Studien 20 (1981), S. 91–101.

6 Reinhard HILDEBRANDT, Rat contra Bürgerschaft. Die Verfassungskonflikte in den Reichsstädten des 17. und 18. Jahrhunderts, in: Zeitschrift für Stadtgeschichte, Stadtsoziologie und Denkmalpflege 1 (1974), S. 221–241; Klaus GERTEIS, Frühneuzeitliche Stadtrevolten im sozialen und institutionellen Bedingungsrahmen, in: Wilhelm RAUSCH (Hg.), Die Städte Mitteleuropas im 17. und 18. Jahrhundert, Linz 1981, S. 43–58; Christopher R. FRIEDRICHS, German Town Revolts and the Seventeenth Century Crisis, in: Renaissance and Modern Studies 26 (1982), S. 27–51; DERS., Politik und Sozialstruktur in der deutschen Stadt des 17. Jahrhunderts, in: Georg SCHMIDT (Hg.), Stände und Gesellschaft im Alten Reich, Stuttgart 1989, S. 151–170; Volker PRESS, Die Reichsstadt in der altständischen Gesellschaft, in: Neuere Studien zur frühneuzeitlichen Rechtsgeschichte, Berlin 1987 (= Zeitschrift für Historische Forschung, Beiheft 3), S. 9–42, bes. S. 24–35; Hans Jürgen JÜNGLING, Reichsstädtische Herrschaft und bäuerlicher Protest. Der Konflikt zwischen der Reichsstadt Schwäbisch Gmünd und ihrem Landgebiet (1775–1792), Schwäbisch Gmünd 1989; Edwin Ernst WEBER, Städtische Herrschaft und bäuerliche Untertanen in Alltag und Konflikt: Die Reichsstadt Rottweil und ihre Landschaft vom 30jährigen Krieg bis zur Mediatisierung, Bde. 1–2, Rottweil 1992.

7 Dies zeigt sich beispielhaft an der Wiederherstellung des inneren Friedens in Frankfurt zu Beginn des 18. Jahrhunderts: Gerald L. SOLIDAY, A Community in Conflict. Frankfurt Society in the 17th and Early 18th Centuries, Hannover/New Hampshire 1974; Rainer KOCH, Grundlagen bürgerlicher Herrschaft. Verfassungs- und sozialgeschichtliche Studien zur bürgerlichen Gesellschaft in Frankfurt am Main. 1612–1866, Wiesbaden 1983.

8 Heinz SCHILLING, Gab es im späten Mittelalter und zu Beginn der Neuzeit in Deutschland einen städtischen ›Republikanismus‹? in: Helmut G. KOENIGSBERGER (Hg.), Republiken und Republikanismus im Europa der Frühen Neuzeit, München 1988, S. 101–143.

9 Vgl. Joseph EDLER VON SARTORI, Geschichte des reichsstättischen Stimmrechts, Frankfurt/Leipzig 1778 (= Auserlesene Beyträge in Reichsstättischen Sachen, Tl. 2, Stück 7).

10 Siehe dazu unten in diesem Aufsatz sowie Walter FÜRNROHR, Reichsstädte und Immerwährender Reichstag, in: Rainer A. MÜLLER, Reichsstädte in Franken. Aufsätze, Bd. 1, München 1987, S. 143–158, bes. S. 154ff.

nun scheinbar kampflos preisgaben, was ihre Vorfahren im 16. Jahrhundert unter Aufbietung aller Kräfte zu erreichen versucht hatten: Stand, Stimme und Session, die Gleichberechtigung des Städtecorpus mit den beiden höheren Kurien[11]. Es verfestigte sich das Stereotyp einer effektiven, am Gemeinwohl orientierten Vertretung städtischer (und bürgerlicher) Interessen auf den Reichstagen in der ersten Hälfte des 16. Jahrhunderts, während danach der Eigennutz der Ratsoligarchien dominierte.

Die Historiker des 19. Jahrhunderts, deren Einschätzungen noch heute das Bild der alten deutschen Stadt in vieler Hinsicht prägen, knüpften nahtlos an die Urteile der Reichspublizistik an und projizierten zugleich einen Großteil ihrer eigenen politischen Ziele und Hoffnungen in das »städtische« Spätmittelalter: Sie glaubten dort ein ökonomisch und politisch erfolgreiches Bürgertum, Formen und Vorformen demokratischer und republikanischer Herrschaft, mithin eine Alternative zur feudal-ständischen Welt erkennen zu können[12]. Daß von dem Nordeuropa dominierenden Handelsimperium der Hanse und von den den Fürsten trotzenden Städtebünden im Südwesten und am Rhein seit der Mitte des 16. Jahrhunderts wenig übriggeblieben war[13], lastete man der egoistischen und pflichtvergessenen Politik der Ratsoligarchien an. Doch die Zeit der erfolgreichen Städtebünde war bereits vor 1500 unwiderruflich zu Ende, und auch die Hanse hatte zu diesem Zeitpunkt ihre erfolgreichste Phase längst hinter sich. Während die oberdeutschen Freien und Reichsstädte nun in der Kooperation statt in der Konfrontation ihre relative Autonomie zu sichern suchten, mußten die hansischen Kaufmannsgesellschaften nach und nach dem Druck »nationaler« Handelsinteressen weichen.

Fast alle Hansestädte verloren darüber hinaus in der Frühen Neuzeit ihre politische Selbständigkeit und wurden in die Territorialstaaten eingeordnet. Wer nicht wie Lübeck, Goslar oder Köln neben den hansischen Freiheiten zugleich über eine reichsrechtlich abgesicherte frei- oder reichsstädtische Tradition verfügte oder diesen Status wie Bremen und Hamburg noch erwerben konnte, erlebte im 16., spätestens im

11 Georg Schmidt, Der Städtetag in der Reichsverfassung. Eine Untersuchung zur korporativen Politik der Freien und Reichsstädte in der ersten Hälfte des 16. Jahrhunderts, Stuttgart 1984, S. 247–289; Eberhard Isenmann, Reichsstadt und Reich an der Wende vom späten Mittelalter zur frühen Neuzeit, in: Josef Engel (Hg.), Mittel und Wege früher Verfassungspolitik, Stuttgart 1979, S. 9–223, bes. S. 141–189.

12 Vgl.: Friedrich Wilhelm Barthold, Geschichte der deutschen Städte und des deutschen Bürgertums, Tle. 1–4, Leipzig 1850–51; Wilhelm Arnold, Verfassungsgeschichte der deutschen Freistädte, Bde. 1–2, ND Aalen 1969 (zuerst 1854); Georg Ludwig von Maurer, Geschichte der Städteverfassung in Deutschland, Bde. 1–4; ND Aalen 1962 (zuerst 1869–1871). – Klaus Schreiner, ›Kommunebewegung‹ und ›Zunftrevolution‹. Zur Gegenwart der mittelalterlichen Stadt im historisch-politischen Denken des 19. Jahrhunderts, in: Franz Quarthal/Winfried Setzler (Hgg.), Stadtverfassung, Verfassungsstaat, Pressepolitik. Festschr. für Eberhard Naujoks, Sigmaringen 1980, S. 139–168; Peter Johanek, Mittelalterliche Stadt und bürgerliches Geschichtsbild im 19. Jahrhundert, in: Gerd Althoff (Hg.), Die Deutschen und ihr Mittelalter, Darmstadt 1992, S. 81–100.

13 Philippe Dollinger, Die Hanse, Stuttgart ²1976; Johannes Schildhauer/Konrad Fritze/Walter Stark, Die Hanse, Berlin 1985; Harro Blezinger, Der Schwäbische Städtebund in den Jahren 1438–45, Stuttgart 1954; Brigitte Berthold, Überregionale Städtebundprojekte in der ersten Hälfte des 15. Jahrhunderts, in: Jahrbuch für Geschichte des Feudalismus 3 (1979), S. 141–179.

17. Jahrhundert den Übergang einer bis dahin nur nominellen Landesherrschaft in eine tatsächliche[14]: Lemgo und Emden bilden angesichts einer schwachen Landesherrschaft lediglich die Ausnahmen, die die Regel bestätigen[15]. Spätestens in der zweiten Hälfte des 17. Jahrhunderts war es um die Selbständigkeit der Mehrzahl dieser »Stadtrepubliken« im deutschen Norden geschehen: Sie mußten sich den mächtigen Fürsten unterordnen und wurden – meist jedoch zum Vorteil des städtischen Gewerbes – in die im Zeichen merkantilistischer Grundsätze stehende territorialstaatliche Wirtschaft integriert.

Etwas anders stellte sich die Situation in den oberdeutschen Zentralgebieten des Reiches dar. Angesichts der Verfestigung des territorialen Status quo in der ersten Hälfte des 16. Jahrhunderts konnten die Freien und Reichsstädte ihre formale Selbständigkeit relativ problemlos behaupten[16]. Sie profitierten dabei fraglos von ihrer erfolgreichen Integration in den sich am Ende des 15. Jahrhunderts ausbildenden Reichstag[17] und von ihrem Prestige, das sie sich in diesem Gremium gerade zu Beginn der Reformationszeit erworben hatten.

Nach dem bekannten Zitat von Dickens, das inzwischen zu einem geflügelten Wort geworden ist, war die Reformation ein »urban event«[18]. Er selbst wollte damit lediglich die Signalwirkung und die intellektuellen Impulse kennzeichnen, die von der Reformation in den Frei-, Reichs- und Hansestädten ausgingen. Während Bernd Moeller in seiner Studie ›Reichsstadt und Reformation‹ die Bedeutung des städtischen Elements für den Durchbruch der evangelischen Bewegung vielleicht doch etwas überbewertet[19], hat Volker Press die zentrale Rolle der großen Reichsstadt sowohl für die territoriale Rezeption der Reformation als auch für das Beharren beim alten Glauben betont[20]. Ohne die Bedeutung der Freien und Reichsstädte für den Durchbruch der Reformation und als Kommunikations- und Wirtschaftszentren wie auch als intellektuelle Mittelpunkte für das territoriale Umfeld leugnen zu wollen, muß doch festgestellt werden, daß bereits in der ersten Hälfte des 16. Jahrhunderts die Möglichkeiten einer reichsstäd-

14 Georg Schmidt, Städtetag, Städtehanse und frühneuzeitliche Reichsverfassung, in: Michael Stolleis (Hg.), Recht, Verfassung und Verwaltung in der frühneuzeitlichen Stadt, Köln/Wien 1991, S. 41–61.

15 Heinz Schilling, Stadt und frühmoderner Territorialstaat: Stadtrepublikanismus versus Fürstensouveränität, in: ebd., S. 19–39.

16 Dazu vor allem Volker Press, Das römisch-deutsche Reich – ein politisches System in verfassungs- und sozialgeschichtlicher Fragestellung, in: Grete Klingenstein/Heinrich Lutz (Hgg.), Spezialforschung und »Gesamtgeschichte«, Wien 1981, S. 221–242; Georg Schmidt, Die politische Bedeutung der kleineren Reichsstände im 16. Jahrhundert, in: Jahrbuch für Geschichte des Feudalismus 12 (1989), S. 185–206.

17 Peter Moraw, Versuch über die Entstehung des Reichstags, in: Hermann Weber (Hg.), Politische Ordnungen und soziale Kräfte im Alten Reich, Wiesbaden 1980, S. 1–36.

18 Geoffrey A. Dickens, The German Nation and Martin Luther, London 1974, S. 182.

19 Bernd Moeller, Reichsstadt und Reformation, Gütersloh 1962. Vgl. auch Heinrich Richard Schmidt, Reichsstädte, Reich und Reformation. Korporative Religionspolitik 1521–1529/30, Stuttgart 1986.

20 Volker Press, Stadt und territoriale Konfessionsbildung, in: Franz Petri (Hg.), Kirche und gesellschaftlicher Wandel in deutschen und niederländischen Städten der werdenden Neuzeit, Köln/Wien 1980, S. 251–296.

tischen Reichspolitik außerordentlich begrenzt waren. Die Delegierten der Freien und Reichsstädte kamen auf den Reichstagen nie über die Rolle eines »Juniorpartners« der Kurfürsten und Fürsten hinaus. Ältere Vorstellungen von einer kraftvollen Vertretung der »bürgerlichen Belange« sind von der neueren Forschung entsprechend korrigiert worden. Anspruch und Wirklichkeit reichsstädtischer Politik klafften bereits zu Beginn der Neuzeit auseinander, und diese Schere öffnete sich in den folgenden drei Jahrhunderten stetig weiter.

Ihre verfassungsrechtliche Heraushebung gegenüber allen anderen Kommunen behaupteten die Freien und Reichsstädte jedoch bis zum Ende des Alten Reiches. Seit der Mitte des 16. Jahrhunderts korrespondierte sie allerdings zunehmend weniger mit ihrer früheren wirtschaftspolitischen Dominanz. Noch während der Reformationszeit hatten sich die Freien und Reichsstädte als die legitimen Sachwalter einer spezifischen Städtekultur im Reich mit all ihren wirtschaftspolitischen Konsequenzen fühlen dürfen. In den reichsständischen Versammlungen versuchten die Städteboten – oder gaben dies zumindest vor –, die Interessen der Kaufleute und Zunfthandwerker, von »Handel und Wandel« insgesamt, zur Geltung zu bringen. Der Städtetag, das Koordinationszentrum reichsstädtischer Reichspolitik, fällte in der ersten Hälfte des 16. Jahrhunderts gerade in Wirtschafts-, Polizei-, Zunft- und Handwerksangelegenheiten Entscheidungen mit dem Anspruch und meist auch in der Gewißheit, daß sich die landsässigen Kommunen diesen Rahmenregelungen anschlossen. Nach der Jahrhundertmitte, im Zeitalter von Konfessionalisierung und forcierter Territorialisierung, zeichneten sich jedoch gerade auf diesem ureigensten Feld städtischer Reichspolitik dramatische Veränderungen ab: Die Freien und Reichsstädte verloren ihr Quasi-Monopol bei der Regelung von Wirtschafts- und Handelsfragen. Sie mußten sich mit den landesherrlichen Räten abstimmen und sich deren »frühmerkantilistischen« Vorstellungen auch zunehmend beugen[21]. Der reichsstädtische Führungsanspruch geriet mehr und mehr ins Wanken.

Den frei- und reichsstädtischen Räten blieb nur die Ein- und Unterordnung in den andernorts gesetzten Rahmen, um ihren Bürgern den territorialstaatlich reglementierten Wirtschaftsraum zu erhalten. Die reichsunmittelbaren Kommunen dominierten ihr Umland nicht mehr aufgrund ihrer überlegenen Wirtschaftskraft, sondern aufgrund jederzeit widerrufbarer politischer Absprachen mit den Fürsten – ein prinzipieller Unterschied, der die Veränderungen im Gefüge »Frei- und Reichsstadt – Territorialstaat« recht gut zum Ausdruck bringt.

Es zeigte sich, daß der im Zeitalter der Konfessionalisierung vereinheitlichte und rationalisierte Fürstenstaat die Freien und Reichsstädte überflügelt hatte. Diese mußten sich den Vorgaben der Territorialherren, also der regionalen Führungsmächte, anpassen und ihren Handwerkern notfalls sogar erlauben, in deren Landeszünfte einzutreten. Wen mag es da wundern, daß so mancher Handwerksmeister mit dem Gedanken spielte, ob es für ihn und die eigene Stadt nicht vorteilhafter sei, sich dem benachbarten

21 Georg SCHMIDT, »Frühkapitalismus« und Zunftwesen. Monopolbestrebungen und Selbstverwaltung in der frühneuzeitlichen Wirtschaft, in: Bernhard KIRCHGÄSSNER/Eberhard NAUJOKS (Hgg.), Stadt und wirtschaftliche Selbstverwaltung, Sigmaringen 1987, S. 77–114, bes. S. 85–91.

Fürstentum vollständig anzuschließen, um so den unreglementierten Zugang zu einem größeren Wirtschaftsraum zu erhalten[22]?

Selbst in der Zunft- und Handwerkspolitik ging nach der Mitte des 16. Jahrhunderts die Zeit zu Ende, in der die Freien und Reichsstädte Normierungen stellvertretend für alle Kommunen im Reich vornehmen konnten. Die Durchführung aller auf den Städtetagen diskutierten und verabschiedeten Regelungen – beispielsweise gegen die »geschenkten Handwerke« – scheiterte letztendlich immer wieder an der Furcht der reichsstädtischen Magistrate vor Unruhen und Aufständen sowie vor der Abwanderung ganzer Gewerbezweige in benachbarte landsässige Kommunen. Diese waren inzwischen zu einer ernsthaften und gleichwertigen, in vielen Bereichen sogar bereits zu einer überlegenen Konkurrenz herangewachsen. Es wurde deutlich, daß Absprachen aller Freien und Reichsstädte nicht mehr ausreichten, um angebliche oder tatsächliche Mißstände in den Griff zu bekommen[23].

Für die innerstädtische Machtverteilung spielte diese Gewichtsverlagerung nur eine untergeordnete Rolle: Die immer umfangreicheren Verordnungen des Rats zum Schutz der heimischen Wirtschaft erforderten einen immens aufgeblähten städtischen Verwaltungs- und Überwachungsapparat. Für die damit betrauten Ratsherren bildeten diese Ämter eine wichtige Einnahmequelle. Während die Fürsten in der zweiten Hälfte des 16. Jahrhunderts ihre Administration rationalisierten, führte der personelle Ausbau in den Freien und Reichsstädten offensichtlich zu keiner vergleichbaren Effektivitätssteigerung. Die städtischen Ämter verkamen nicht selten zu reinen Pfründen, die noch dazu in bester feudaler Manier von wenigen Familien monopolisiert und untereinander vererbt wurden.

Der bisherige Vorteil reichsstädtischer Wirtschaft – vergleichsweise flexibel und schnell auf sich ändernde Marktverhältnisse zu reagieren und über den Fernhandel den eigenen und den Handwerkern der Umgebung Absatzchancen zu eröffnen – erstickte nun vielerorts in einem Sumpf kleinkarierter Kontrollen und Reglementierungen. Es ist daher erstaunlich, daß die Masse der Reichsstädte überhaupt bis zum Ende des Alten Reiches ihre relative Selbständigkeit behaupten konnte. Abgesehen von der Verrechtlichung und Petrifizierung der Reichsverfassung, die den Status quo einfach perpetuierte, war dies nur möglich, weil auch die Führungsgruppen der Reichsstädte, bei allem Beharren auf der relativen Autonomie, nicht auf Konfrontation, sondern auf Kooperation und Ausgleich mit den benachbarten Territorialherren setzten. Für Esslingen, Reutlingen, Weil der Stadt oder Heilbronn ging es nicht mehr um die Demonstration städtischer Macht, auch nicht mehr um eine »gesamtstädtische« Interessenvertretung in den reichsständischen Gremien oder um die Unterstützung anderer Freier oder

22 Vgl. beispielhaft die Auseinandersetzungen zwischen Esslingen und Württemberg: Erich LESCHNER, Esslingen und Württemberg. Geschichte der wirtschaftspolitischen Kämpfe zwischen der Reichsstadt Esslingen und dem Herzogtum Württemberg, Diss. Frankfurt 1930; Eberhard NAUJOKS, Reichsfreiheit und Wirtschaftsrivalität. Eine Studie zur Auseinandersetzung Esslingens mit Württemberg im 16. Jahrhundert, in: Zeitschrift für Württembergische Landesgeschichte 16 (1957), S. 279–302; Georg SCHMIDT, Reichsstadt und Territorialstaat. Esslingen, Württemberg und das Städtecorpus um die Mitte des 16. Jahrhunderts, in: Esslinger Studien 21 (1982), S. 71–104.

23 Vgl. SCHMIDT, Frühkapitalismus (wie Anm. 21), S. 87ff.

Reichsstädte, sondern einzig und allein um den kaiserlichen Schutz und um ein möglichst gutes Auskommen mit dem Herzog von Württemberg.

Konfessionalisierung und Territorialisierung[24] sowie die folgende Mangelsituation des Dreißigjährigen Krieges hatten die Bedingungen reichsstädtischer Existenz dramatisch verschärft. Selbst die beiden Frankfurter Syndici, Dr. Glock und Dr. Stenglein, mußten 1671 in einem Gutachten ihrem Magistrat verdeutlichen, daß es überhaupt nur noch ein Mittel gab, um Frieden und Sicherheit für die Reichsstädte zu erreichen: die Verständigung mit den benachbarten Fürsten. Der Rat müsse daher alles aus dem Weg räumen, was deren Anstoß erregen könne, und sich ansonsten strikt an den Kaiser halten[25]. Diese unumgängliche Integration in die regionalen Hegemonialverbände ließ auf Dauer das Bewußtsein von den gemeinsamen Traditionen und Interessen aller Freien und Reichsstädte zerbröseln. Eine korporative reichsstädtische Politik, die diesen Namen wirklich verdient, hat es seit Beginn des Dreißigjährigen Krieges bezeichnenderweise nur noch im Kampf um das »votum decisivum« gegeben[26]. Doch dies war ein allein der Tradition verpflichtetes Gefecht und entbehrte im 17. Jahrhundert jeder politischen Grundlage.

Kommunen wie Esslingen, Memmingen oder Reutlingen blieben zwar wichtige regionale Zentren – auch für die territoriale Wirtschaft und die fürstlichen Untertanen –, zu eigenständigen reichs- oder wirtschaftspolitischen Aktivitäten waren sie aber kaum mehr in der Lage. Selbst eine so bedeutende Stadt wie Köln beschränkte sich auf Klagen und Anklagen, als sie 1734 in Regensburg um eine Matrikelmoderation nachsuchte: Den meisten Freien und Reichsstädten sei *nur allein ein Schatten von ihrem alten florissanten Stand übrig gebliben, und ist der alte Namen ihnen nur dahin schädlich, daß man mit ihnen in Praestationibus kein proportionirtes Mitleiden hat, da sie hingegen in aestimatione Mitleids-würdig genug seyn. Es ist auch keine Hoffnung, daß es mit ihnen besser ergehen werde, weilen die Wurzel ihres Unglücks, nemlich der Zerfall der Commercii und Zertrennung der Handwercker, täglich grösser werde, und die Stättischen Privilegien allenthalben angefochten seynd ...*[27]

Johann Jacob Moser hat die Gründe für den Verfall der Freien und Reichsstädte in fünf Punkten zusammengefaßt: 1.) die Überbeanspruchung durch die Reichshilfen, 2.) die Mißwirtschaft der Magistrate, 3.) die vielen Unruhen, deren Regelung viel Geld koste, 4.) daß *nicht nur das gehabte quasi-Monopolium mit der Handlung ceßirt, sondern auch die Handlung an denen meisten Orten gar darnider ligt, so dann 5. vilen Stätten von anderen Grösseren das Leben recht sauer gemacht wird.*[28]

Konnte unter diesen Umständen das Städtekollegium auf dem Reichstag die – wie

24 Dazu neuerdings zusammenfassend: Heinrich Richard SCHMIDT, Konfessionalisierung im 16. Jahrhundert, München 1992, bes. S. 86–91; Meinrad SCHAAB (Hg.), Territorialstaat und Calvinismus, Stuttgart 1993.

25 Ingomar BOG, Betrachtungen zur korporativen Politik der Reichsstädte, in: DERS., Oberdeutschland, Idstein 1986, S. 125–137, hier S. 132.

26 Vgl. Eberhard ISENMANN, Zur Frage der Reichsstandschaft der Frei- und Reichsstädte, in: Quarthal/Setzler, Stadtverfassung (wie Anm. 12), S. 91–110; Günter BUCHSTAB, Reichsstädte, Städtekurie und Westfälischer Friedenskongreß, Münster 1976.

27 Johann Jacob MOSER, Von den teutschen Reichsständen, Frankfurt a. M. 1767, S. 1051.

28 Ebd., S. 1051 f.

immer zu definierenden – städtischen Belange oder gar die »bürgerlichen« Interessen überhaupt noch vertreten? Waren diese nicht mindestens ebenso gut bei den fürstlichen Räten aufgehoben, die, dem städtischen Milieu entstammend, nicht nur mit den Zielen und Wünschen der dortigen Eliten, sondern auch mit den Problemen der Zunftmeister und Handwerker weit besser vertraut waren als die verknöcherten Oligarchien in den reichsstädtischen Magistraten?

Der rapide ökonomische Angleichungsprozeß von Freien und Reichsstädten einer- und den wichtigeren landsässigen Kommunen andererseits ist ganz unstrittig – auch wenn sich Frankfurt und Hamburg, Augsburg und Bremen bis zum Ende des Alten Reiches trotz ihrer Selbständigkeit erfolgreich zu behaupten wußten. Selbst die sogenannte Kulturbedeutung der oberdeutschen Reichsstadt am Ende des Alten Reiches[29] bleibt so lange ein Muster ohne Gegenwert, wie man die größeren Landstädte nicht vergleichend in die Untersuchung einbezieht. Die Universitäten und die über den lokalen Raum hinaus bedeutenden Gymnasien waren – von wenigen Ausnahmen abgesehen – landesherrliche Gründungen; die großen Theater und bedeutsamen Bibliotheken fanden sich in den Residenzstädten, wo sich auch die »Dichter und Denker« bevorzugt aufhielten, die barocke Handwerkskunst konzentrierte sich in den geistlichen Residenzen und Abteien und die Musikkultur an vielen kleineren Höfen[30].

Die Verrechtlichung und – nach 1648 – die Petrifizierung der Reichsverfassung war den Freien und Reichsstädten – vielleicht aber auch nur ihren Führungsoligarchien – insofern zugute gekommen, als ihr Status nicht mehr in Frage gestellt wurde. Das zähe und erfolgreiche Festhalten an der Reichsstandschaft band jedoch viele Ressourcen und hat notwendige Anpassungsleistungen verhindert und Fortentwicklungen blockiert. Auf dem Reichstag wurde die vielfältige Problematik der »späten« reichsstädtischen Existenz wie in einem Brennglas verstärkt: Niemand bestritt den städtischen Vertretern den Zugang, doch wegen ihrer geringen ständischen Dignität, ihrer mangelhaften Präsenz und dem inzwischen unzureichenden politischen und wirtschaftlichen Gewicht ihrer Auftraggeber besaßen sie kaum Gestaltungsmöglichkeiten. Das Wissen um die Aussichtslosigkeit einer angemessenen Interessenvertretung auf dem Reichstag ließ die Freien und Reichsstädte die immensen Kosten einer eigenen Gesandtschaft scheuen – ein circulus vitiosus, der nicht mehr durchbrochen werden konnte. Von ihrem Ende her betrachtet, wird jedenfalls deutlich, daß die Freien und Reichsstädte nicht die bürgerliche Alternative, etwa im Sinne des englischen Unterhauses, in der deutschen Geschichte waren[31] – und auch nicht sein konnten, gerade wenn man von der Position der Städteboten auf dem um 1500 entstehenden Reichstag ausgeht.

Als sich am Ausgang des Mittelalters der erweiterte kaiserliche Hoftag zum institutionalisierten Reichstag der Frühen Neuzeit wandelte, besaßen die Freien und Reichsstädte einen beträchtlichen Organisationsvorsprung: Neben der kleinen und hoch privilegierten Gruppe der Kurfürsten war es nur ihnen gelungen, kontinuierlich

29 Otto Borst, Die Kulturbedeutung der oberdeutschen Reichsstadt am Ende des alten Reiches, in: Blätter für deutsche Landesgeschichte 100 (1964), S. 159–246.

30 Vgl. zusammenfassend Horst Möller, Fürstenstaat oder Bürgernation. Deutschland 1763–1815, Berlin 1989, S. 336–361 und 385–494.

31 Press, Reichsstadt (wie Anm. 6), S. 41.

reichsweite Tagungen durchzuführen[32]. Auf diesen Städtetagen versammelten sich Delegierte der etwa 70 Freien und Reichsstädte und stimmten ihre Reichspolitik ab. Während der Reichsversammlungen konnten die Städteboten deswegen als vergleichsweise geschlossene Gruppe auftreten – mit dem Anspruch, die Interessen aller Kommunen zwischen Lübeck und Regensburg, Aachen und Nürnberg zu vertreten.

Allerdings hatten noch 1495 die in Worms versammelten Städteboten darüber diskutiert, ob sie sich überhaupt in die Verhandlungen des Reichstags aktiv einschalten sollten. Auf den königlichen Hoftagen war die Teilnahme städtischer Delegierter umstritten geblieben: Wegen ihres niederen ständischen Ranges hatten sie nie ein vollwertiges Recht zur Beratung des Königs erringen können. Für die Freien und Reichsstädte war die Beteiligung an den Hoftagen daher eher eine lästige Pflicht als ein Vorrecht gewesen: Weil sie auf das Reichsoberhaupt, Stadtherr und zugleich Garant ihrer relativen Selbständigkeit, angewiesen waren, konnten sie sich seinen Ladungen nicht entziehen. Am Versammlungsort sollten sie nicht den König beraten, sondern den weithin ohne ihre Beteiligung zustande gekommenen Absprachen zustimmen, um deren schnelle und reibungslose Durchführung sicherzustellen. Als die Städteboten 1495 den ihnen angebotenen Platz im Ausschuß des Reichstags einnahmen und sich an den Beratungen beteiligten, trugen sie dem Wandlungsprozeß vom Hof- zum Reichstag Rechnung. Dennoch konnten die beiden höheren Stände – Kurfürsten und Fürsten – ihren traditionellen Vorrang beinahe mühelos auch unter den neuen Bedingungen behaupten: Sie berieten und beschlossen die einzelnen Punkte der kaiserlichen Proposition und informierten dann erst die Städteboten. Fühlten diese sich übervorteilt, wandten sie sich dem Herkommen entsprechend an den Kaiser, der dann einen Kompromiß vermittelte oder die Städte zum Einlenken bewog.

Die eigentlichen Schwierigkeiten der Freien und Reichsstädte begannen mit der organisatorischen Verfestigung und institutionellen Ausgestaltung des Reichstags in den zwanziger Jahren des 16. Jahrhunderts. Der Kaiser war nicht präsent, und Erzherzog Ferdinand verfügte noch nicht über genügend Prestige, um die Rolle des Reichsoberhaupts vollwertig auszufüllen und die reichsstädtischen Vorstellungen einzubinden. Es ist bezeichnend, daß auf dem Städtetag 1522 erstmals die Forderung nach »Stand« und »Stimme« auf dem Reichstag auftauchte. Da die städtischen Ziele und Vorstellungen während der letzten Nürnberger Reichsversammlung weithin unberücksichtigt geblieben waren, wandte sich das Städtecorpus – dem hergebrachten Modell entsprechend – an den in Spanien weilenden Kaiser. Den neuen Anspruch auf »Stand und Stimme« kleidete man aber wie selbstverständlich in die Formel von der Zurückgewinnung eines uralten Rechts. Das Herkommen war und blieb der wichtigste Verfassungsgrundsatz des Alten Reiches.

Die höheren Stände boten den Kommunen 1524 an, wie die Grafen zwei Gesandte in den Fürstenrat zu delegieren. Das trotz aller anderer Querelen in diesem Punkt einige Städtecorpus wollte sich mit dieser »Minimalvertretung« jedoch nicht zufriedengeben und forderte die prinzipielle Gleichstellung, also eine eigene gleichberechtigte

32 Vgl. auch zum folgenden SCHMIDT, Städtetag (wie Anm. 11) passim. Dort auch die ältere Literatur.

Reichstagskurie. Damit aber überspannte man den Bogen. Die Gleichrangigkeit mit Kurfürsten und Fürsten blieb unerreichbar, weil sie dem traditionellen Verständnis und der hierarchischen Struktur von Reich und Reichstag zutiefst widersprach. Die Freien und Reichsstädte organisierten sich zwar in einer eigenen Kurie, wurden zu den Beratungen aber nur nach Gutdünken der höheren Stände hinzugezogen. Die Städteboten waren und blieben die »Juniorpartner« der Kurfürsten und Fürsten: Mit ihrer Zustimmung durften sie ein ständisches Votum zwar verstärken, ihre eigenen, von den höheren Ständen abweichenden Vorstellungen konnten sie jedoch allenfalls in sehr abgeschwächter Form und nur dann durchsetzen, wenn die Mehrheit der höheren Stände sich davon ebenfalls einen Vorteil versprach.

Die gleichzeitige Eröffnung und Vergleichung des städtischen Votums (simultane Re- und Korrelation) mit demjenigen der Kurfürsten und Fürsten blieb ein unerfüllter Traum reichsstädtischer Reichstagspolitik. Durch ihre stereotype Wiederholung gewann die Forderung allerdings eine enorme Suggestivkraft: Eine neuerliche Initiative der Städte zur Erringung von *stand, stimm und session* in den vierziger Jahren basierte auf dem festen Glauben an eine frühere Gleichbehandlung mit den beiden höheren Kurien. Die Städteboten erhielten 1548 immerhin die Zusicherung Karls V., künftig bei allen Beratungspunkten gehört zu werden[33]. Den höheren Ständen verblieb jedoch die Entscheidung darüber, ob eine abweichende Meinung der Städte in das dem Kaiser zu übergebende Gutachten aufgenommen wurde oder nicht.

Auf dieser Basis scheint man sich arrangiert zu haben. Der Mainzer Kanzler trug den Städteboten das Beratungsergebnis der beiden höheren Kurien als *bedenken* vor und hörte ihre Einwände. Nach städtischer Auffassung einigte man sich dann auf ein gemeinsames Votum. Da die Einflußmöglichkeiten der Städteboten jedoch außerordentlich gering waren, sahen Kurfürsten und Fürsten in diesem Verfahren eine bloße Formalität – und sie kamen mit ihrer Interpretation der Realität sehr nahe[34].

Als jedoch 1570 Dr. Christoph Fabri, der neue Kanzler des Mainzer Erzbischofs, von dem *beschluß* der höheren Stände sprach, den er den Städteboten vortragen wolle, gerieten diese in höchste Aufregung[35]: Alle folgenden Städtetage beschäftigten sich daraufhin wieder mit dem Komplex »Stand, Stimme und Session«. Inhaltlich wurden die alten Argumente lediglich variiert[36]. Die Ohnmacht der Kommunen trat offen zutage: Man getraute sich nicht, offensiv das *votum decisivum* zu fordern, sondern bestand lediglich auf der Rückkehr zum alten *usus*. Dieser beließ den Freien und Reichsstädten wenigstens die Illusion, mit den Kurfürsten und Fürsten über die Ausformulierung des ständischen Votums gleichberechtigt zu verhandeln.

Von der Verfahrenspraxis auf den Reichstagen des 16. Jahrhunderts weist somit eine direkte Linie zum Artikel VIII § 4 des Osnabrücker Friedensinstruments, dem *votum*

33 Harry GERBER, Die Bedeutung des Augsburger Reichstags von 1547/48 für das Ringen der Städte um Stand, Stimme und Session, in: Elsaß-Lothringen Jahrbuch 9 (1930), S. 168–208.

34 Vgl. Karl RAUCH (Hg.), Traktat über den Reichstag im 16. Jahrhundert. Eine offiziöse Darstellung aus der Kurmainzischen Kanzlei, Weimar 1905, bes. S. 87.

35 Vgl. SCHMIDT, Städtetag, Städtehanse (wie Anm. 14), S. 54f.

36 Rudolf REUTER, Der Kampf um die Reichsstandschaft der Städte auf dem Augsburger Reichstag 1582, München/Leipzig 1919.

decisivum. Eberhard Isenmann hat die Hintergründe dieser Regelung eingehend analysiert: Aus der Sicht der Städte war ihnen 1648 kein neues Recht verliehen, sondern nur das alte Herkommen bestätigt worden[37]. Auf der folgenden Regensburger Reichsversammlung 1653/54, auf der es um die organisatorische Ausgestaltung des Friedensvertrags ging, kam es für die Städteboten daher darauf an, daß dieses Recht materiell aufgefüllt wurde. Der Wert ihres Stimmrechts war – wie Adolf Laufs gezeigt hat – allein vom Verfahren abhängig. Sie forderten die Einheitlichkeit und Gleichzeitigkeit der Beschlußfassung, die Zuziehung eines städtischen Vertreters zur simultanen Re- und Korrelation der Kollegiengutachten. Die höheren Stände lehnten dies strikt ab, weil sie verhindern wollten, daß den städtischen Deputierten der Stichentscheid zufiel, falls die Voten von Kurfürsten und Fürsten differierten.

Die höheren Stände widerlegten im übrigen auch die städtische Auffassung, ihnen sei das *votum decisivum* in Osnabrück nur bestätigt, nicht aber neu verliehen worden. Es blieb daher bei dem von Kurmainz erteilten Bescheid, daß die Städte nach dem Vergleich von Kurfürsten und Fürsten gehört werden sollten. Falls sie anderer Meinung waren, wollte man ihre Vorstellungen in das Reichsbedenken aufnehmen und dem Kaiser vortragen[38]. Die separate Re- und Korrelation von Kurfürsten und Fürsten machte das städtische *votum decisivum* wertlos: Waren sich die beiden höheren Kurien nicht einig, verhandelten sie einfach weiter, oder sie ließen die gesamte Angelegenheit auf sich beruhen, um den Städten nicht den Stichentscheid zu gewähren. Waren sich die höheren Stände aber einig, bewirkte ein *votum singulare* der Städte ohnehin nichts, und darüber, ob es überhaupt dem Kaiser vorgelegt wurde, entschieden in der Praxis wiederum die Kurfürsten und Fürsten.

Das *votum decisivum* war damit verfahrenstechnisch von Anfang an völlig entwertet: Es war eben keine »mitentscheidende Stimme«[39]. Auch rechtlich hatte sich die Position des Städtekollegiums gegenüber den Reichstagen des 16. Jahrhunderts um keinen Deut verbessert – faktisch hatte sie sich sogar weiter verschlechtert. Symptomatisch ist der Kampf um die Schranke im Regensburger Ratssaal[40]. Auch wenn die Abtrennung schließlich nur in symbolischer Form bestehen blieb, verdeutlicht sie doch das ganze Dilemma reichsstädtischer Reichstagspolitik nach 1648: Das *votum decisivum* blieb ein Muster ohne Wert. Das Städtekollegium war – wie selbst Johann Jacob Moser feststellen mußte – *ein der Würde nach nidrigeres Collegium*[41].

Reichsstädtische Reichspolitik hieß in der frühen Neuzeit vor allem Abwehr übermäßiger finanzieller Belastungen, Verhindern von besonderen Handelshemmnissen für die reichsstädtischen Bürger und Sicherung des freien Zugangs aller Waren zu den reichsunmittelbaren Kommunen. Da deren Magistrate jedoch in erster Linie auf die Vorgaben der höheren Stände reagieren mußten, ist der Begriff »reichsstädtische

37 Isenmann, Frage (wie Anm. 26).

38 Adolf Laufs, Die Reichsstädte auf dem Regensburger Reichstag 1653/1654, in: Zeitschrift für Stadtgeschichte, Stadtsoziologie und Denkmalpflege 1 (1974), S. 23–48, hier S. 37ff.

39 Vgl. dagegen Monika Neugebauer-Wölk, Reichsstädtische Reichspolitik nach dem Westfälischen Frieden, in: Zeitschrift für Historische Forschung 17 (1990), S. 27–47, hier S. 31.

40 Isenmann, Frage (wie Anm. 26), S. 91 ff.

41 Johann Jacob Moser, Von den Teutschen Reichs-Ständen, Frankfurt a. M. 1767, S. 1210.

Reichspolitik« an sich fragwürdig, suggeriert er doch ein zielgerichtetes Handeln, zu dem die Kommunen immer weniger in der Lage waren. Im engen Verbund mit dem Kaiser gelang es ihnen meist nur noch, die ärgsten Verzerrungen abzuwenden. Wo sie selbst aktiv wurden, wie in der Landfriedens- und Exekutionsfrage, hatten sie vor allem dann Erfolg, wenn sie gemeinsam mit den höheren Ständen kämpften.

Die Geschichte einer reichsstädtischen Gesamtrepräsentation endete daher recht unspektakulär irgendwann um 1670, nachdem 1668 der letzte gemeinsame Städtetag auseinandergegangen war und sich 1671 noch einmal Vertreter der vier ausschreibenden Kommunen auf einer separaten Tagung persönlich gegenübersaßen[42]. Die sogenannte Dritte Kurie des Regensburger Reichstags war dagegen nicht einmal mehr ein »Zweckverband« – sie existierte oft nur auf dem Papier. Der naheliegende Gedanke, das reichsstädtische Kollegium auf dem Immerwährenden Reichstag habe den Städtetag überflüssig gemacht, ist eine reine Fiktion. Alle, die so argumentierten, wüßten oder erinnerten sich nicht – so Johann Jacob Moser –, *daß ausser der Stadt Regensburg Bedienten, sich in langen Zeiten von denen übrigen Reichs-Stätten kaum jemand allda befindet ...*[43].

Schon 1671 hatten die ausschreibenden Städte festgestellt: Wenn die Kommunen in Regensburg zur Relation oder Korrelation gerufen würden, erschiene nur das Regensburger Direktorium und allenfalls vier oder fünf Gesandte, und auch diese, ohne sich zuvor auf ein einheitliches städtisches Votum geeinigt zu haben[44]. Daß die höheren Stände die Reichsgutachten alleine verfertigten, darf unter diesen Umständen niemand wundern. Alle Bemühungen, das Städtecorpus als eine Gesamtvertretung der Freien und Reichsstädte wieder in Gang zu bringen, stießen im 18. Jahrhundert auf das ungeteilte Desinteresse der Mitglieder.

Wenn in jüngster Zeit Monika Neugebauer-Wölk die neuere Forschung hinsichtlich des Regensburger Städtekollegiums in einer »Sackgasse« wähnt und im Gegenzug versucht hat, dessen Bedeutung aufzuwerten[45], scheint dies schon im Hinblick auf ihre schmale Quellenbasis problematisch. Sie beschränkt sich auf die Auswertung älterer Aktenpublikationen, vor allem auf die von Carl Theodor Gemeiner, dem letzten Archivar der Reichsstadt Regensburg, zwischen 1794 und 1796 herausgegebenen Sammlungen[46]. Diese enden aber bereits im Jahre 1669, zu einem Zeitpunkt also, als die Freien und Reichsstädte tatsächlich noch vergleichsweise aktiv am Regensburger Geschehen teilnahmen.

Gemeinsames Merkmal all dieser Aktenpublikationen ist ohnehin, daß sie die Verhandlungen nach dem formal auch weiterhin gültigen Drei-Kurien-Modell des Reichstags rekonstruieren. Die alltägliche Praxis, die sich wohl nur aus dem ungedruck-

42 Ueber die Wiederherstellung des vertraulichen Vernehmens der Reichsstädte, in: T. L. U. Jäger (Hg.), Juristisches Magazin für die deutschen Reichsstädte, Bd. 6, Ulm 1797, S. 5–18, hier S. 6f.

43 Johann Jacob Moser, Teutsches Staats-Recht, Tl. 40, Leipzig/Ebersdorf 1749, S. 467.

44 Vgl. Bog, Betrachtungen (wie Anm. 25), S. 132.

45 Neugebauer-Wölk, Reichspolitik (wie Anm. 39), S. 33.

46 Carl Theodor Gemeiner, Geschichte der öffentlichen Verhandlungen des zu Regensburg noch fortwährenden Reichstags ..., Bde. 1–3, Nürnberg 1794–1796.

ten reichsstädtischen Material eruieren läßt, sah jedoch wohl etwas anders aus – wie einige wenige Funde aus den Nürnberger Briefbüchern des beginnenden 18. Jahrhunderts abschließend mehr andeuten als belegen können. Die auslaufende Korrespondenz des Nürnberger Rats zeigt darüber hinaus ganz generell, daß der reichsstädtische Magistrat den Agenten am Kaiserhof und seinen Advokaten und Prokuratoren am Reichskammergericht zumindest in diesen Jahren spürbar mehr Beachtung schenkte als den Delegierten auf dem Regensburger Reichstag.

Um 1700 unterhielten die verbliebenen ausschreibenden Städte – Frankfurt, Nürnberg und Ulm – eine recht lebhafte Korrespondenz. Die Informationen wurden auch an die Kommunen des jeweiligen Ausschreibungsbezirkes weitergegeben. Die Masse der zwischenstädtischen Schreiben betraf allerdings bilaterale Fragen: Erbschafts-, Rechts-, Wirtschafts- und Handelsangelegenheiten. Über die bevorstehende Erklärung des Reichskriegs gegen Frankreich korrespondierten die Freien und Reichsstädte im Sommer und Herbst 1702. In Sorge um bevorstehende Wirtschaftseinbußen wurde überlegt, wie man Kaiser und Reichstag dazu bringen könne, den Kommerzien ihren freien Lauf auch in Feindesland zu lassen. Man wollte deswegen nicht nur beim Kaiser, sondern auch bei den Direktoren der höheren Kollegien in Regensburg vorstellig werden[47]. Wie gering der politische Druck allerdings war, der hinter dieser Initiative stand, erhellt aus den zeitlich parallelen Aufforderungen des reichsstädtischen Direktoriums an seine Mitglieder, doch endlich Delegierte nach Regensburg abzufertigen.

Der Nürnberger Rat antwortete in bezeichnender Manier: Man habe mit anderen Kommunen über dieses Problem korrespondiert; falls jedoch alleine Nürnberg einen Gesandten abfertige, nehme die Stadt eine große finanzielle Belastung auf sich, ohne daß das Ziel erreicht werden könne. Dennoch solle baldmöglichst jemand nach Regensburg gesandt werden[48]. Nur drei Tage später mußte der Nürnberger Rat seinen Frankfurter Kollegen allerdings mitteilen, daß inzwischen die Mainzer Reichskanzlei beim reichsstädtischen Direktorium wegen des mangelhaften Besuchs vorstellig geworden sei. Darüber hinaus solle es auch bereits Diskurse geben, die Freien und Reichsstädte *von gemeinen deliberationen zu excludieren*. Nürnberg werde deswegen in Kürze einen Gesandten nach Regensburg abfertigen – aber nur, wenn sich andere Städte dazu ebenfalls verpflichteten[49]. Bis zum Jahresende wurde über diese Frage weiter korrespondiert, stets das gemeinsame reichsstädtische Interesse beschworen und stets um Mitteilung gebeten, wann der Delegierte der anderen Stadt in Regensburg eintreffen werde[50]. Ein Nürnberger Gesandter erschien tatsächlich Mitte Januar 1703 in Regensburg, verließ den Reichstag aber offensichtlich wieder im März[51].

Im Herbst 1704 teilte das reichsstädtische Direktorium Nürnberg mit, daß die Stadt

47 Vgl. die Schreiben Nürnbergs an das reichsstädtische Direktorium in Regensburg, 1702, Juli 29 und Sept. 22. Staatsarchiv Nürnberg, Reichsstadt Nürnberg, Briefbücher Nr. 330.

48 Vgl. das Schreiben Nürnbergs an Regensburg, 1702, Sept. 22. Ebd.

49 Nürnberg an Frankfurt, 1702, Sept. 25. Ebd.

50 Vgl. beispielsweise die Nürnberger Schreiben an Rothenburg und Schweinfurt (Sept. 26), an Lübeck, Bremen, Hamburg (Okt. 12), an Augsburg und Frankfurt (Okt. 16). Alle: Ebd.

51 Vgl. die Korrespondenz des Nürnberger Rats mit seinem Gesandten Dr. Georg Carl Wölcker in Regensburg, 1702, Jan. 15 und 22. Ebd., Nr. 331.

der Kammergerichtsvisitationskommission angehöre und zudem endlich einen Delegierten nach Regensburg entsenden müsse. Wieder antwortet der Rat ausweichend: Man habe über lange Jahre hinweg mit hohen Kosten eine Gesandtschaft unterhalten, zur Zeit sei aber nur ein Verteter der Stadt Augsburg am Reichstag präsent. Im Winter werde ohnehin wenig beraten, was die Städte tangiere, und zudem seien die für eine solche Mission geeigneten Nürnberger Politiker überlastet[52]. Auf eine neuerliche, dringliche Intervention aus Regensburg erwiderte der Nürnberger Rat am 30. Juli 1705: Man müsse erst ganz genau wissen, wann die Beratungen über Religions-, Kameral-, Kommerzien- und Matrikularsachen sowie über die Kriegssatisfaktionen und andere die Reichsstädte tangierenden Punkte wirklich begännen[53]. Als das reichsstädtische Direktorium daraufhin antwortete, diese seien längst in vollem Gange, erklärte der Nürnberger Rat (und dies ist bezeichnend für den Wert, den er inzwischen dem städtischen *votum decisivum* beimaß): Da die beiden höheren Kollegien noch unterschiedlicher Meinung seien, bestünden kaum Aussichten auf einen Abschluß vor Jahresende[54].

Im Herbst 1706 ist die berechtigte Sorge, wegen der mangelhaften Präsenz künftig von den Re- und Korrelationen ausgeschlossen zu werden, das Thema der reichsstädtischen Korrespondenz. Die höheren Stände hatten bei der Fürstenerhebung des Herzogs von Marlborough die Städtekurie weder hinzugezogen noch informiert und damit einen für die Kommunen überaus gefährlichen Präzedenzfall geschaffen. Frankfurt empfahl deswegen, mehrere benachbarte Kommunen oder gar ein ganzer Ausschreibungsbezirk sollten künftig wenigstens gemeinsam einen Delegierten in Regensburg unterhalten. Der Nürnberger Rat blieb jedoch skeptisch. Man habe das den fränkischen Städten früher schon einmal vorgeschlagen, doch diese hätten damals *keine sonderliche lust* dazu gehabt. Auch die schwäbischen Städte seien vor etwa zehn Jahren gezwungen gewesen, ein ähnliches Experiment wieder abzubrechen, weil die Gelder für den Unterhalt des gemeinsamen Gesandten nur sehr schleppend eingegangen seien[55].

Dennoch informierte Nürnberg Rothenburg, Windsheim, Schweinfurt und Weissenburg über den drohenden Verlust des *votum decisivum*: Die höheren Stände wollten in Regensburg nur noch das »Ja-Wort« der Kommunen. Da die schwäbischen Städte nun zwei gemeinsame Repräsentanten abordnen würden, sollten auch die fränkischen eine Gesandtschaft nicht länger verzögern, doch Nürnberg könne diese nicht alleine finanzieren[56]. Wieder blieb es jedoch bei Absichtserklärungen, so daß im Mai 1707 Kurfürsten und Fürsten erneut scharf intervenierten und drohten, sich an den Kaiser zu wenden, damit er wenigstens den vermögenderen Reichsstädten unter Androhung des Ausschlusses von der Re- und Korrelation das Erscheinen gebiete[57].

Die miserable finanzielle Situation der meisten Freien und Reichsstädte machte im 18. Jahrhundert die dauerhafte und äußerst kostspielige Präsenz in Regensburg nahezu

52 Nürnberg an das reichsstädtische Direktorium, 1704, Nov. 18. Ebd., Nr. 332.
53 Nürnberg an das reichsstädtische Direktorium, 1705, Juli 30. Ebd., Nr. 333.
54 Nürnberg an das reichsstädtische Direktorium, 1705, Sept. 28. Ebd.
55 Nürnberg an Frankfurt, 1706, Nov. 22. Ebd., Nr. 334.
56 Nürnberg an Rothenburg, Windsheim, Schweinfurt und Weissenburg, 1706, Dez. 23. Ebd.
57 BUCHSTAB, Reichsstädte (wie Anm. 26), S. 148.

unmöglich. Hinzu kam, daß die benachbarten Fürstenhöfe, der Wiener Kaiserhof und der Reichshofrat sowie das Wetzlarer Reichskammergericht inzwischen zu wichtigeren und lohnenderen Objekten reichsstädtischer Kontaktpflege geworden waren als der Immerwährende Reichstag in Regensburg mit seinen schier endlosen Beratungen.

Vergleicht man dieses Gerangel um die bloße Anwesenheit städtischer Delegierter auf dem Immerwährenden Reichstag mit der Selbstverständlichkeit, mit der sich die großen, mittleren und selbst viele der kleineren Freien und Reichsstädte an den Reichstagen der Reformationszeit beteiligten, wird der Bedeutungsverlust des Städtekollegiums augenfällig. Vor diesem Hintergrund wird auch deutlich, warum die reichsstädtische Reichstagspolitik in ihrer Spätzeit – trotz aller Revisionsbemühungen – mehrheitlich negativ bewertet wird: Selbst unter Berücksichtigung eines allgemeinen Verfallsprozesses des Reichstags und der ebenfalls schwächeren Resonanz unter den höheren Ständen bleibt ein unübersehbarer Bedeutungsverlust.

Das mit dem Westfälischen Frieden errungene *votum decisivum* der Freien und Reichsstädte war ein Muster ohne Wert: Kurfürsten und Fürsten umgingen die nur scheinbar eindeutige Regelung unter Verweis auf das alte Herkommen. Die sogenannte dritte Kurie des Reichstags hatte im Zeitalter der Konfessionalisierung aufgrund ihrer enormen Schuldenlast seit dem Schmalkaldischen Krieg und angesichts der forcierten Territorialisierung seitens der Fürsten entscheidend an politischem Einfluß eingebüßt. Die bis dahin gemeinsame reichsstädtische Reichspolitik zerbrach am Zwang zur Einordnung in die regionalen Hegemonialverbände. Reichsstädtischer Einfluß auf Politik und Verfassungsgefüge des Alten Reichs – im späten Mittelalter gekennzeichnet durch die mächtigen Städtebünde, im 16. Jahrhundert durch eine reichsübergreifende korporative Interessenwahrung – bedeutete nun die Mobilisierung des Kaisers und die möglichst geräuschlose Einordnung in die regionalen Klientelverbände. Der Städtetag, eine Art übergreifender reichsstädtischer Interessen- und Zweckverband, besaß angesichts der von den Territorialstaaten geprägten Bedingungen im Reich des 17. und 18. Jahrhunderts kaum noch eine Basis für gemeinsame Aktionen. Der Regensburger Städtekurie ging es nicht anders: Sie war sinnlos geworden, weil die spezifischen Probleme der reichsunmittelbaren Kommunen sich nicht mehr gemeinsam und schon gar nicht auf dem Immerwährenden Reichstag lösen ließen. Was sollten äußerst kostspielige Gesandtschaften, die nichts bewirkten? Aus dem scheinbaren Vorrecht der Reichsstandschaft war eine lästige und immer weniger zu erfüllende Pflicht geworden, der sich die Freien und Reichsstädte völlig zu Recht aus finanziellen Gründen entzogen, wann immer das möglich war.

Politik und Milieu in Stadt und Land: Überlegungen zur Formierung und Entwicklung des badischen Parteiensystems, 1819–1933.

VON HANS-PETER BECHT

I

Im Jahre 1966 veröffentlichte der Soziologe und Sozialhistoriker M. Rainer Lepsius, gestützt auf Forschungen unter anderem von Ralf Dahrendorf, Seymour Martin Lipset und Theodore H. Marshall[1], einen Aufsatz mit dem Titel ›Parteiensystem und Sozialstruktur: zum Problem der Demokratisierung der deutschen Gesellschaft‹. »Sozialmoralische Milieus«, so Lepsius' These, bildeten die Basis der deutschen Parteien und sorgten für eine ausgeprägte Stabilität und Kontinuität im deutschen Parteiensystem von der Reichsgründung bis in die Auflösungsphase der Weimarer Republik.

Wenngleich dieser Aufsatz keineswegs an entlegener Stelle, sondern in der zum 65. Geburtstag von Friedrich Lütge erschienenen Festschrift publiziert wurde[2], dauerte es annähernd 20 Jahre, bis der komplexe Erklärungsansatz des Milieu-Konzeptes von der historischen und der Sozialwissenschaft so recht zur Kenntnis genommen wurde. Heinrich Best, Jürgen W. Falter, Gerhard A. Ritter und Lothar Gall etwa griffen in den achtziger Jahren das Konzept schließlich auf und wandten es auf die politische Sozialgeschichte an[3]. Mittlerweile hat die zunehmende Bekanntheit des Ansatzes sogar schon dazu geführt, daß der Begriff des »Milieus«, mit allen möglichen Attributen versehen, inflationär und zum Teil in ziemlich abwegiger Weise gebraucht wird.

1 Ralf DAHRENDORF. Gesellschaft und Demokratie in Deutschland, München 1965, Seymour Martin LIPSET, Political Cleavages in »Developed« and »Emerging« Polities, in: Erik ALLARDT, Yrjö LITTUNEN (Hg.), Cleavages, Ideologies, and Party Systems. Contributions to Comparative Political Sociology, Turku 1964 (= Transactions of the Westermarck Society, Vol. X), S. 21–55, Theodore H. MARSHALL, Class, Citizenship, and Social Development, New York 1964.

2 Wirtschaft, Geschichte und Wirtschaftsgeschichte. Festschrift zum 65. Geburtstag von Friedrich Lütge, Stuttgart 1966, S. 371–393, auch in: Gerhard A. RITTER (Hg.), Deutsche Parteien vor 1918, Köln 1973, S. 56–80; alle Zitate beziehen sich auf den letztgenannten Abdruck.

3 Vgl. beispielsweise Heinrich BEST, Politische Eliten, Wahlverhalten und Sozialstruktur: Theoretische Aspekte historisch und interkulturell vergleichender Analysen, in: DERS. (Hg.), Politik und Milieu. Wahl- und Elitenforschung im historischen und interkulturellen Vergleich, St. Katharinen 1989 (= Hist.-Sozialwiss. Forschungen, Bd. 22), S. 3–18, Jürgen W. FALTER, Hartmut BÖMERMANN, Die Entwicklung der Weimarer Parteien in ihren Hochburgen und die Wahlerfolge der NSDAP, in: ebd., S. 92–118, und Lothar GALL, Das liberale Milieu. Die Bedeutung der Gemeinde für den deutschen Liberalismus, in: Liberalismus und Gemeinde. 3. Rastatter Tag zur Geschichte des Liberalismus am 10./11. November 1990, Sankt Augustin 1991, S. 17–33. Von anderer empirischer Warte recht aufschlußreiche Hinweise bei Elfi BENDIKAT, Wahlkämpfe in Europa 1884 bis 1889. Parteiensysteme und Politikstile in Deutschland, Frankreich und Großbritannien, Wiesbaden 1988, S. 399 ff.

Unter »Milieus« beziehungsweise »sozialmoralischen Milieus« versteht Lepsius in Anlehnung an den Soziologen Walter B. Simon[4] »soziale Einheiten, die durch eine Koinzidenz mehrerer Strukturdimensionen wie Religion, regionale Tradition, wirtschaftliche Lage, kulturelle Orientierung, schichtspezifische Zusammensetzung der intermediären Gruppe gebildet werden. Das Milieu ist ein sozio-kulturelles Gebilde, das durch eine spezifische Zuordnung solcher Dimensionen auf einen bestimmten Bevölkerungsteil bestimmt wird«[5].

Je enger die Bindung der Parteien an bestimmte Sozialmilieus wird, desto größer wird – nach Lepsius – die Gefahr, daß das Parteiensystem »mehr der Aufrechterhaltung der Autonomie der Milieus als ihrer Integration in die Gesamtgesellschaft dient«, und zwar insbesondere dann, »wenn das betreffende Milieu relativ homogen ist oder ... sich durch Abstoßung von Marginalgruppen homogenisiert. ... Das Resultat ist zunehmende Isolierung von Milieu und Partei, bis am Ende kleine Gesinnungsgemeinschaften übrigbleiben, die zu völliger Bedeutungslosigkeit absinken. Treten derartige Prozesse gehäuft auf, so werden größere Bevölkerungsteile politisch freigesetzt, auch wenn sie noch eine längere Zeit der alten Wahltradition folgen mögen«[6].

Den deutlichsten Zusammenhang zwischen Sozialmilieu und politischer Partei erblickte Lepsius im Falle der Zentrumspartei[7]: Die Zentrumswähler wurden in erster Linie nicht von der Partei, sondern vom Klerus und den Organisationen des katholischen Milieus mobilisiert. Als 1933 das katholische Milieu mitsamt seinen Organisationen gesprengt wurde, zerfiel als Konsequenz daraus auch die ihrer Funktionsfähigkeit beraubte Zentrumspartei.

Kritische Einwendungen gegen das Milieukonzept kamen unter anderem von Wilfried Loth, der – mit Blick auf die Zentrumspartei – den Milieubegriff unter stärkerer Betonung ökonomischer Aspekte insbesondere deshalb modifizierte, weil er den »regional vermittelten politischen Erfahrungen«[8], also den Einflüssen der regiona-

4 Walter B. SIMON, Politische Ethik und politische Struktur, in: Kölner Zeitschr. f. Soziologie u. Sozialpsych. 11 (1959), S. 445–459, hier: S. 445.

5 LEPSIUS (wie Anm. 2), S. 68.

6 Ebd.

7 Vgl. ebd., S. 68 ff. – Siehe dazu auch die abweichende Interpretation von Wilfried LOTH, Soziale Bewegungen im Katholizismus des Kaiserreichs, in: Gesch. u. Gesellsch. 17 (1991), S. 279–310, hier: S. 309.

8 Wilfried LOTH, Katholiken im Kaiserreich. Der politische Katholizismus in der Krise des wilhelminischen Deutschlands, Düsseldorf 1984 (= Beitr. z. Gesch. d. Parl. u. d. pol. Parteien, Bd. 75), S. 35 mit Anm. 75; neuerdings auch – mit einer Stellungnahme zu den teilweise kritischen Rezensionen seiner Studie – DERS., Soziale Bewegungen (wie Anm. 7), S. 280. Ganz im Gegensatz zu Wilfried Loth hat Jürgen W. Falter unlängst die lokale und regionale Relevanz der Sozialmilieus und ihren engen Zusammenhang mit dem Wahlverhalten betont; vgl. Jürgen W. FALTER, Hitlers Wähler, Darmstadt 1991, S. 351 f. Entsprechende Studien haben neuerdings etwa Dieter OHR, Anton WILD, Michael ZÄNGLE, Weimarer Wahlen in zwei Dörfern des badischen Grenzlands. Der Beitrag kleinräumiger Fallstudien zur Erklärung des Aufstiegs der NSDAP, in: Historical Social Research 17 (1992), Nr. 2, S. 4–48, Cornelia RAUH-KÜHNE, Katholisches Milieu und Kleinstadtgesellschaft. Ettlingen 1918–1939, Sigmaringen 1991 (= Gesch. d. Stadt Ettlingen, Bd. 5), sowie zur Region um Esslingen Horst GLÜCK, Parteien, Wahlen und politische Kultur in einer württembergischen Industrieregion. Die Stadt Esslingen und der mittlere Neckarraum, Esslingen 1991 (Esslinger Studien. Schriftenreihe, Bd. 10), vorgelegt.

len politischen Kultur, nicht hinreichend gerecht werde. Diese Kritik verkennt zwar – ebenso wie die von Sheehan und Blackbourn geäußerten Vorbehalte[9] – bis zu einem gewissen Grade die Intention von Lepsius' Studie, die im Grunde nur durch eine einzelstaatliche Untersuchung zur Systematisierung und Operationalisierung des von T. H. Marshall zur Diskussion gestellten Bezugsrahmens beitragen sollte: Durch »Einzelanalysen verschiedener Länder« sei Marshalls Ansatz möglicherweise so auszudifferenzieren, »daß ein Klassifikationsraster entstehen könnte, das komparativ-historische Analysen des Demokratisierungsprozesses ermöglichen würde«[10]. Erst dadurch, daß Lepsius' »mit einem relativ groben und sicherlich unvollständigen Schema«[11] operierende Untersuchung nicht mehr nur als begrenzter Beitrag aufgefaßt wurde, erhielt die Kritik des Milieu-Ansatzes ihre aktuelle Berechtigung.

Nahezu zeitgleich mit Lepsius' Beitrag erschien 1965 eine aufschlußreiche systematische Studie von Stein Rokkan über die Entstehungsbedingungen von Parteiensystemen[12]; beide Ansätze stehen in recht engem Zusammenhang, obwohl sie völlig unabhängig voneinander entwickelt wurden[13]. Stein Rokkans Parteitheorie unterscheidet vier große »cleavages«[14], die auf die Entwicklung und Ausformung der europäischen Parteiensysteme eingewirkt haben: die Konfliktlinien zwischen Stadt und Land, Staat und Kirche, Zentrum und Peripherie sowie zwischen Besitz und Arbeit. Besonders den drei erstgenannten cleavages weist Rokkan einen konstitutiven Charakter für die unterschiedliche Ausformung der Parteiensysteme in Europa zu. Von Bedeutung

9 James J. SHEEHAN, Klasse und Partei im Kaiserreich. Einige Gedanken zur Sozialgeschichte der deutschen Politik, in: Otto PFLANZE (Hg.), Innenpolitische Probleme des Bismarck-Reiches, München, Wien 1983, S. 1–24, hier: S. 21, und David BLACKBOURN, Die Zentrumspartei und die deutschen Katholiken während des Kulturkampfes und danach, in: ebd., S. 73–94, hier: S. 75ff. Sheehan widerspricht daneben auch Lepsius' Grundthese, daß sich das deutsche Parteiensystem bis 1928 linear entwickelt und »bemerkenswerte Stabilität« besessen habe (LEPSIUS [wie Anm. 2], S. 62). Sheehan hebt demgegenüber auf »die extreme Kurzatmigkeit und Instabilität ab, an der die auf Massen-Teilhabe ausgerichteten politischen Institutionen aller Art litten«; dem Milieukonzept wirft Sheehan insgesamt vor, »daß es dem historischen Geschehen eine im Grunde künstliche Ordnung überstülpt« (SHEEHAN, S. 21). Zu dieser Kritik auch Gerhard A. RITTER, Die deutschen Parteien 1830–1914. Parteien und Gesellschaft im konstitutionellen Regierungssystem, Göttingen 1985, S. 49ff. mit Anm. 64, und BEST (wie Anm. 3), S. 12ff.

10 LEPSIUS (wie Anm. 2), S. 59.

11 Ebd.

12 S. Stein ROKKAN, Zur entwicklungssoziologischen Analyse von Parteiensystemen: Anmerkungen für ein hypothetisches Modell, in: Kölner Zeitschr. f. Soziologie u. Sozialpsych. 17 (1965), S. 675–702, hier: S. 686ff., sowie Seymour Martin LIPSET, Stein ROKKAN, Cleavage Structures, Party Systems, and Voter Alignments: An Introduction, in: DIES. (Hg.), Party Systems and Voter Alignments: Cross National Perspectives, New York 1967, S. 1–64; dazu auch Hans BOLDT, Stein Rokkans Parteitheorie und die Vergleichende Verfassungsgeschichte, in: Lothar ALBERTIN, Werner LINK (Hg.), Politische Parteien auf dem Weg zur parlamentarischen Demokratie in Deutschland. Entwicklungslinien bis zur Gegenwart, Düsseldorf 1981, S. 91–107, Peter FLORA, Stein Rokkans Makro-Modell der politischen Entwicklung Europas: Ein Rekonstruktionsversuch, in: Kölner Zeitschr. f. Soziologie und Sozialpsych. 33 (1981), S. 397–436, und Jürgen R. WINKLER, Sozialstruktur und Parteiensystem in Deutschland 1912–1924, in: Historical Social Research 17 (1992), Nr. 1, S. 53–102, hier: S. 78ff.

13 Siehe LEPSIUS (wie Anm. 2), S. 79, Anm. 7.

14 Zu diesem Begriff BOLDT (wie Anm. 12), S. 94ff.

waren – nach Rokkan – daneben die sogenannten »thresholds«; Rokkan bezeichnet mit diesem Begriff alle institutionellen Hindernisse – beispielsweise das Wahlrecht –, die im 19. Jahrhundert dem Aufstieg oppositioneller politischer Kräfte im Wege standen.

Stein Rokkans Versuch, das Phänomen der gesellschaftlichen cleavages mit Hilfe von Talcott Parsons' AGIL-Schema zu systematisieren[15], erwies sich zwar insgesamt als zu undifferenziert, die Verwendung des cleavage-Ansatzes zur Erklärung der Entwicklung von Parteiensystemen hat sich dessen ungeachtet durchgesetzt.

Die historisch-soziologischen Erklärungsansätze von M. Rainer Lepsius und Stein Rokkan sollen im folgenden als Tableau für die Analyse des Parteiensystems eines deutschen Einzelstaates dienen. Im Mittelpunkt unserer Betrachtung wird dabei die Stadt-Land-cleavage als Einflußgröße für die Entwicklung des Parteiensystems stehen; damit soll nicht impliziert werden, daß diese Konfliktlinie die dominante oder gar die einzig wirksame war, die übrigen cleavages bleiben daher auch nicht gänzlich unberücksichtigt: Im konkreten Falle des Großherzogtums Baden ist die Auseinandersetzung zwischen Staat und Kirche mit dem Stadt-Land-Gegensatz aufs engste verknüpft; beide cleavages sind sogar bis zu einem gewissen Grade deckungsgleich, wie zu zeigen sein wird.

Auch die cleavage »Zentrum-Peripherie« steht in engem Zusammenhang mit dem Stadt-Land-Gegensatz, ein Produkt der Entstehungsbedingungen und – daraus resultierend – der äußeren Gestalt des badischen Staates: Schon nach der Wiedervereinigung der katholischen Markgrafschaft Baden-Baden mit Baden-Durlach im Jahre 1771 besaß der badische Staat einen rund vierzigprozentigen katholischen Bevölkerungsanteil. Nach den territorialen Umgestaltungen der napoleonischen Zeit hatte sich das Zahlenverhältnis noch erheblich weiter zugunsten der Katholiken verschoben: Mehr als zwei Drittel der badischen Bevölkerung bekannten sich zum katholischen Glauben[16], während an der Spitze des Staates nach wie vor ein evangelisches Fürstenhaus stand.

Zum potentiellen Zentrum-Peripherie-Konflikt wurde die konfessionelle Gliederung der badischen Bevölkerung dadurch, daß sich die evangelische Bevölkerung in der Rheinebene und damit im Kernland des Großherzogtums konzentrierte. Insbesondere die größeren und wirtschaftlich potenteren badischen Städte besaßen überwiegend evangelische Bevölkerungsmehrheiten: Den protestantischen Städten Heidelberg, Karlsruhe, Durlach, Pforzheim, Lahr und Lörrach stand als einzige überwiegend katholische »Großstadt« Freiburg gegenüber; in Mannheim hielten sich die katholischen und evangelischen Bevölkerungsteile in etwa die Waage[17]. Praktisch alle wirtschaftlich weiter entwickelten Regionen des Landes, der Rhein-Neckar-Raum, die altbadischen Gebiete um Karlsruhe, Durlach und Pforzheim, die Region um Lahr und schließlich Lörrach mit der Textilindustrie des Wiesentales waren ganz überwiegend von Protestanten bewohnt. Das agrarische Hinterland an Bodensee und Hochrhein und

15 Vgl. Talcott PARSONS, Robert F. BALES, Edward A. SHILS, Working Papers in the Theory of Action, Glencoe 1953.

16 Nach 1834 veröffentlichten Zahlen (Hof- und Staatshandbuch für das Großherzogthum Baden 1834, S. 159–417) waren über 67 Prozent der badischen Bevölkerung katholisch und nur 31 Prozent evangelisch; die übrigen rund zwei Prozent umfaßten Mennoniten und Juden.

17 Vgl. ebd.

im Schwarzwald sowie die vormals kurmainzischen und würzburgischen Gebiete im badischen Frankenland waren hingegen praktisch geschlossen katholisch.

Die Grenze zwischen Arm und Reich deckte sich über weite Strecken mit der Grenze zwischen den evangelischen und katholischen Bevölkerungsgruppen. Die Wahlkreise für die Wahl der Abgeordneten der Zweiten Kammer sollten gemäß Paragraph 34 der badischen Wahlordnung mit *Rücksicht auf die directe Steuerlast*[18] eingeteilt werden; ein Verzeichnis aus dem Jahre 1818[19] weist die entsprechenden Zahlen aus und verdeutlicht das konfessionelle »Wohlstandsgefälle«: Unter den zwölf badischen Wahlkreisen mit den höchsten Steuerkapitalien pro Kopf der Bevölkerung befinden sich neun evangelische und nur drei katholische Wahlkreise. Aus der *Rücksicht auf die directe Steuerlast* ergab sich so auch ein politisches Ungleichgewicht: *Man machte ... die katholischen Wahlkreise größer als die protestantischen, wodurch diese mehr Deputirte erhielten als jene,* schrieb Franz Joseph Mone 1841 in einer Streitschrift[20]. Daß Mones Feststellung absolut zutreffend war, läßt sich zahlenmäßig ohne weiteres belegen: 44 Prozent der badischen Wahlkreise besaßen eine überwiegend protestantische Bevölkerung, und nur 51 Prozent der Wahlkreise waren mehrheitlich katholisch; daß dieses Ungleichgewicht aus dem unterschiedlichen relativen Wohlstand der evangelischen und katholischen Bevölkerungsgruppen resultierte und resultieren sollte, macht die politischen wie sozioökonomischen Zusammenhänge deutlich.

Drei leitende Fragestellungen sind es, die in der Folge als Determinanten der Entwicklungsgeschichte des badischen Parteiensystems verfolgt werden sollen: Die Frage nach der Entwicklung politischer Frontstellungen im engeren Sinne, insbesondere nach dem Verhältnis zwischen Parlament und Regierung unter den spezifischen Bedingungen der deutschen konstitutionellen Monarchie, gilt primär den Rahmenbedingungen für die Entstehung des Parteiensystems. Nur vor diesem Hintergrund lassen sich die soziopolitischen Konfliktlinien und ihre parteipolitischen Ausformungen sinnvoll betrachten. Ausgehend von der Stadt-Land-cleavage, werden diese Konfliktlinien und die Bedeutung des Stadt-Land-Gegensatzes als Einflußgröße für die Ausbildung des Parteiensystems im Mittelpunkt des zweiten Teils stehen.

Da Fragestellungen wie die genannten im Grunde stets auch den Weg der Parteiensysteme in die NS-Diktatur im Blickfeld haben, wird – zumindest in Form eines kursorischen Ausblicks – zum Schluß zu fragen sein, wie sich die Systeme der cleavages

18 Wahlordnung zur Verfassungsurkunde des Großherzogthums, in: Die landständische Verfassungs-Urkunde für das Großherzogthum Baden, nebst den dazu gehörigen Actenstücken&c., Karlsruhe 1819, S. 29–57.

19 Vgl. Generallandesarchiv Karlsruhe 236/15048; zu dieser Liste auch Hans-Peter BECHT, Die badische Zweite Kammer und ihre Mitglieder, 1819 bis 1841/42. Untersuchungen zu Struktur und Funktionsweise eines frühen deutschen Parlamentes, Mannheimer phil. Diss., Heidelberg 1985, S. 19–22, und Manfred HÖRNER, Die Wahlen zur badischen zweiten Kammer im Vormärz (1819–1847), Göttingen 1987 (= Schriftenreihe d. Hist. Komm. b. d. Bayer. Akad. d. Wiss., Bd. 29), S. 86ff.

20 Die katholischen Zustände in Baden. Mit urkundlichen Beilagen, Regensburg 1841, S. 39. – Die Schrift erschien ohne Verfasserangabe.

und der Parteien in der Zeit vom Zusammenbruch der deutschen Monarchien bis zur Auflösung des Parteiensystems im Zuge der nationalsozialistischen Machtergreifung wandelten.

II

Mit Hilfe dreier Momentaufnahmen läßt sich das thematische Feld abstecken, das es in der Folge zu bestellen gilt: Als das Großherzogtum Baden im Jahre 1818 eine Verfassung erhielt, war der badische Staat gerade noch 30 Jahre von der 48er Revolution entfernt, 20 Jahre trennten ihn von der Epoche des Parteienkampfes der vierziger Jahre, gut 40 Jahre sollte es noch dauern, bis der badische Kulturkampf begann. Der Liberalismus fand in Baden ein Zentrum, Rechts- und Linksliberalismus blieben auf Jahrzehnte hinaus die politisch bestimmenden Kräfte[21]. Die unangefochtene Metropole der badischen liberalen Opposition und des späteren Linksliberalismus war die Stadt Mannheim, von ihr gingen die politischen Verbindungen ins ganze Land. Domänen des entschiedenen und des gemäßigten, vor allem an der Wirtschaft orientierten Liberalismus waren daneben Heidelberg, Pforzheim, Eberbach und Weinheim mit dem ganzen Rhein-Neckar-Raum, ferner der Südschwarzwald und die Region am Hochrhein[22].

Um die Jahrhundertwende, rund 50 Jahre nach dem Ende des Vormärz und 30 Jahre nach der Gründung des Deutschen Reiches, waren die politischen Karten neu gemischt. Das Zentrum schickte sich an, den Liberalismus als dominierende politische Kraft in den ländlichen und katholischen Regionen abzulösen; in den einst unangefochtenen städtischen Domänen des Liberalismus war die Sozialdemokratie auf dem Vormarsch. 1895 und 1897 zogen erstmals zwei Vertreter antisemitischer Parteien in den badischen Landtag ein: 1897 errang der deutschsoziale Abgeordnete Mampel das Mandat des Wahlkreises Heidelberg-Land, der zuvor jahrzehntelang eine liberale Hochburg gewesen war. Bereits seit 1895 repräsentierte der Abgeordnete Pfisterer die Antisemiten im Wahlkreis Mannheim/Weinheim; der Weinheimer Wahlkreis war seit 1819 landesweit eine der sichersten Domänen der Linksliberalen gewesen. Der badische Oppositionsführer Adam von Itzstein, der spätere Revolutionär Friedrich Hecker und der prominente Staatsrechtslehrer Karl Theodor Welcker etwa vertraten diesen Bezirk vor 1848/49. Bei der Reichstagswahl von 1898 erhielten die Antisemiten in der Stadt Heidelberg 22,2 Prozent der abgegebenen Stimmen, in Linkenheim bei Karlsruhe sogar 43,0 Prozent. In Sulzfeld bei Eppingen entfielen 1893 stattliche 71,4 Prozent der Stimmen auf die Antisemiten[23].

Unter den politischen Kräften, die die einst übermächtige politische Stellung der -

21 Dazu auch Wolfgang KASCHUBA, Zwischen Deutscher Nation und Deutscher Provinz. Politische Horizonte und soziale Milieus im frühen Liberalismus, in: Dieter LANGEWIESCHE (Hg.), Liberalismus im 19. Jahrhundert. Deutschland im europäischen Vergleich, Göttingen 1988 (=Krit. Studien z. Gesch.wiss., Bd. 79), S. 83–108, v. a. S. 92ff.

22 Vgl. Abb. 1.

23 Zahlen nach Fred Ludwig SEPAINTNER, Die Reichstagswahlen im Großherzogtum Baden. Ein Beitrag zur Wahlgeschichte im Kaiserreich, Frankfurt a. M., Bern 1983 (= Europ. Hochschulschr., Reihe III, Bd. 192), S. 438, 406 und 421.

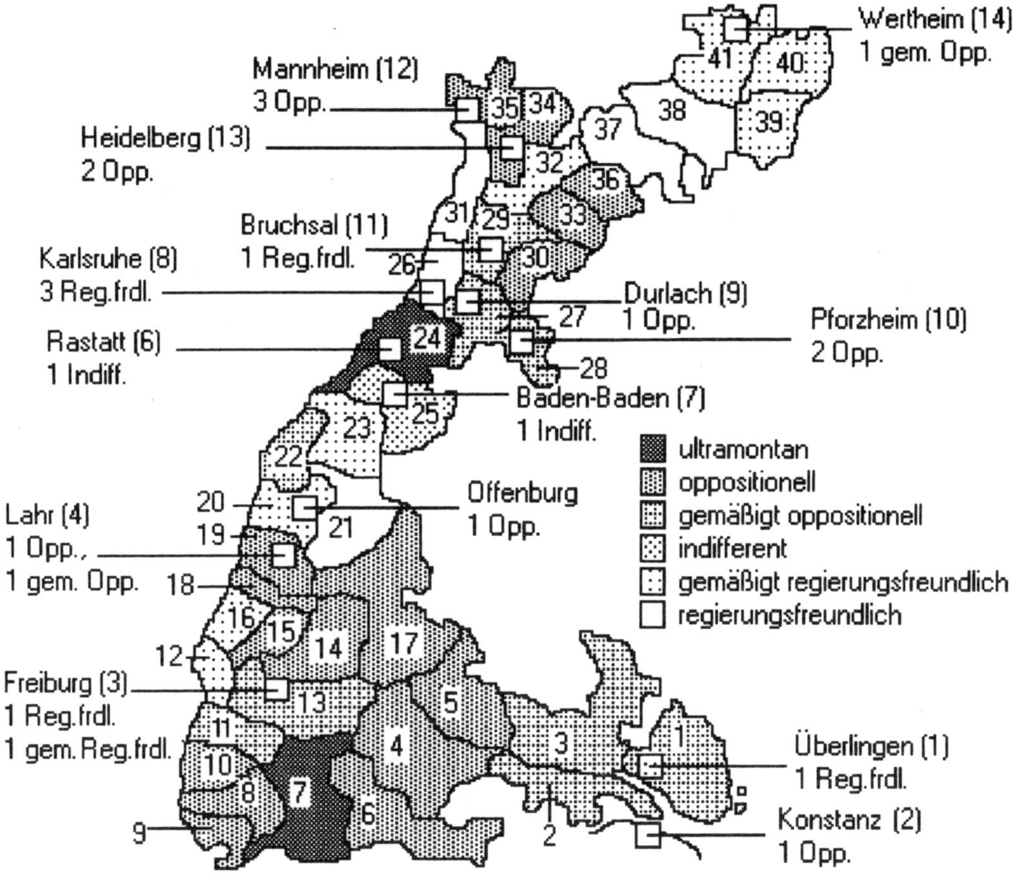

Abb. 1 Parteizugehörigkeit der Wahlkreisvertreter nach der Landtagswahl von 1846. Entwurf: Hans-Peter Becht (wie auch alle folgenden Diagramme und Schaubilder).

Liberalen bedrohten, waren die Antisemiten und Konservativen jedoch eher unbedeutend. Das Zentrum hatte längst in den liberalen Domänen im Südschwarzwald, am Hochrhein und am Bodensee Fuß gefaßt; die SPD war in den mittelbadischen Wahlkreisen auf dem Vormarsch, die Stadt Mannheim war bereits zur sozialdemokratischen Hochburg geworden.

Noch einmal 30 Jahre später, in der Auflösungsphase der Weimarer Republik, war der Erosionsprozeß des badischen Liberalismus abgeschlossen, DVP und DDP waren in der politischen Bedeutungslosigkeit versunken. Mit der NSDAP befand sich eine neue politische Kraft im Aufwind. Ihre Zentren – qualitativ wie quantitativ – hießen unter anderem Heidelberg, Pforzheim, Eberbach, Weinheim.

Über die dazwischenliegende Entwicklung wissen wir manches, gleichwohl wenig Exaktes, und die Wissenslücken überwiegen nach wie vor. Was wurde aus den ursprünglichen liberalen Hochburgen, und wie wurden sie zu dem, was sie schließlich waren, Domänen der NSDAP? Angesichts der Wissenslücken muß man sogar fragen: Sind die »liberalen Hochburgen« des 19. Jahrhunderts mit diesem plakativen Begriff überhaupt zutreffend beschrieben, und, wenn ja, welche Merkmale zeichnen sie aus? Schließlich stellt sich auch die grundsätzliche Frage, ob die Entwicklung, die von den drei Momentaufnahmen angedeutet wird, tatsächlich das Resultat eines kontinuierlichen Prozesses war.

Die Frontstellungen und soziopolitischen Konfliktlinien, deren Ausbildung und Entwicklung hinter der Geschichte des badischen Parteiensystems stehen, ergeben nur dann ein klares Bild, wenn man allein die staatspolitische Ebene betrachtet: Unter den Bedingungen des konstitutionellen Staates verlief die dominante Konfliktlinie bis in die achtziger Jahre des 19. Jahrhunderts im Grunde immer zwischen Parlament und Regierung[24]. In der Zeit von 1819 bis 1846 standen sich als konkurrierende politische Kräfte zunächst lediglich die entschiedenen und gemäßigten Liberalen einerseits sowie die großherzogliche Regierung nebst ihrer parlamentarischen Anhängerschaft gegenüber[25]. Die Parteigänger der Regierung in der Zweiten Kammer mit dem Prädikat »konservativ« zu belegen, ist zwar sachlich-inhaltlich durchaus nicht falsch, zur Charakterisierung dieser »Fraktion« reicht das Etikett »konservativ« jedoch nicht aus. Die Verfechter des Regierungskurses in der Kammer kamen in ihrer überwiegenden Mehrheit aus der höheren und höchsten Staatsdienerschaft. Nicht wenigen von ihnen gelang es selbst noch in der liberalen »Neuen Ära«, den früheren Positionen nun völlig entgegengesetzten Regierungskurs nachdrücklich zu vertreten; die Parlamentstätigkeit war für sie die – von der Loyalitätspflicht gegen Fürst und Regierung bestimmte – Fortsetzung der Staatsdienertätigkeit an anderer Stelle.

Die Zweiteilung der badischen Kammer in Regierungsanhänger und Oppositionelle ging als solche letztlich auch auf die Initiative der badischen Regierung zurück. Bereits nach dem ersten großen parlamentarischen Eklat – im Jahre 1823 hatte eine Mehrheit der Zweiten Kammer den Militäretat abgelehnt – war die Regierung dazu übergegangen, bei den Wahlen selbst als »Partei« aufzutreten und eigene Kandidaten ins Rennen

24 Siehe zur politischen Geschichte Badens bis 1848/49 Hans-Peter BECHT, Vom Ständesaal zur Revolution? Kontinuitäten und Diskontinuitäten in der badischen Geschichte von 1815–1848/49, in: Otto BORST (Hg.), Aufruhr und Entsagung. Vormärz 1815–1848 in Baden und Württemberg, Stuttgart 1992 (= Stuttgarter Symposion, Bd. 2), S. 44–64 und 450–454; dort in Anm. 4 Hinweise auf weitere Literatur. – Siehe für den gesamten Zeitabschnitt bis 1918 die Beiträge von Hans FENSKE und Hans-Peter ULLMANN, in: Handbuch der baden-württembergischen Geschichte, hg. von Hansmartin SCHWARZMAIER u. a., Bd. 3: Vom Ende des alten Reiches bis zum Ende der Monarchien, Stuttgart 1992. Vgl. zur Entwicklung des badischen Parlamentarismus zwischen 1819 und 1933 die einschlägigen Beiträge in dem Sammelband: Von der Ständeversammlung zum demokratischen Parlament. Die Geschichte der Volksvertretungen in Baden-Württemberg, Stuttgart 1982, sowie demnächst Hans-Peter BECHT, Die badische Zweite Kammer vor und nach der Reichsgründung. Aspekte und Probleme parlamentarischer Repräsentation zwischen Tradition und Umbruch, in: DERS., Badische Parlamentarier 1867–1874. Historische Photographien und Biographisches Handbuch, Düsseldorf 1994, S. 11–66.

25 Vgl. dazu Abb. 2 und 3.

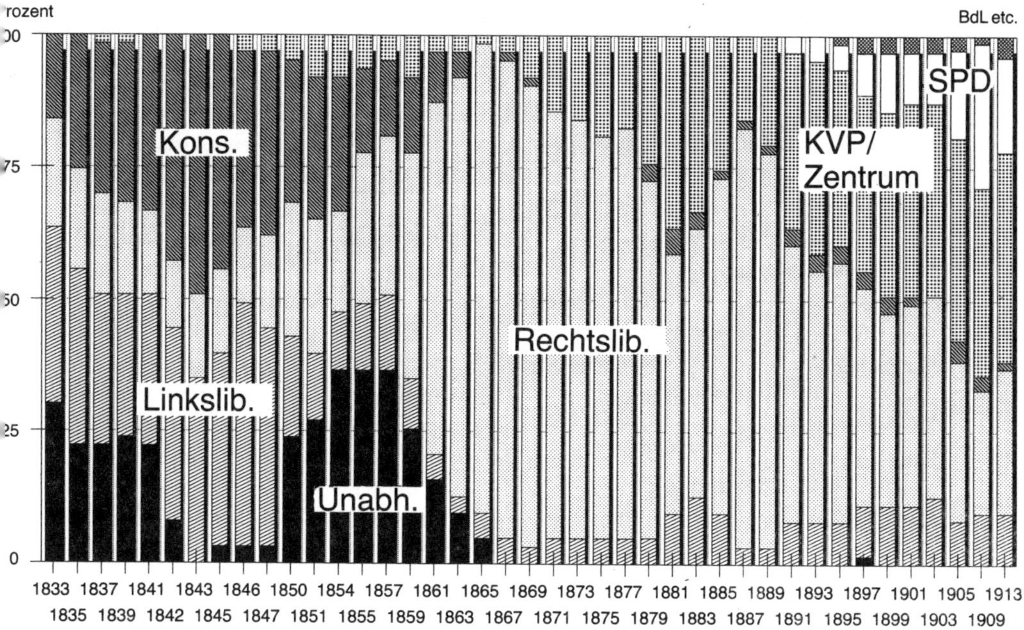

Abb. 2 Fraktionsstärken im badischen Landtag 1833 bis 1913 (in Prozent, jeweils bei Landtagsbeginn)

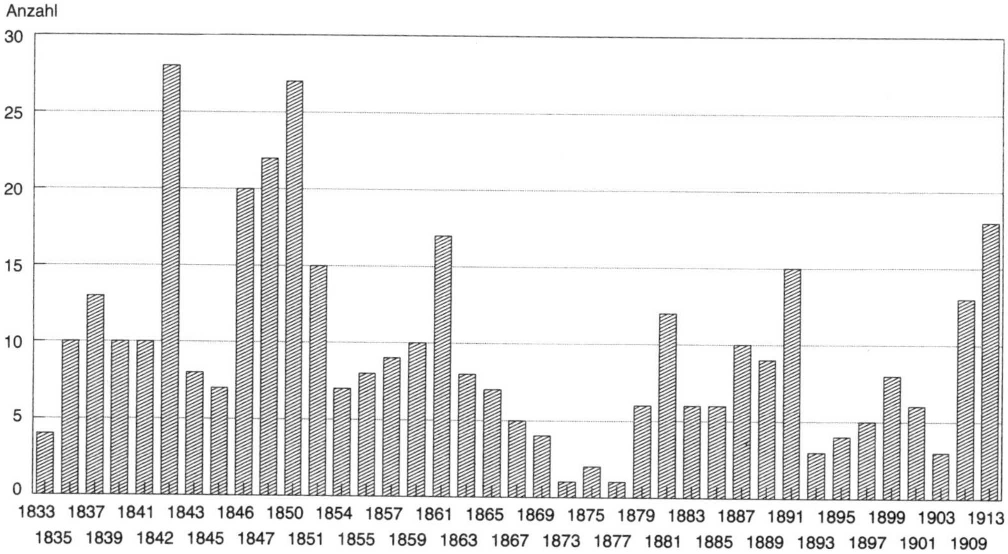

Abb. 3 Übergänge badischer Wahlkreise an Abgeordnete anderer Parteien bei den Landtagswahlen von 1833 bis 1913

zu schicken. Bei den Wahlen von 1825 griff die Regierung derart massiv ins Wahlgeschehen ein, daß sich die Kammer anschließend praktisch vollständig aus regierungskonformen Parlamentariern zusammensetzte. Die Opposition sorgte allerdings dafür, daß sich solche Wahlergebnisse nicht wiederholten. Unter dem Eindruck der enormen Machtmittel der Regierung schuf sich die Opposition ebenfalls ein wirkungsvolles Kontaktnetz, das ihr auf Dauer eine beträchtliche Präsenz in der Kammer sicherte; um einen »harten Kern« politischer Aktivisten, angeführt von Adam von Itzstein, gruppierte sich ein Kreis eher gemäßigter Oppositioneller, die vor allem dem städtischen Wirtschaftsbürgertum entstammten.

Die Politik des badischen Ministers Ludwig Georg Winter begrenzte freilich zunächst überaus wirksam den Einfluß der Opposition: Winter vermied alle Themen, die Anlaß zu Debatten über grundlegende Reformen des politischen Systems oder über den Kurs des Deutschen Bundes liefern konnten; gleichsam im Gegenzug bot er den Parlamentariern materielle Fortschritte, die mit den liberalen Forderungen durchaus in Einklang standen. Über eine Majorität regierungsfreundlicher Abgeordneter in der Zweiten Kammer verfügte Winter nicht, und er brauchte sie auch nicht: Für seine Politik gewann er stets Ad-Hoc-Mehrheiten; feste Grenzen zwischen den einzelnen Gruppierungen konnten so gar nicht erst entstehen. Die Opposition bemühte sich gleichwohl darum, Kritik an einzelnen Komponenten oder an der Gesamtheit des politischen Systems zu artikulieren und zu vertreten. Daß diese Kritik insofern unverbindlich war, als sie keine nennenswerten Auswirkungen auf die badische Regierungspolitik haben würde, stand in der Regel von vornherein fest.

Dies änderte sich erst nach Winters Tod im Jahre 1838: Landolin von Blittersdorff bestimmte von nun an die badische Innenpolitik, und er vollzog einen radikalen Bruch mit dem Winterschen Kurs. Blittersdorff setzte auf klare Verhältnisse in der Zweiten Kammer und brachte so in letzter Konsequenz die Parteienformierung in Baden entscheidend voran. Seine Bemühungen um eine Mehrheit zuverlässiger Parteigänger der Regierung im badischen Landesparlament blieben zwar erfolglos, dennoch veränderte er mit seiner Strategie die politischen Verhältnisse in Baden nachhaltiger als irgendein Regierungschef vor ihm. Im Zuge der überaus heftigen Wahlkämpfe traten die zuvor maßgeblichen sozialen und konfessionellen Anforderungen an die Kandidaten zugunsten der Parteizugehörigkeit zurück, zugleich vollzog sich eine nachhaltige Politisierung der Öffentlichkeit. Die bisher stets beträchtlich große Zahl parteipolitisch unabhängiger Abgeordneter, die in der Regel auf Grund ihrer Zugehörigkeit zur lokalen Honoratiorenschicht gewählt worden waren, sank nahezu auf Null. Als zweite und für die weitere Entwicklung entscheidende Konsequenz der Blittersdorffschen Taktik bildeten die entschiedenen und gemäßigten Oppositionellen nach 1842 die stärkste Fraktion der Zweiten Kammer, von 1845 an besaßen sie sogar die absolute Mehrheit. Trotz der durch das monarchische Prinzip eingeschränkten Kompetenzen der Zweiten Kammer war ein Regieren gegen das Parlament nicht mehr möglich. Die Opposition hätte nun auf Grund ihrer Majorität im Parlament in der Lage sein können, bestimmte politische Entscheidungen nicht nur zu fordern, sondern auch durchzusetzen. In dieser Situation begannen die gesellschaftlichen cleavages wirksam zu werden: Der Streit um die rechtliche Gleichstellung der Deutschkatholiken (1845/46) entfremdete zunächst Liberalismus und Katholizismus[26]; ab 1846 verstärkten die »Ultramontanen«, die ersten Protagonisten des politischen Katholizismus, als neue politisch-parlamentarische Kraft im wesentlichen das konservative Lager. Gleichzeitig setzte auf liberaler Seite ein Differenzierungsprozeß ein, in dessen Verlauf sich die Radikalen und die gemäßigten Liberalen rasch voneinander entfernten. Vordergründig trennten sich hier Anhänger und Gegner der neu berufenen gemäßigt liberalen Regierung um Johann Baptist Bekk; zugleich aber schieden sich die »Konstitutionalisten«, die das bestehende System bejahten und dessen Modernisierung auf reformerischem Wege anstrebten, von den »Demokraten«, deren immer offener vertretenes Ziel eine gänzlich andere politische Grundordnung war. Der zuvor maßgebliche Gegensatz zwischen Kammeropposition und Regierung hatte »Halbe« und »Ganze«, wie es in der Diktion der Radikalen öfters hieß, in einem weitgehend problemlosen Zweckbündnis vereint, in dem einstweilen weder die unterschiedlichen Zielvorstellungen noch die verschiedenartigen Trägerschichten beider Richtungen eine nennenswerte Rolle spielten. Als die Opposition im Jahre 1845 – rechnerisch – die parlamentarische Mehrheit und mit ihr politische Gestaltungsmöglichkeiten gewann, mußte dieses Zweckbündnis fast schon zwangsläufig enden.

Die Teilung des liberalen Lagers vollzog sich indessen auch entlang einer soziopolitischen Konfliktlinie, an der namentlich durch die wirtschaftlichen Krisenerscheinungen der Jahre 1846/47 ein akuter Konflikt entstanden war. Der gemäßigte Liberalismus, wie ihn der neue Innenminister Johann Baptist Bekk vertrat, war nach wie vor das politische Credo des städtischen Wirtschaftsbürgertums, das mit dem bestehenden System im ganzen durchaus zufrieden sein konnte, zumal die Berufung der Regierung Bekk einen zügigen Fortgang der gewünschten Reformen versprach. Die Basis der Radikalen in der Bevölkerung war demgegenüber in der zweiten Hälfte der vierziger Jahre wesentlich breiter: Sie besaßen nicht nur Rückhalt im Kleinbürgertum und in den Unterschichten der Städte, auch in der Bevölkerung verschiedener ländlicher Regionen fand ihr populistisches Gebaren ein lebhaftes Echo; die auf diese Weise in die ländlichen Bezirke getragene Politisierung erreichte beachtliche Teile der ländlichen Bevölkerung und dürfte wohl das wichtigste Resultat des Wirkens des badischen Radikalismus gewesen sein[27]. Die »Radikalen« in der Kammer verstanden sich zunehmend als parlamentarischer Arm einer Volksbewegung, und das nicht ohne Grund. Sie reklamierten für sich, die Interessen der breiten Volksmassen zu vertreten, und gerieten durch diesen selbst gestellten Anspruch zunehmend in Zugzwang. Das Protestpotential

26 Siehe zum Streit um die rechtliche Gleichstellung der Deutschkatholiken in Baden Wolfgang von Hippel, Friedrich Landolin Karl von Blittersdorff (1792–1861). Ein Beitrag zur badischen Landtags- und Bundespolitik im Vormärz, Stuttgart 1967 (= Veröff. d. Komm. f. gesch. Landesk. in Baden-Württ., Reihe B, Bd. 38), S. 135 f., und Leonhard Müller, Die politische Sturm- und Drangperiode Badens, 2 Teile, Mannheim 1905, S. 80 ff.

27 Vgl. Rainer Wirtz, »Widersetzlichkeiten, Excesse, Crawalle, Tumulte und Skandale«. Soziale Bewegung und gewalthafter sozialer Protest in Baden 1815–1848, Frankfurt a. M., Berlin, Wien 1981, S. 169 ff.; aufschlußreich auch die Befunde von Michael Wettengel, Die Revolution von 1848/49 im Rhein-Main-Raum. Politische Vereine und Revolutionsalltag im Großherzogtum Hessen, Herzogtum Nassau und in der Freien Stadt Frankfurt, Wiesbaden 1989 (= Veröff. d. Hist. Komm. f. Nassau, Bd. 49), S. 62 ff. und 286 ff.

in den städtischen Mittel- und Unterschichten sowie in den ländlichen Gebieten des Odenwaldes, des Schwarzwaldes und des Hotzenwaldes taugte nicht als Basis für einen revolutionären Umsturz, wie sich wenig später zeigte, es war aber doch stark genug, um die »Radikalen« in der Kammer unter beträchtlichen Erfolgsdruck zu setzen.

Nach der gescheiterten Revolution verloren die Radikalen den Charakter einer eigenständigen politischen Kraft; erst Mitte der sechziger Jahre des 19. Jahrhunderts nahm der Linksliberalismus in Baden die Tradition der Demokraten des Vormärz wieder auf. Zahlreiche führende Protagonisten des badischen Radikalismus waren ins Ausland geflohen oder zogen sich bis zur Mitte der fünfziger Jahre aus dem politischen Geschehen zurück.

Mit dem badischen Kirchenkampf von 1853/54[28] begann dann die Auseinandersetzung zwischen dem Staat und der katholischen Kirche – sie sollte mehrere Jahrzehnte lang die badische Innenpolitik bestimmen. Die Versuche des Freiburger Erzbischofs, die Forderungen der Würzburger Bischofskonferenz von 1848 zu realisieren, und die massiven staatlichen Gegenmaßnahmen entfremdeten die Katholisch-Klerikalen von den Konservativen in der Zweiten Kammer, beide besaßen jedoch nach wie vor kaum eigenständiges politisches Profil.

Die liberale Wende von 1859/60 veränderte schließlich die Situation grundlegend und dauerhaft[29]. Es begann eine Periode unangefochtener liberaler, dann nationalliberaler Dominanz, der die Opposition einstweilen kaum etwas entgegenzusetzen hatte. Die Opposition bildeten – neben dem kleinen Fähnlein der (Neu-) Konservativen[30] – zunächst nur die Ultramontanen, die sich im Zuge des Kulturkampfes formierten und gegen Ende der sechziger Jahre des 19. Jahrhunderts als »Katholische Volkspartei« auftraten[31]. Die »Demokraten« nahmen um die Mitte der sechziger Jahre die Tradition

28 Zum badischen Kirchenstreit Hans PEVELING, Der badische Kirchenkonflikt der Jahre 1852 bis 1854, phil. Diss., maschinenschr., Heidelberg 1954, und Hans FÄRBER, Der Liberalismus und die kulturpolitischen Fragen in Baden 1850–1870, phil. Diss., maschinenschr., Freiburg i. Br. 1959, S. 49–87.

29 Vgl. Lothar GALL, Der Liberalismus als regierende Partei. Das Großherzogtum Baden zwischen Restauration und Reichsgründung, Wiesbaden 1968 (= Veröff. d. Inst. f. Europ. Gesch., Bd. 47).

30 Vgl. zu den konservativen Parteien in Baden Stefan Ph. WOLF, Konservativismus im liberalen Baden. Studien zur badischen Innen-, Kirchen- und Agrarpolitik sowie zur süddeutschen Parteigeschichte. 1860–1893, Karlsruhe 1990, sowie den Überblick bei SEPAINTNER (wie Anm. 23), S. 72–80.

31 Vgl. zur Geschichte der Katholischen Volkspartei und des Zentrums in Baden Julius DORNEICH, Die Entstehung der badischen »Katholischen Volkspartei« zwischen 1865 und 1869 im Tagebuch von Baurat Dr. Karl Bader, in: Freib. Diöz.-Archiv 84 (1964), S. 272–399, Hans-Jürgen KREMER, Mit Gott für Wahrheit, Freiheit und Recht. Quellen zur Organisation und Politik der Zentrumspartei und des politischen Katholizismus in Baden 1888–1914, Stuttgart, Berlin, Köln, Mainz 1983 (= Veröff. d. StadtA Mannheim, Bd. 11), sowie Alfred WAHL, Confession et Comportement dans les Campagnes d'Alsace et de Bade 1871–1939. Catholiques, Protestants et Juifs. Demographie, Dynamisme Economique et Social, Relations et Attitude Politique, Thèse pour le Doctorat d'État, 2 Bde., Metz 1980, hier: Bd. 2, S. 897ff. – Zum badischen Kulturkampf nach wie vor grundlegend Josef BECKER, Liberaler Staat und Kirche in der Ära von Reichsgründung und Kulturkampf. Geschichte und Strukturen ihres Verhältnisses in Baden 1860–1876, Mainz 1973 (= Veröff. d. Komm. f. Zeitgesch., Reihe B, Bd. 14), und Lothar GALL, Die partei- und

des badischen Linksliberalismus wieder auf, blieben aber zunächst weitgehend eine Mannheimer Angelegenheit[32]; erst in den achtziger Jahren erlebte der Linksliberalismus im Gefolge von Bismarcks innen- und wirtschaftspolitischer Wende einen vorübergehenden Aufschwung. Eine nochmalige nachhaltig wirksame Erweiterung des parteipolitischen Spektrums brachte dann ab 1890 der Aufstieg der Sozialdemokratie[33]. Im Kräftedreieck von Rechts- und Linksliberalismus, politischem Katholizismus und Sozialismus bewegte sich von nun an die badische Politik, bis ihr der Aufstieg des Nationalsozialismus einen völlig neuen Bezugsrahmen gab.

Die Wandlungen in den innenpolitischen Konfliktkonstellationen resultierten in der Regel aus eher unterschwellig verlaufenden Entwicklungen, die dann durch äußere Anlässe verhältnismäßig abrupt und zum fraglichen Zeitpunkt eher zufällig an die Oberfläche traten. In der Regel waren die »Entwicklungssprünge« vor 1918 das Resultat von Versuchen, die Macht der Regierung gegenüber dem Parlament zu stärken. So erwies sich beispielsweise die Konfrontationspolitik, die der badische Minister von Blittersdorff seit 1838/39 betrieb, als eminent wirksamer Katalysator für die Fortentwicklung des Parteiensystems: Diese Konfrontationspolitik machte letztlich den badischen Radikalismus »politikfähig« und verhalf ihm zu seiner machtvollen politischen Stellung. Wenngleich die Wurzeln des Radikalismus in die dreißiger Jahre zurückreichen[34], verliehen erst Blittersdorffs Konfrontationspolitik und seine Versuche, die Position der Zweiten Kammer zu schwächen, »radikaler« Politik die Legitimation: Grundsätzliche Gegnerschaft zum bestehenden System ließ sich der politischen Öffentlichkeit nur dann plausibel machen, wenn die Regierung mehr oder minder offen einen reaktionären Kurs verfolgte.

Auch die Konflikte nach dem Ende der »liberalen Ära«, das Wiederaufleben grundsätzlicher Gegnerschaft zwischen Parlament und Regierung brachten von 1866 an die Parteienformierung entscheidend voran. Die innenpolitischen Kontroversen im Vorfeld der Reichsgründung von 1871 zwangen nun auch die Nationalliberalen dazu, den Schritt vom Honoratiorenzirkel zur Partei zu vollziehen[35], nachdem die Katholische Volkspartei und die Demokraten sich bereits zuvor als organisierte Parteien formiert hatten.

sozialgeschichtliche Problematik des badischen Kulturkampfs, in: Oberrh. Studien, Bd. II: Neue Forschungen zu Grundproblemen der badischen Geschichte im 19. und 20. Jahrhundert, Karlsruhe 1973, S. 93–132.

32 Die Kenntnis über die Geschichte der badischen Demokraten ist äußerst lückenhaft. Einzelne Abschnitte und Aspekte behandeln GALL, Liberalismus (wie Anm. 29), S. 200f., Anm. 71, und Rolf WEBER, Kleinbürgerliche Demokraten in der deutschen Einheitsbewegung 1863–1866, Berlin (Ost) 1962, S. 205ff. Einige wenige Hinweise finden sich bei Jörg SCHADT (Bearb.), Alles für das Volk, Alles durch das Volk. Dokumente zur demokratischen Bewegung in Mannheim 1848–1948, Stuttgart, Aalen 1977 (= Sonderveröff. d. StadtA Mannheim, Nr. 1), S. 71ff.

33 Siehe dazu Jörg SCHADT, Die Sozialdemokratische Partei in Baden. Von den Anfängen bis zur Jahrhundertwende (1868–1900), Hannover 1971 (= Schriftenreihe d. Fr.-Ebert-Stiftung 88).

34 Dazu BECHT, Zweite Kammer (wie Anm. 19), S. 311ff.

35 Siehe dazu GALL, Liberalismus (wie Anm. 29), S. 376ff. – Zur badischen Innenpolitik und zur Geschichte des Liberalismus in Baden nach der Reichsgründung Renate EHRISMANN, Der regierende Liberalismus in der Defensive. Verfassungspolitik im Großherzogtum Baden 1876–1905, Frankfurt a. M. u. a. 1993 (= Europ. Hochschulschr., Reihe III, Bd. 558).

III

Bereits in der Zeit zwischen 1819 und 1840 lassen sich in diversen badischen Städten örtliche liberale Milieus feststellen, die sich in der Folge als bemerkenswert stabil erwiesen[36]. Die liberalen Milieus beispielsweise in Mannheim, Heidelberg, Karlsruhe, Pforzheim, Lörrach, Lahr oder Schopfheim existierten bereits in den ersten drei Jahrzehnten des 19. Jahrhunderts. Der Protestantismus und die von der fortgeschrittenen wirtschaftlichen Entwicklung bestimmten gemeinsamen Interessenlagen konstituierten diese Milieus ebenso wie die vielfältigen Traditionen städtisch-besitzbürgerlicher Macht und Kultur. Wie wenig gefestigt die Milieus in dieser Zeit noch waren und wie weit der Begriff »liberal« für die Zeit vor 1848 gefaßt werden muß, zeigt nicht nur der Blick auf die Stadt Karlsruhe, wo schon die Nähe zum großherzoglichen Hof und zu den Schaltstellen der Regierung genügte, um die offene Entfaltung liberaler Bestrebungen nachhaltig zu hemmen. Die Universitätsstadt Heidelberg, ein weiteres Beispiel, rückte im Zuge der Demagogenverfolgungen ins Blickfeld der Mainzer Central-Untersuchungskommission; das politische Leben in Heidelberg erfreute sich fortan ganz besonderer Aufmerksamkeit seitens der Behörden. Im Vorfeld der Wahlen von 1825 etwa drohte man den Heidelbergern mit der Verlegung der Universität, falls sie einen oppositionellen Abgeordneten in den Landtag entsenden würden[37]. Durch solche Einwirkungen ließen sich die liberalen Milieus freilich nicht als solche zurückdrängen, sondern lediglich in ihrer Außenwirkung eindämmen. Vergleichsweise geringfügige Gegenkräfte – etwa eine besonders einflußreiche Persönlichkeit, Abhängigkeitsverhältnisse oder überproportional starke äußere Einflüsse – reichten bereits aus, um die Wirksamkeit einzelner lokaler liberaler Milieus zu beschränken. Umgekehrt konnten dieselben Einflußgrößen indessen auch die Entfaltung liberaler Milieus entscheidend voranbringen. Nicht zuletzt aber greift auch die pauschale Gleichsetzung von »oppositionell« und »liberal« nur sehr bedingt: Lediglich verfassungspolitisch, in der Frage der Reformierung des politischen Systems, war die Politik der badischen Regierungen illiberal, insbesondere wirtschafts- und sozialpolitisch gingen die Vorstellungen der Regierung und der Exponenten des badischen (Rechts-) Liberalismus innerhalb wie außerhalb der Zweiten Kammer nicht sehr weit auseinander.

In den ländlichen Wahlbezirken lagen die Dinge grundsätzlich anders: Das, was man ziemlich antizipatorisch als »politische Öffentlichkeit« bezeichnen könnte, umfaßte in den wirklich ländlichen Wahlkreisen einige wenige Personen, in manchen Bezirken erwies sich eine einzige Person als politisch meinungsbildend. Dieser kleine Personenkreis bestimmte in der Regel die politischen Entscheidungen, und das vor allem im Zuge der Landtagswahlen, bei denen im Rahmen des indirekten Wahlverfah-

36 Vgl. dazu allgemein Dieter HEIN, Badisches Bürgertum. Soziale Struktur und kommunalpolitische Ziele im 19. Jahrhundert, in: Lothar GALL (Hg.), Stadt und Bürgertum im 19. Jahrhundert, München 1990 (= HZ, Beiheft 12), S. 65–96.

37 Vgl. Herbert DERWEIN, Heidelberg im Vormärz und in der Revolution 1848/49. Ein Stück badischer Bürgergeschichte, Heidelberg 1958 (= Neue Heidelberger Jahrbücher, Neue Folge, Jahrb. 1955/56), S. 17f., und Erich THIES, Ludwig Feuerbach zwischen Universität und Rathaus oder die Heidelberger Philosophen und die 48er Revolution, Heidelberg 1990 (= Schriftenreihe d. StadtA Heidelberg, H. 2), S. 13ff.

rens eine Wahlkörperschaft von 50 bis 80 Wahlmännern den Abgeordneten bestimmte[38].

Vergleicht man die personellen Entscheidungen städtischer und ländlicher Wahlmännergremien miteinander, so gewinnen die unterschiedlichen Voraussetzungen und Entwicklungsstände recht klare Konturen. Die 14 badischen Städte, die bis 1870 eigene Wahlkreise bildeten, legten von Anfang an größten Wert darauf, einen Ortsansässigen als Vertreter der Stadt in den Landtag zu entsenden. Die Amtwahlbezirke – unter ihnen befanden sich etliche, etwa Emmendingen oder Lörrach, zu denen im eigentlichen Sinne »städtische« Zentralorte gehörten – entschieden sich hingegen zu gut zwei Dritteln für wahlkreisfremde Abgeordnete. In dem Drittel, das diesem Trend nicht folgte, finden sich neben den erwähnten »fast städtischen« Amtwahlbezirken vor allem diejenigen Wahlkreise, die das engere Umland der größeren Städte bildeten und ihre Abgeordneten aus der nahegelegenen Großstadt holten. Eine generell starke Anlehnung an das benachbarte städtische Zentrum konnte dafür ebenso ausschlaggebend sein wie mehr oder minder sanfter Druck, der von den politisch maßgebenden Stadtbürgern ausging. Schon allein die gezielt ausgestreute Drohung mit der Kündigung von Krediten konnte hier Wunder wirken[39].

Für diese Diskrepanz im Wahlverhalten von Städten und Landgebieten gab es zunächst einmal einen gänzlich unpolitischen Grund: In den ländlichen Bezirken war der Kreis potentieller Parlamentarier ziemlich klein. Da war zum einen der in Baden recht hohe Zensus – ein steuerpflichtiges Vermögen in Höhe von 10000 Gulden[40] –, den landesweit allenfalls 0,5 Prozent der Bevölkerung, in manchen Amtwahlbezirken jedoch nur zwei oder drei Großlandwirte zu erfüllen vermochten. Für alle Selbständigen, die in den Landtag gewählt wurden, war daneben die lange Abwesenheit von zu Hause ein großes Problem. Für die vermögenderen badischen Landwirte gab dieses Hindernis – auch wenn sie sich bisweilen vollmundig selbst als »Gutsbesitzer« bezeichneten – vielfach den Ausschlag, da ihre Betriebe trotz allem noch immer Familienbetriebe waren. Den Wahlmännern ländlicher Bezirke blieb oftmals gar nichts anderes übrig, als einen auswärtigen Abgeordneten zu wählen.

Die auf diese Weise wesentlich reduzierten politischen Partizipationsmöglichkeiten in den ländlichen Bezirken standen mit den spezifischen Interessenlagen indessen bis zu einem gewissen Grad im Einklang: Die kleingewerblich-agrarisch geprägten Regionen

38 Zum badischen Wahlverfahren BECHT, Zweite Kammer (wie Anm. 19), S. 19–28, und HÖRNER (wie Anm. 9), S. 26–73.

39 Vgl. dazu die Diskussionen über die Vorgänge im Wahlbezirk Pforzheim-Land im Jahre 1842, in: Verhandlungen der Stände-Versammlung des Großherzogthums Baden im Jahre 1842. Zweite Kammer, Protokollheft 1, S. 78–98, 246–248 und 253–282, v. a. S. 266f.

40 Um den Zensusanforderungen des badischen Wahlrechtes zu genügen, konnte der Mandatsträger alternativ auch ein fixes jährliches Einkommen von 1500 Gulden nachweisen, wenn er außerdem noch irgendeine direkte Steuer aus Eigentum entrichtete. Darüber hinaus konnten weniger vermögende Landtagsaspiranten die Zensusbestimmungen mit einem Trick umgehen: Wer ein Weinhandlungspatent fünfter Klasse für ein Weinlager von 60 bis 80 Fuder löste, hatte ein Gewerbesteuerkapital in Höhe von 10050 Gulden zu versteuern und erfüllte damit die Zensusbestimmungen. Von dieser Möglichkeit machten etliche Freiberufler und Beamte Gebrauch. Vgl. dazu auch BECHT, Zweite Kammer (wie Anm. 19), S. 26f.

Badens durften ihre Interessen bei der obrigkeitlichen Politik gut aufgehoben sehen. Das badische Großherzogtum war nach wie vor ein Agrarstaat mit einigen wenigen frühindustriellen Einsprengseln. Die Wirtschafts- und Strukturpolitik der großherzoglichen Regierungen trug agrarischen Interessen Rechnung; etwa bei der Frage der Bauernbefreiung fand die badische Politik durchaus einen Mittelweg zwischen den Interessen der Berechtigten und der Pflichtigen[41].

Gänzlich anders die Situation in den aufstrebenden Städten wie Lörrach, Lahr, Pforzheim oder Mannheim: Wenngleich sie allesamt längst noch keine wirklichen Industriestädte waren, hatten sie doch bereits einen Entwicklungsstand erreicht, dessen spezielle Bedürfnisse nur noch bedingt von der staatlichen Politik abgedeckt wurden. Zu den klassischen wirtschaftspolitischen Themen – genannt seien hier als Stichworte nur die Gewerbefreiheit und die Beseitigung der innerdeutschen Zollschranken – gesellte sich die grundsätzliche Forderung nach politischen Mitbestimmungsmöglichkeiten. Diese Forderung basierte nicht nur auf dem Wunsch, die eigenen Interessen angemessen vertreten zu können, sondern auch auf der schlichten, in dieser Zeit aber durchaus normalen Deduktion, daß man eben nach Maßgabe seines Beitrages zu den Staatseinnahmen an den Entscheidungen beteiligt werden wollte. Die in den Städten traditionell wesentlich ausgeprägteren Selbstverwaltungskompetenzen kollidierten überdies ganz grundsätzlich mit dem Machtanspruch des Obrigkeitsstaates. Dieser Gegensatz war vor allem in den Städten, die wie beispielsweise Offenburg, Rastatt oder Baden-Baden noch kein dominierendes Wirtschaftsbürgertum hervorgebracht hatten, der Ausgangspunkt für die Bildung liberaler Milieus. Der unlängst von Paul Nolte akzentuiert ins Spiel gebrachte Begriff des »Gemeindeliberalismus« dürfte in diesem Zusammenhang noch einige Aufmerksamkeit fordern[42].

Daß im badischen Großherzogtum diese divergierenden Interessen – von einem regelrechten Interessen*gegensatz* läßt sich für diese Zeit noch nicht sprechen – deutlicher als anderswo zutage traten, war kein Zufall. Die geringe Größe des Staates und ein Kernland, das sich auf rund 300 Kilometer am rechten Rheinufer erstreckte, sorgten für eine recht kompakte gewerblich-frühindustrielle Oberschicht, die ziemlich homogene wirtschaftliche Interessen besaß, durch vielerlei geschäftliche und private Kontakte verbunden war und so ihre besonderen Interessen ziemlich wirksam vertreten konnte. Die enge Verflechtung dieser Funktionseliten ersetzte einstweilen einen badischen Städtetag ebenso wie einen Interessenverband der badischen Industrie oder des Handels. Man wußte sich durch nahezu deckungsgleiche wirtschaftliche und politische Grundinteressen verbunden, konnte mit Hilfe dieser Interessenkohärenz im Einzelfall selbst gravierende politisch-ideologische Gegensätze überbrücken und war als reiner Personenverband eminent handlungsfähig. Man findet diese Funktionselite nicht nur im Landtag, sondern beispielsweise auch in den Aufsichtsräten badischer Aktiengesell-

41 Zur badischen und württembergischen Agrargeschichte des 19. Jahrhunderts jetzt Wolfgang von Hippel, Wirtschafts- und Sozialgeschichte 1800 bis 1918, in: Handbuch der baden-württembergischen Geschichte 3 (wie Anm. 24), S. 477–784, hier: S. 514–533.

42 Paul Nolte, Gemeindeliberalismus. Zur lokalen Entstehung und sozialen Verankerung der liberalen Partei in Baden 1831–1855, in: HZ 252 (1991), S. 57–93. Siehe auch Gall, Liberales Milieu (wie Anm. 3), S. 21 und 25.

schaften, bei der Gründung sämtlicher bedeutenden südwestdeutschen Banken und nicht zuletzt auch in den oberen Etagen der Staatsverwaltung bis hin zur Regierung. Als der badische Landtag im Jahre 1848 über die Dreifabrikenfrage entschied[43], saß eine eindrucksvolle Zahl von Aktionären der drei betroffenen Unternehmen im Saal, teils auf der Regierungsbank, teils im Plenum. Es ist durchaus kein Zufall, daß in Gestalt der städtischen Mandatsträger eine ganz spezifische Häufung von Merkmalen und Funktionen immer wieder begegnet: Mitglied der Handelskammer, Kommunalpolitiker, Mitglied des Kreisausschusses, Mitglied des Landtags, Vorsitzender oder »graue Eminenz« der lokalen liberalen Partei – kurz: ein »Fast-Berufspolitiker«.

Daß es zu dieser Zeit noch keinen echten Interessengegensatz zwischen Stadt und Land, zwischen Landwirtschaft und gewerblicher Wirtschaft gab, läßt sich den wenigen wirtschaftspolitischen Auseinandersetzungen unschwer entnehmen[44]. Ob es nun um Importzölle, um den Beitritt zum Deutschen Zollverein oder um die erwähnte Dreifabrikenfrage ging, bei der nicht mehr und nicht weniger als die direkte Stützung der drei größten badischen Industriebetriebe zur Diskussion stand – nirgends befanden sich agrarische Interessenvertreter erkennbar in grundsätzlicher Opposition zur gewerblich-industriellen »Lobby«, und das obwohl die ohnehin schon vom Wahlrecht stark begünstigten Städte stets offene Vertreter ihrer Interessen in den Landtag entsandten. Der Liberalismus war bei genauerer Betrachtung auch schon im Vormärz eine politische Bewegung vor allem des städtischen Bürgertums; daß er dennoch so etwas wie »Volksparteicharakter« gewinnen konnte, geht auf die vorläufige Wirkungslosigkeit grundsätzlicher soziopolitischer Konfliktlinien zurück. Ausschlaggebend war, daß entlang der – durchaus vorhandenen – Konfliktlinien vorläufig noch keine realen Konflikte entstanden und daß der Gegensatz zwischen Parlament und Regierung noch immer alle anderen potentiellen cleavages in den Hintergrund drängte.

Erst die badischen Gewerbegesetze der sechziger Jahre, die Gewerbefreiheit und Freizügigkeit verordneten, konstituierten nicht nur einen Interessengegensatz, sondern auch einen wirklichen Grundkonflikt zwischen städtisch-gewerblichen und ländlich-agrarischen Interessen[45]. Daß dieser Konflikt die Parteienlandschaft einstweilen noch nicht nennenswert umformen konnte, lag an der erdrückenden liberalen Übermacht in der Zweiten Kammer, das heißt am Fehlen einer parteipolitischen Alternative. Das kleine, etwas sektiererisch angehauchte konservative Fähnlein war keinesfalls in der Lage, als Gegengewicht zur liberalen Majorität aufzutreten[46], und selbst für die bloße agrarisch-konservative Interessenartikulation reichte ihr politisches Gewicht nicht aus. Die enge Anbindung der badischen Konservativen an den Protestantismus verurteilte überdies von vornherein jeden Versuch zum Scheitern, in den ländlichen Regionen mit

43 Siehe zur Dreifabrikenfrage Becht, Zweite Kammer (wie Anm. 19), S. 290–301, und Ders.: Die Repräsentation von Handel, Gewerbe und Industrie in der badischen zweiten Kammer, 1819–1848, in: Rhein-Neckar-Raum an der Schwelle des Industriezeitalters, Mannheim 1984 (= Südwestdt. Schriften, Bd. 1), S. 255–277.

44 Vgl. Becht, Zweite Kammer (wie Anm. 19), v. a. S. 273 ff.

45 Siehe dazu Gall, Kulturkampf (wie Anm. 31), S. 110 ff., und Ders., Liberalismus (wie Anm. 29), S. 292 ff. u. ö.

46 Wolf (wie Anm. 30), S. 54 ff.

überwiegend katholischer Bevölkerung Fuß zu fassen. So konnten denn die Nationalliberalen die ländlichen Oppositionshochburgen des Vormärz am Bodensee und am Hochrhein vorläufig halten.

Außerdem war der Liberalismus zu dieser Zeit bis zu einem gewissen Grad auch noch in der Lage, Divergenzen zwischen agrarischen und gewerblich-industriellen Interessen aufzufangen. Unter den profilierten liberalen Parlamentariern befand sich auch ein kleiner Kreis von Angehörigen landwirtschaftlicher und ähnlicher Berufe, die für eine gewisse Zeit gleichsam das »agrarische Gewissen« der Nationalliberalen bilden konnten. Typische agrarische Interessenvertreter wie beispielsweise das Gros der späteren badischen Zentrumsparlamentarier waren diese Liberalen freilich nicht. In der Regel waren sie mehr Kaufleute als Landwirte, nicht wenige unter ihnen kann man eigentlich nur als »Unternehmer« bezeichnen.

Obwohl die klassische Stadt-Land-cleavage erst in der zweiten Hälfte des 19. Jahrhunderts die politische Szenerie in Baden zu prägen begann, zeigen sich im Wahlverhalten der Städte und Landgemeinden vor 1848 doch auch in politischer Hinsicht signifikante Merkmale: Bei der kompletten Neuwahl der Kammer im Jahre 1846[47] hatten zwar sowohl die Opposition als auch die Regierungsseite etwa im Verhältnis zwei zu eins ländliche und städtische Mandate gewonnen. Die geographische Verteilung der Mandatsgewinne läßt jedoch erkennen, daß es zu dieser Zeit bereits regionale und lokale Hochburgen gab, die zum Teil auch noch nach 1848/49 Bestand hatten. Die Regierungsanhänger verbuchten städtische Mandatsgewinne in Überlingen, Freiburg, Baden-Baden, Rastatt, Karlsruhe und Bruchsal; auch im Umkreis dieser Städte waren Regierungsanhänger erfolgreich, weitere Hochburgen bildeten die Wahlkreise im nordbadischen Frankenland. Die Opposition kontrollierte – mit Ausnahme des Wahlkreises 7, der ultramontan gewählt hatte – praktisch das gesamte Oberland, daneben die Region zwischen Pforzheim, Durlach, Bretten und Eppingen sowie den Rhein-Neckar-Raum um Mannheim und Heidelberg. Unter den zwölf entschieden Oppositionellen, die südbadische Wahlkreise vertraten, befand sich das Gros der Radikalen.

Die Ausbildung ländlicher Parteihochburgen ergab sich keineswegs rein zufällig: Aus den genannten Gründen – die geringe Zahl politisch maßgeblicher Personen und möglicher Mandatsträger – waren Einflußnahmen von Vertretern der Regierungsseite und der Opposition in den ländlichen Bezirken nicht nur einfach, sondern auch erfolgversprechend. Ein einziger guter Kontakt zu einer einflußreichen Persönlichkeit des Bezirks konnte unter Umständen genügen, um eine Wahlentscheidung im gewünschten Sinne zu erreichen. In den dreißiger Jahren des 19. Jahrhunderts war der Erfolg solcher Einflußnahmen zunächst offenbar weitgehend von der Intensität der Bemühungen abhängig. Auch mehrfache politische 180-Grad-Wenden einzelner Wahlkreise sind keine Seltenheit, selbst sehr prominente Parlamentarier mußten stets damit rechnen, bei der nächsten Wahl im angestammten Wahlkreis möglicherweise zu unterliegen. Die allgemeine Politisierung in den vierziger Jahren wirkte sich in den ländlichen Wahlkreisen dabei offenbar anders aus als in den Städten, wo die parteipolitischen Gegensätze in der Regel von der Kommunalpolitik überlagert und geprägt wurden.

47 Siehe oben, Abb. 1.

Eine namhafte Zahl ländlicher Wahlkreise entwickelte sich bis zur Mitte der vierziger Jahre vom »Wechselwahlkreis« zur »Domäne« der Regierungsanhänger oder der Opposition. In den ländlichen Oppositionshochburgen entstand dabei eine verhältnismäßig breite politische Öffentlichkeit, die wenig später – etwa in den Volksvereinen – eine wesentliche Rolle spielen sollte. Die gemäßigt Liberalen hatten sich nie ernsthaft um aktiven Rückhalt außerhalb der Honoratiorenschaft bemüht. Die Radikalen aktivierten nun dieses oppositionelle Potential, und das mit dauerhaftem Erfolg: Die ländlichen Hochburgen der Radikalen existierten länger als der badische Radikalismus und konnten einer neuen Opposition als Basis dienen[48].

Ein Vergleich mit den Landtagswahlen von 1903 und den letzten Vorkriegswahlen zur Zweiten Kammer im Jahre 1913[49] klärt das weitere Schicksal der einst gouvernemental-konservativ oder radikal wählenden Wahlkreise: Lediglich zwei der einstigen »konservativen« Hochburgen entsandten 1913 einen konservativen Abgeordneten nach Karlsruhe[50], außerdem gelangen den Konservativen Erfolge in drei früher liberalen Domänen.

Im Süden des Landes waren die oppositionellen Wahlkreise des Vormärz in ihrer überwiegenden Mehrzahl an das Zentrum gefallen, und zwar, wie Abbildung 6 zeigt, bereits vor dem Jahr 1888, in dem der Aufstieg des Zentrums zur stärksten politischen Kraft in Baden begann. Von den Hochburgen des Vormärz hatten die Liberalen nur die protestantischen Wahlkreise im Märkgräflerland sowie Emmendingen, Kehl, Weinheim und Heidelberg halten können. In den früheren ländlichen Domänen des Liberalismus befanden sich Zentrum und Konservative auf dem Vormarsch, außer in Heidelberg war in den großen nordbadischen Städten mittlerweile die SPD die maßgebliche politische Kraft.

Betrachtet man die Wahlkreisgewinne der Katholischen Volkspartei und des Zentrums genauer, so ergeben sich weitere Aufschlüsse: Vor 1879 gewann das Zentrum fast ausschließlich Wahlkreise im mittleren und nördlichen Baden. Im Süden umfaßte der »Altbesitz« der Katholischen Volkspartei die ehemals konservativen Wahlkreise um Baden-Baden und Offenburg, den Wahlkreis Staufen/Freiburg sowie den Wahlkreis Waldshut/Säckingen; es ist im übrigen ganz sicher kein Zufall, daß mit Ausnahme der

48 Dazu BECHT, Ständesaal (wie Anm. 24), S. 64. – Für Karl ROHE, Wahlen und Wählertraditionen in Deutschland. Kulturelle Grundlagen deutscher Parteien und Parteiensysteme im 19. und 20. Jahrhundert, Frankfurt a. M. 1992, S. 47, erscheint demgegenüber »der ländliche Radikalismus des Jahres 1848« als »ein vorübergehendes Phänomen«, wobei allerdings (S. 56) »die Möglichkeit eines ›kulturellen Radikalismus‹ für ländliche Räume nicht von vornherein ausgeschlossen werden« könne. Da die meisten Analysen mit den Jahren 1848/49 enden oder aber überhaupt nur die Revolutionszeit behandeln, fehlt es bislang noch an Forschungsergebnissen über die weitere Entwicklung dieses ländlichen Protestpotentials. Im Falle des Großherzogtums Baden dürfte dieses Protestpotential mit ziemlicher Sicherheit der Katholischen Volkspartei bzw. dem Zentrum zugute gekommen sein. Siehe zum Charakter der Zentrumspartei als »Auffangbecken für (...) Ressentiments« der katholischen Bevölkerung auch BLACKBOURN, Zentrumspartei (wie Anm. 9), S. 90f. und 93.

49 Vgl. Abb. 4 und 5. – Als »Sonstige« erscheinen in beiden Abbildungen nur Vertreter konservativer Parteien.

50 Die Wahlkreise 70 und 71. – Seit 1905 arbeiteten das Zentrum, die Konservativen und der Bund der Landwirte bei den Wahlen landesweit zusammen.

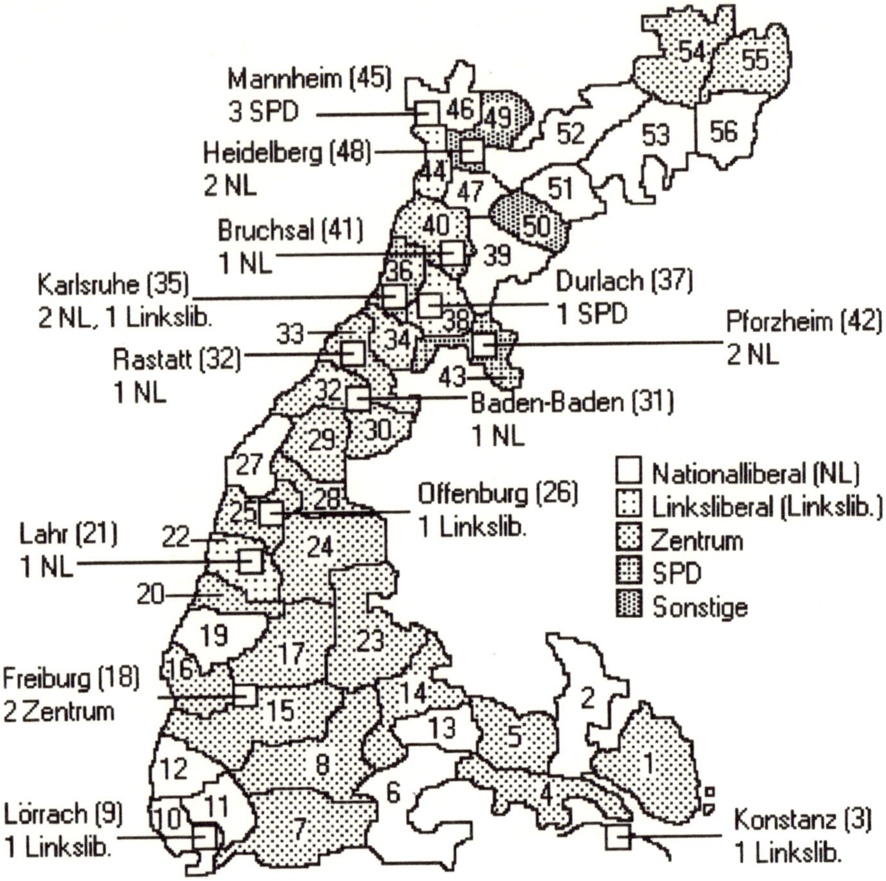

Abb. 4 Parteizugehörigkeit der Wahlkreisvertreter nach der Landtagswahl von 1903

Wahlkreise Staufen/Freiburg und Offenburg-Land sämtliche frühen Hochburgen der Katholischen Volkspartei zu den ärmeren und ärmsten Wahlkreisen des Landes zählten[51]. Zwischen 1879 und 1888, also nachdem sich der Abbau der Kulturkampfgesetz-

51 Der früheste dauerhafte Wahlkreisgewinn gelang dem politischen Katholizismus im Amtwahlkreis 7 (Säckingen, Laufenburg), dem mit Abstand ärmsten badischen Wahlkreis; das Steuerkapital pro Kopf der Bevölkerung lag hier im Jahre 1818 (siehe oben, Anm. 19) bei 342 Gulden, während die im Westen benachbarten Wahlkreise Schopfheim/Kandern (8), Lörrach (9) und Staufen/Heitersheim (11) auf Quoten von rund 760 bis 1000 Gulden kamen. Die östlich von Säckingen/Laufenburg liegenden Wahlkreise Tiengen/Jestetten (6) und Bonndorf/Neustadt (4)

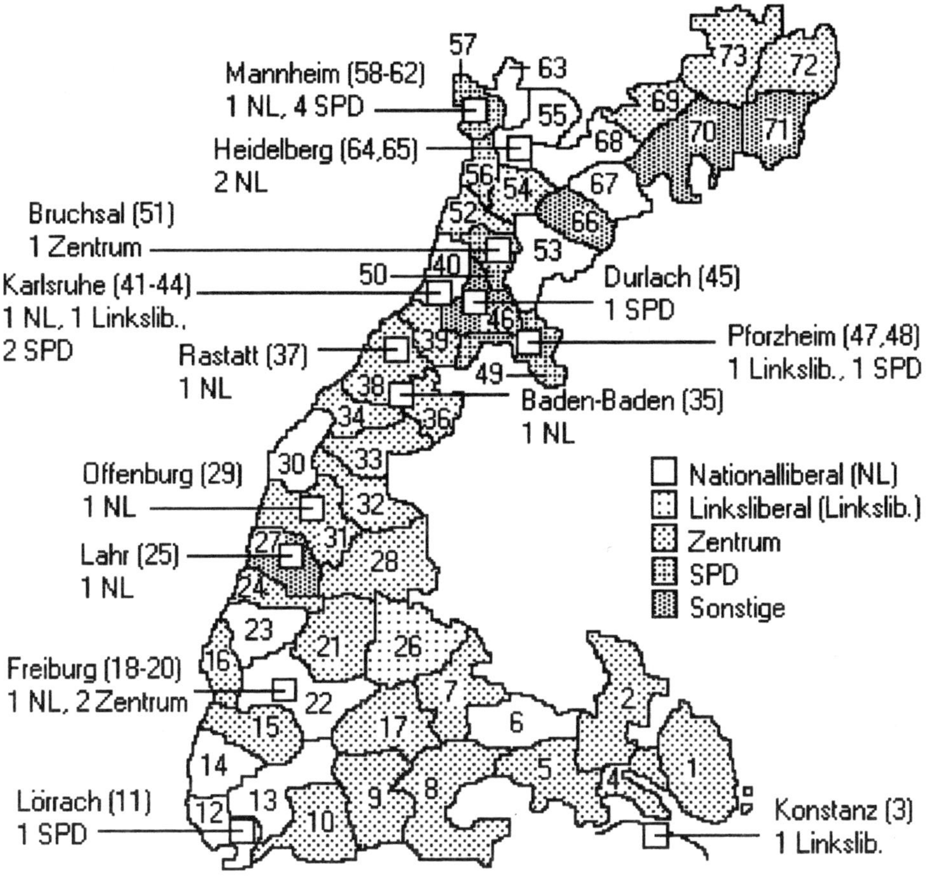

Abb. 5 Parteizugehörigkeit der Wahlkreisvertreter nach der Landtagswahl von 1913

gebung abzeichnete und noch bevor Theodor Wacker das badische Zentrum auf den Weg hin zum eigentlich »politischen« Katholizismus führte, fielen fast sämtliche Oppositionswahlkreise von 1846 im Südschwarzwald, am Hochrhein und am Bodensee an die Katholische Volkspartei.

Nach 1888 gewann der politische Katholizismus, nun unter dem Namen »Badische Zentrumspartei«, nur noch zwei neue Wahlkreise hinzu – der Aufstieg des Zentrums

zählen ebenfalls zu den ärmsten des Landes, erreichten aber immerhin noch Werte von 518 bzw. 570 Gulden.

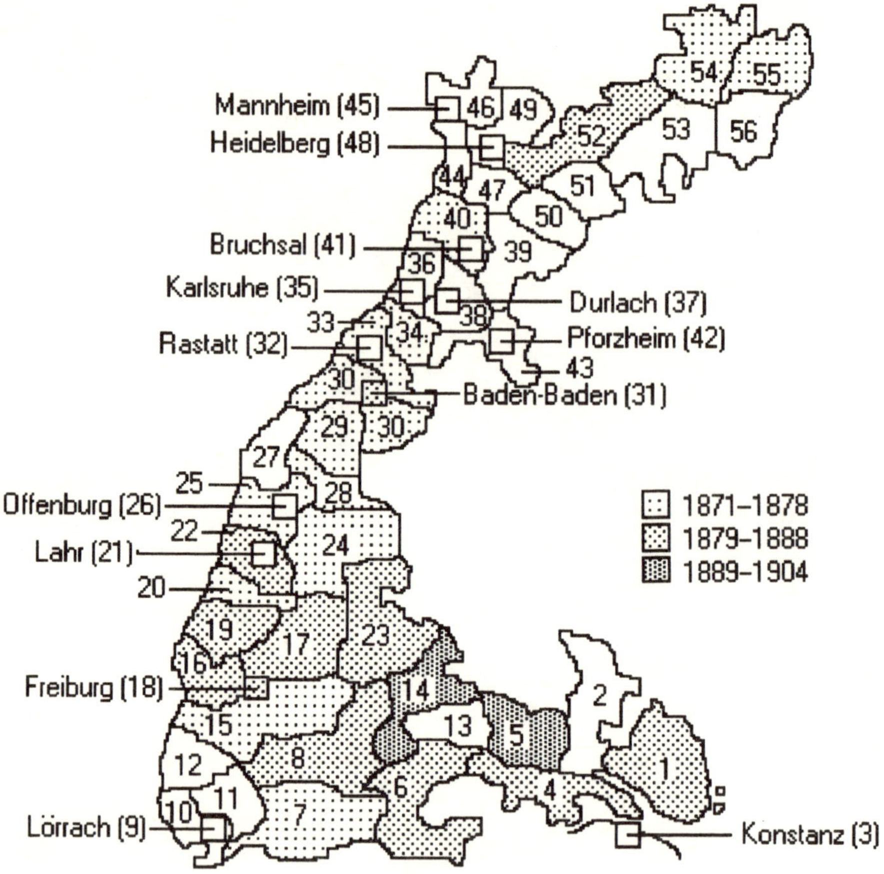

Abb. 6 Wahlkreisgewinne für die Kath. Volkspartei und das Zentrum 1871–1904

zur stärksten politischen Kraft in Baden resultierte vor allem aus der Stabilisierung des Besitzstandes, das heißt aus der dauerhaften Sicherung der Wahlkreise, in denen das Zentrum bereits Fuß gefaßt hatte.

Angesichts dessen lohnt es durchaus, der Frage zu nachzugehen, inwieweit die politischen Konfliktkonstellationen in Baden nach 1860 und vor allem nach 1878/79 tatsächlich ausschließlich oder zumindest primär konfessionell-politischen Gegensätzen entsprangen. Gewiß hat der »Kulturkampf«, der Konflikt zwischen Staat und katholischer Kirche ganz generell, nach außen weithin die politische Landschaft dieser Zeit geformt und bestimmt. Hinter diesem Gegensatz verbirgt sich indessen ein grundlegendes Konfliktmuster des Zeitalters der Industrialisierung. Die »Katholische Volkspartei« und nach ihr das Zentrum waren unzweifelhaft die Sachwalter des politischen Katholizismus. Ihr Aufstieg in Baden steht aber zugleich für den im Zuge der Industrialisierung aufkommenden Interessengegensatz zwischen der Landwirtschaft einerseits und dem gewerblich-industriellen Sektor andererseits, zwischen den von der Industrialisierung erfaßten Städten und dem flachen Land. Die politische Wegscheide von 1859/60 bringt den badischen Liberalismus an die Macht und schiebt zugleich die ökonomischen Interessen der Städte Badens politisch in den Vordergrund. Dies ist zwar nicht grundlegend neu, da auch in den 40 Jahren zuvor das politische Übergewicht des städtischen Bürgertums unverkennbar war und ist. Neu ist daran jedoch, daß im Zuge der Industrialisierung ein grundlegender Interessengegensatz zwischen den agrarischen und den gewerblich-industriellen Regionen entsteht und dem Konflikt politische Brisanz verleiht, nachdem zuvor viele Jahre lang agrarische und gewerblich-industrielle Interessen weitestgehend konfliktfrei nebeneinander gestanden hatten. Der »Liberalismus als regierende Partei« – vielleicht wäre die Formulierung »der Liberalismus an der Macht« noch treffender – konstituiert diesen Grundkonflikt insofern, als die spezifisch städtischen Wirtschaftsinteressen nach 1860 die einstmals unangefochtene Position landwirtschaftlicher Interessen in der Regierungspolitik zutiefst erschütterten. In physiokratischer Tradition galt zuvor jahrzehntelang die Landwirtschaft als Herzstück der Nationalökonomie. Die agrarischen Eigeninteressen des Fürstenhauses, des grund- und standesherrlichen Adels und nicht zuletzt die einflußreiche Stellung des Badischen Landwirtschaftlichen Vereins sorgten für eine nie ernsthaft in Frage gestellte agrarische Orientierung der badischen Wirtschaftspolitik. Erst als die wirtschaftliche Entwicklung im deutschen Südwesten in den Sog der Industrialisierung geriet, tat sich zwischen Liberalismus und Landwirtschaft eine Kluft auf. Daß die Landwirte als die potentiellen Wahrer landwirtschaftlicher Interessen in den Reihen der Liberalen schon längst vorwiegend gewerblich-industrielle, ja regelrecht unternehmerische Interessen verkörperten, führte erst nach 1860 zur Entfremdung zwischen den beiden Polen; diese Entfremdung war zum Zeitpunkt ihres Entstehens indessen bereits irreversibel[52].

Teils erkannte der politische Katholizismus dieses Konfliktmuster – bewußt oder unbewußt –, teils drängten ihn agrarische Interessenvertreter, in diesem Konflikt die Partei der Landwirtschaft zu ergreifen[53]; in jedem Falle aber wußte der politische Katholizismus aus diesem Konfliktmuster Kapital zu schlagen.

Die Mandatsgewinne der Katholischen Volkspartei bis 1878 resultierten ganz überwiegend mehr oder minder direkt aus dem heftigen badischen Kulturkampf, also aus der cleavage zwischen Staat und Kirche: Alle acht badischen Wahlkreise, die im engeren Sinne als Hochburgen von Katholischer Volkspartei und Zentrumspartei gelten müssen, entsandten zwischen 1871 und 1904 ausnahmslos Repräsentanten des politischen Katholizismus in den Karlsruher Ständesaal. Nur diese acht Wahlkreise bildeten

52 Als Vergleich aufschlußreich die Befunde zu Württemberg bei David BLACKBOURN, Class, Religion and Local Politics in Wilhelmine Germany. The Centre Party in Württemberg before 1914, Wiesbaden 1980 (= Veröff. d. Inst. f. europ. Gesch. Mainz, Beiheft 9), S. 141 ff. und 196 ff.

53 Dazu BLACKBOURN, Zentrumspartei (wie Anm. 9), S. 81 ff., und Wolfram PYTA, Landwirtschaftliche Interessenpolitik im Deutschen Kaiserreich. Der Einfluß agrarischer Interessen auf die Neuordnung der Finanz- und Wirtschaftspolitik am Ende der 1870er Jahre am Beispiel von Rheinland und Westfalen, Stuttgart 1991 (= VSWG, Beiheft 97), S. 75 ff.

wirkliche Domänen der Katholischen Volkspartei, alle anderen Wahlkreise waren umkämpft. Nirgendwo sonst konnte sich die Katholische Volkspartei als allein dominierende Partei etablieren, nur in diesen acht Wahlkreisen genügten konfessionell-katholische Standpunkte, um eine Mehrheit der Wähler zu mobilisieren. In den umkämpften Wahlkreisen reichte eine solchermaßen begrenzte Programmatik nur in Ausnahmefällen für Mandatsgewinne aus. Für den Übergang der alten Oppositionshochburgen zur Katholischen Volkspartei dürfte die Haltung des Zentrums in der Schutzzolldiskussion nach 1875 erheblich größeres Gewicht besessen haben als der bereits im Abklingen befindliche badische Kulturkampf. Als 1889 nicht mehr die Katholische Volkspartei, sondern die »Badische Zentrumspartei« antrat, gewann sie auf Anhieb neun Wahlkreise hinzu, die sie dann auch bis 1904 sicher halten konnte. Daß sich diese Wahlkreise zu wirklichen Zentrumshochburgen entwickelten, ist den wachsenden und zuletzt haushohen Mehrheiten zu entnehmen[54].

Der Namenswechsel der Katholischen Volkspartei im Jahre 1889 war weit mehr als ein neues Etikett. Die Katholische Volkspartei war im engeren Sinne eine »katholische Partei« gewesen: Ihre politischen Ziele leiteten sich im Grunde nur aus der Bindung an den Katholizismus ab. Eine über das Religiös-Konfessionelle hinausgehende Programmatik besaß die Katholische Volkspartei als solche nicht, und nach dem Willen ihrer Führer sollte sie auch keine umfassende politische Programmatik besitzen[55]. Allenfalls konnten einzelne Kandidaten oder Wahlkreisvertreter zusätzliche Problemfelder thematisieren und so – freilich auf unverbindliche Weise – das programmatische Spektrum erweitern. Zur »Badischen Zentrumspartei« wurde die Katholische Volkspartei nach ihrer Krise in den achtziger Jahren und nach Theodor Wackers Sieg in der innerparteilichen Programm- und Strategiediskussion, und damit wurde das Zentrum auch im eigentlichen Sinne zu einer Partei des »politischen Katholizismus«. In den katholischen Regionen Badens konnte sie damit zur dominierenden oppositionellen Kraft aufsteigen und in umfassender Weise Gegenpositionen zu den Standpunkten der Regierung und der liberalen Majorität einnehmen. Aus den eingangs genannten Gründen spielte hier die Stadt-Land-cleavage eine maßgebliche Rolle, und Bismarcks wirtschaftspolitische Wende von 1878/79 wirkte als entscheidender Katalysator. Eduard Lasker beschwor in der Reichstagssitzung vor der Schlußabstimmung über die Schutzzölle den *prinzipiellen Krieg zwischen der Landwirtschaft auf der einen Seite und der Industrie und den Städten auf der anderen Seite*[56] und traf damit vor allem, aber nicht nur, den Eindruck der Liberalen.

Schon seit 1880 treten dann auch zunehmend Zentrumsparlamentarier in Erschei-

54 Siehe dazu das Verzeichnis der Wahlergebnisse bei Adolf Roth, Paul Thorbecke, Die badischen Landstände insbesondere die Zweite Kammer. Landtagshandbuch, Karlsruhe 1907, S. 294–325.

55 Vgl. zur Krise der Katholischen Volkspartei und zur Gründung des Badischen Zentrums Karl Bachem, Vorgeschichte, Geschichte und Politik der deutschen Zentrumspartei. Zugleich ein Beitrag zur Geschichte der katholischen Bewegung sowie zur allgemeinen Geschichte des neueren und neuesten Deutschland 1815–1914, 9 Bde., Köln 1927–1931, Neudruck Aalen 1967/68, hier: Bd. 4, S. 390–418, und Bd. 8, S. 109–128.

56 Stenographische Berichte des Deutschen Reichstags 1879, 2, 1048; zit. nach Lothar Gall, Bismarck. Der weiße Revolutionär, Frankfurt a. M., Berlin, Wien 1980, S. 579; siehe dazu auch

nung, die primär als agrarische Interessenvertreter wirkten. Eine grundsätzliche Interessenscheidung, ein Konfliktmuster, war damit auch parteipolitisch festgeschrieben. Die Katholische Volkspartei war am Ende der sechziger Jahre angetreten, die Position der katholischen Kirche gegen den Machtanspruch des Staates zu verteidigen, und schickte in diesen Kampf überzeugte Katholiken, denen es tatsächlich nur um dieses eine Ziel ging und die das politisch-parlamentarische Instrumentarium schnell zu handhaben lernten. Heinrich Hansjakob, Albert Förderer und Jakob Lindau repräsentieren diesen ersten Parlamentariertyp des politischen Katholizismus. Unter den Zentrumsparlamentariern der zweiten Generation finden sich dann aber nur noch wenige ohne landwirtschaftlichen Hintergrund; der dörfliche, katholische Großlandwirt mit beträchtlichem Vermögen avancierte im Zuge des politischen Kurswechsels von 1878/79 und des etwa gleichzeitig einsetzenden Abbaus der Kulturkampfgesetzgebung geradezu zum Archetyp des Zentrumsparlamentariers im badischen Landtag[57]. Die Schwäche der badischen Konservativen war ein Auslöser dafür, daß das badische Zentrum nicht nur eine konfessionelle Partei, sondern auch eine agrarisch orientierte Partei wurde. Der Bund der Landwirte blieb zwangsläufig auf die protestantischen Regionen beschränkt.

Gleichwohl lieferte der Grundkonflikt zwischen Liberalismus und politischem Katholizismus dem liberalen wie dem nunmehr stetig wachsenden katholischen Milieu die Identifikations-, Legitimierungs- und Organisationsbasis. Der politische Katholizismus formierte sich in Baden, getragen von einer beachtlich breiten Öffentlichkeit, ab 1845 im Gefolge des Streits um den Deutschkatholizismus, und er hatte damit bereits den Weg zu einer realen politischen Kraft eingeschlagen. Daß es dieses im eigentlichen Sinne »katholische« Milieu tatsächlich gab, zeigt sich unter anderem darin, daß alle badischen Wahlkreise, die schon vor 1854, also vor dem Jahr des Kirchenstreites, katholisch gewählt hatten, auch in den Folgejahren regelmäßig Kandidaten der Ultramontanen, dann der Katholischen Volkspartei und schließlich des Zentrums wählten. Der Gegensatz zwischen katholischem Milieu und Liberalismus mußte sich gleichwohl nicht in dem Konfliktmuster erschöpfen, das diese Nomenklatur umschreibt. Unzweifelhaft aber war das Milieu primär ein katholisches Milieu, auch wenn die politischen Konfliktlinien, die das Milieu abgrenzten, mit dem Abflauen des Kulturkampfes zunehmend ökonomische Konfliktlinien waren. Angesichts der beträchtlichen Homogenität des katholischen Milieus in Baden kann man – mit Lepsius – die Vertretung agrarischer Interessen unschwer als wesentlichen Beitrag zur »Aufrechterhaltung der Autonomie des Milieus«[58] identifizieren.

Nach 1905 waren die Scheidung der Milieus und die Konstituierung des Parteiensystems in Baden im wesentlichen abgeschlossen. Das Zentrum stellte 1905 im badischen Landtag mit 28 Abgeordneten die stärkste Fraktion; 26 von ihnen vertraten Amtwahlkreise, demgegenüber hatten sich nur in zwei der 24 städtischen Wahlkreise – in

Thomas Nipperdey, Deutsche Geschichte 1866–1918, Bd. 2: Machtstaat vor der Demokratie, München 1992, S. 402 f.

57 Zur Bedeutung der Bauernvereine für die Zentrumspartei Nipperdey (wie Anm. 56), S. 543; s. auch Pyta (wie Anm. 53), S. 78.

58 Lepsius (wie Anm. 2), S. 68.

Bruchsal und in Freiburg – die Zentrumskandidaten durchgesetzt. 33 vorwiegend agrarisch geprägte Wahlkreise gab es in Baden zu dieser Zeit; 26 davon hatte das Zentrum im Jahre 1905 gewonnen, fünf nationalliberale Wahlkreise bildeten den kümmerlichen Rest des einstmals breiten Rückhalts der Liberalen auf dem Lande; im Jahre 1913 gingen von diesen fünf noch zwei weitere Wahlkreise verloren.

IV

Der Weg des badischen Parteiensystems von der Monarchie über die Republik in die Diktatur war zunächst von bemerkenswerter Entwicklungskontinuität gekennzeichnet[59]. Dem badischen Zentrum gelang es sogar, seinen starken Rückhalt bei den Wählern bis 1933 zu halten und seinen Wählerstamm auch immer wieder zu mobilisieren[60]. Das allein sorgte dafür, daß die politischen Kräfteverhältnisse in den ländlichen Gebieten mit mehrheitlich katholischer Bevölkerung weitgehend stabil blieben[61].

Aus Abbildung 10 gewinnt man für ganz Baden tendenziell allerdings ein anderes Bild: Nimmt man die Gesamtzahl der Wahlberechtigten als Bezugsgröße[62], sind die Schwankungen ganz beträchtlich, und bei sämtlichen Wahlen von 1921 bis 1929 stellen die Nichtwähler die stärkste Gruppe. Nur in den Städten geriet die Parteienszenerie indessen stärker in Bewegung[63]: Der Liberalismus in Baden war schon lange vor dem Ende der Monarchie eine eindeutig städtische Angelegenheit geworden[64], die Auffächerung des liberalen Lagers nach dem verlorenen Krieg beschleunigte vor allem in den größeren und mittleren Städten den Erosionsprozeß noch ganz beträchtlich. Die Deutsche Volkspartei mit ihrer engen Bindung an die Schwerindustrie war kaum in der Lage, das Erbe der badischen Nationalliberalen anzutreten. Die badische Nationalliberale Partei ging formell in der DDP auf, eine Minderheit wechselte zur DVP. Daß sich alle nationalliberalen Parlamentarier, die vor und nach dem Umbruch von 1918/19 im badischen Landtag saßen, in der Republik der DDP, der Deutschen Demokratischen Partei, anschlossen, hat anscheinend zu der Annahme geführt, daß die Wähler diesen Schwenk mitmachten. Diese Feststellung ist – bezogen auf die größeren badischen Städte – jedoch nur zum Teil richtig, und die Wirklichkeit wirft ein bezeichnendes Licht auf die Entwicklung des liberalen Milieus im liberalen »Musterländle« vor und nach 1918: Tatsächlich ging, angeführt von zahlreichen ehemals nationalliberalen

59 Siehe Abb. 7. – Zu den badischen Wahlen in der Weimarer Republik – mit recht beengter Perspektive und ohne stärkere Analysebemühungen – Jutta Stehling, Weimarer Koalition und SPD in Baden. Ein Beitrag zur Geschichte der Partei- und Kulturpolitik in der Weimarer Republik, Frankfurt a. M. 1976, S. 6–26, daneben auch Ellsworth Faris, Takeoff Point for the National Socialist Party: The Landtag Election in Baden, 1929, in: Central European History 8 (1975), S. 140–171.

60 Siehe dazu Abb. 8.

61 Siehe Abb. 9.

62 Zur höheren Aussagekraft dieses Verfahrens Jürgen W. Falter, Hitlers Wähler, Darmstadt 1991, S. 63 f.

63 Siehe Abb. 11.

64 Siehe auch James J. Sheehan, Der deutsche Liberalismus. Von den Anfängen im 18. Jahrhundert bis zum Ersten Weltkrieg 1770–1914, München 1983, S. 284 ff. mit Anm. 20, und Rohe (wie Anm. 48), S. 46 f.

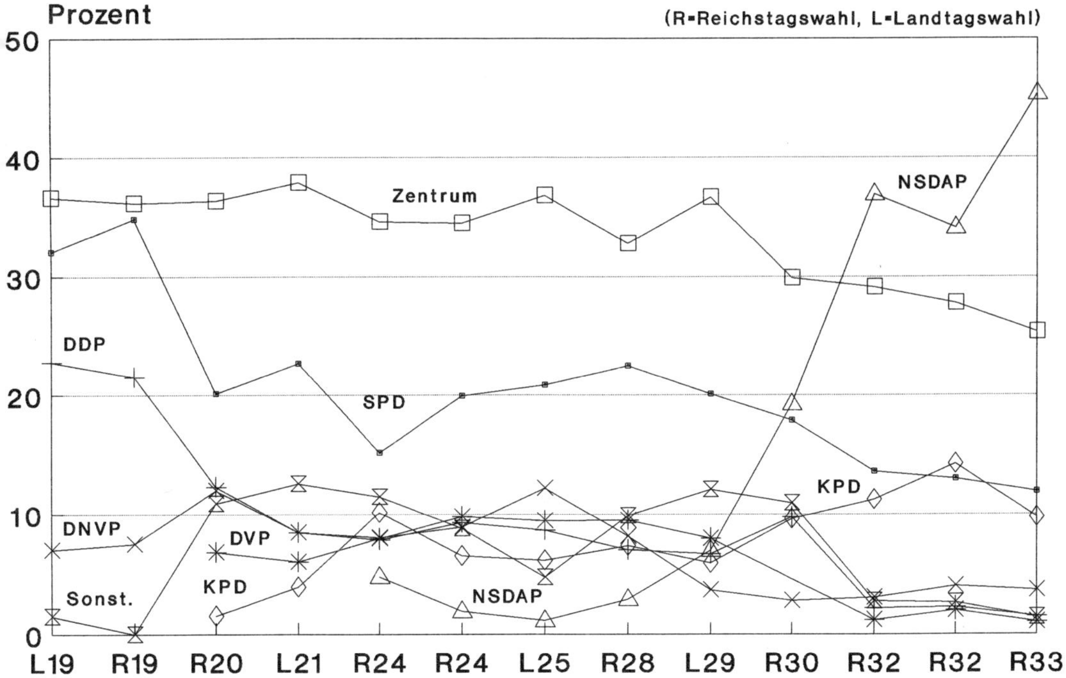

Abb. 7 Ergebnisse der Landtags- und Reichstagswahlen in Baden 1919–1933 (in Prozent der abgegebenen gültigen Stimmen)

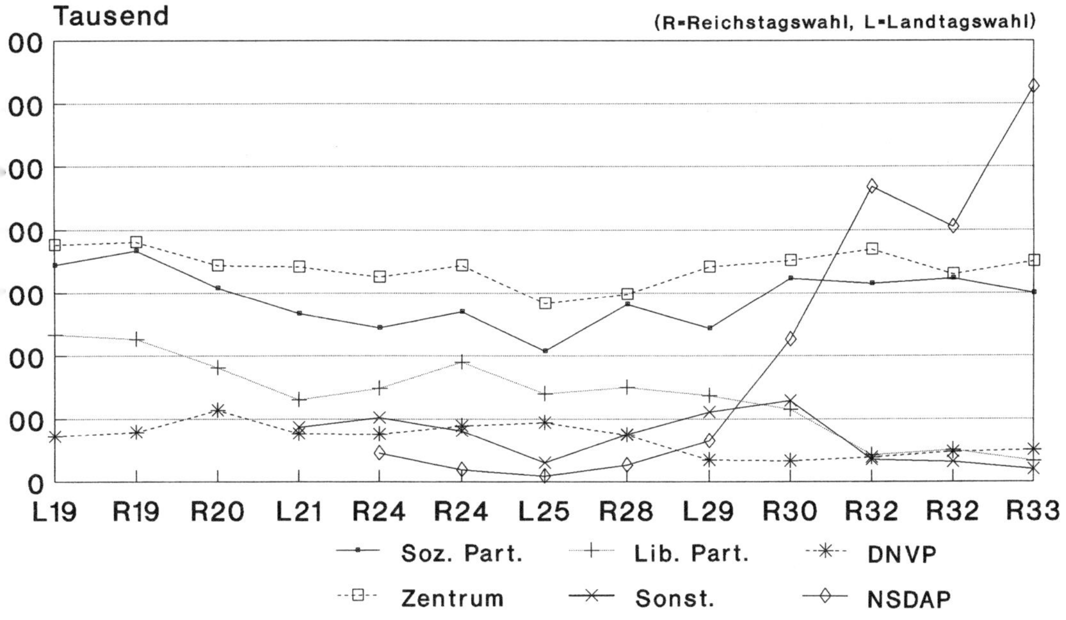

Abb. 8 Ergebnisse der Landtags- und Reichstagswahlen in Baden 1919–1933 (in absoluten Zahlen)

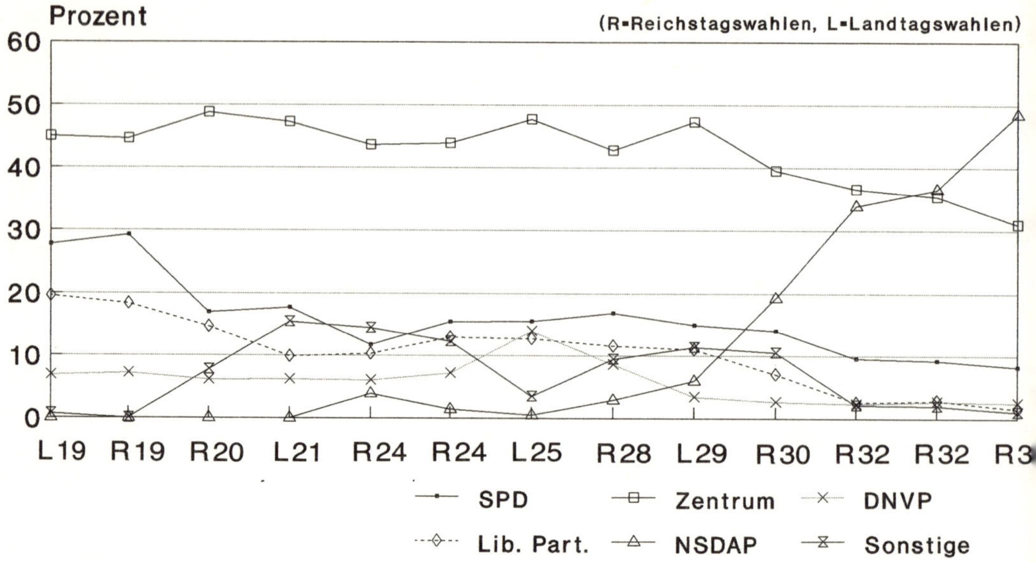

Abb. 9 Landtags- und Reichstagswahlen in Landgebieten 1919–1933 (in Prozent der abgegebenen gültigen Stimmen)

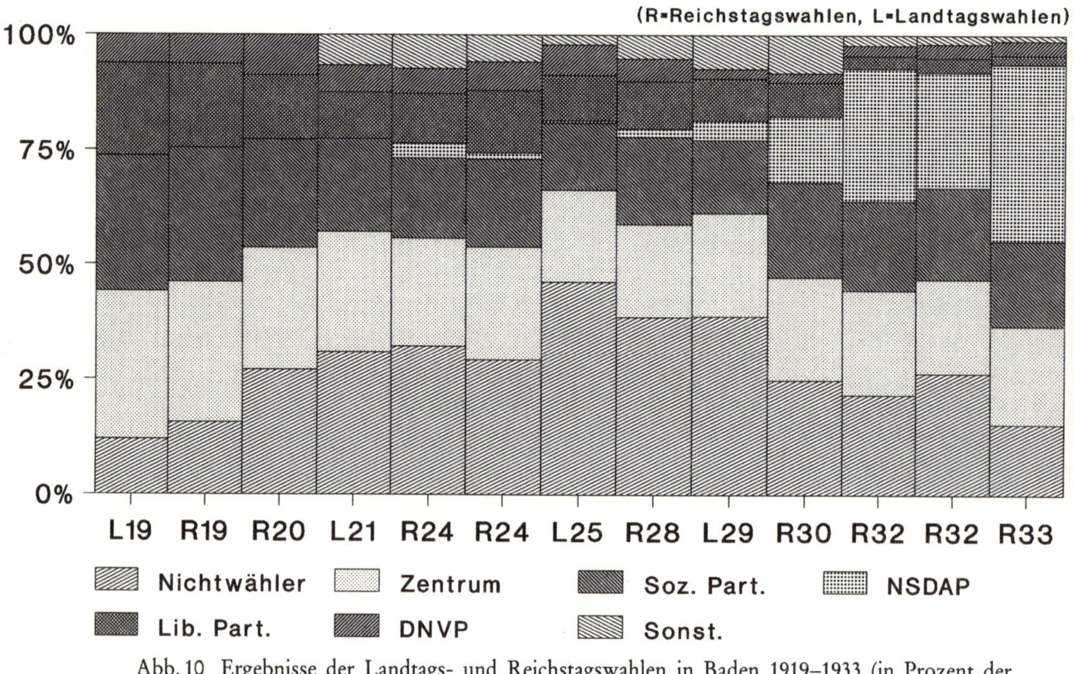

Abb. 10 Ergebnisse der Landtags- und Reichstagswahlen in Baden 1919–1933 (in Prozent der Wahlberechtigten)

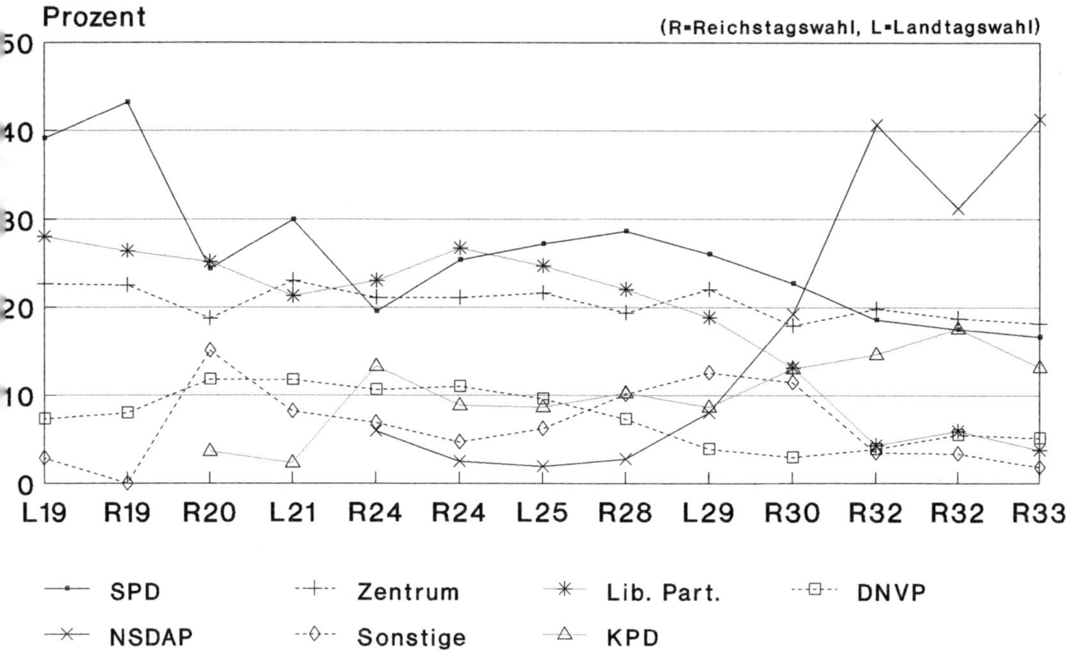

Abb. 11 Wahlergebnisse in badischen Städten 1919–1933 (in Prozent der abgegebenen gültigen Stimmen)

Honoratioren, ein großer Teil der städtischen liberalen Wählerschaft mit fliegenden Fahnen zur Deutschnationalen Volkspartei über. Mit Ausnahme der Wahlen von 1925 und 1928 – 1925 hatte sich die DNVP mit dem Landbund zum »Badischen Rechtsblock« zusammengeschlossen – trugen die städtischen Wähler stets weit überproportional zum Stimmenaufkommen der DNVP bei[65]. Die enge Verzahnung zwischen Landesregierung und nationalliberaler Partei bis 1918 war, wie sich nicht nur daran zeigt, im Grunde die letzte Klammer gewesen, die das liberale Milieu in Baden vor dem Umbruch von 1918/19 noch zusammengehalten hatte.

Insgesamt waren die Städte schon seit der Jahrhundertwende keine unangefochtenen Domänen des Liberalismus mehr gewesen; der Aufstieg der Sozialdemokratie war jedoch vor allem ein Resultat des geänderten Wahlrechtes und hatte die liberalen Milieus als solche nicht dezimiert. Nach 1918 aber verlor der badische Liberalismus rasch auch seine Vormachtstellung bei der bisherigen liberalen Stammwählerschaft in den Städten. Die Anfälligkeit der städtischen liberalen Milieus für die Parolen der Rechten zeigte sich schon bei den ersten Wahlen der Weimarer Zeit, auch die ersten Wahlerfolge der NSDAP in den Jahren 1924 und 1925 resultierten in erster Linie aus

65 Vgl. Abb. 12.

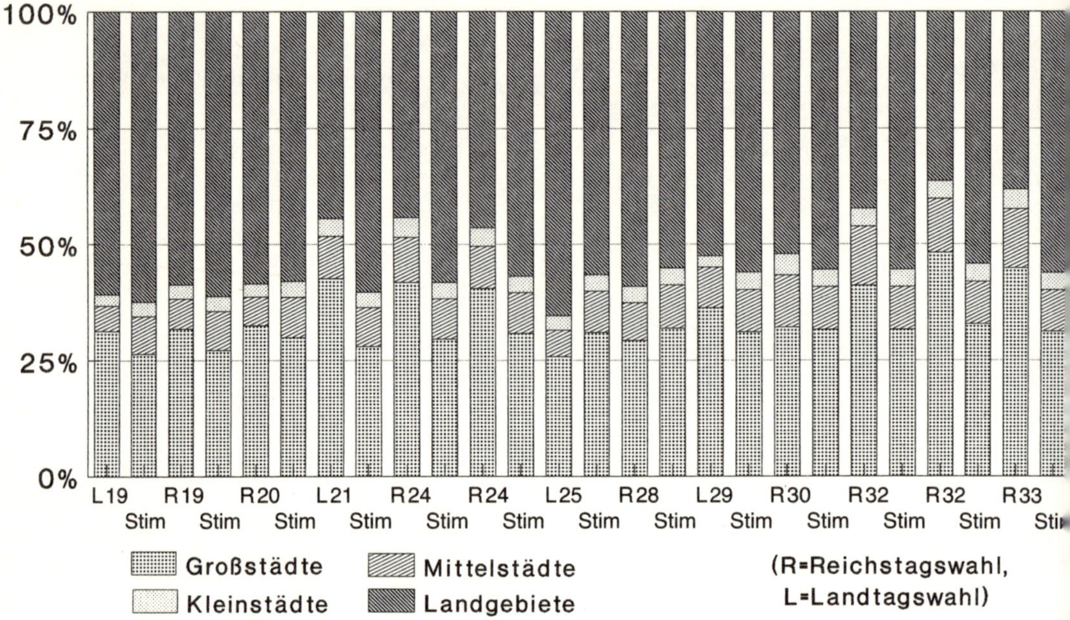

Abb. 12 Herkunft der DNVP-Wähler im Vergleich zum Gesamtstimmenaufkommen (jeweils linke Säule: Herkunft der DNVP-Stimmen, jeweils rechte Säule: Herkunft des Gesamtstimmenaufkommens)

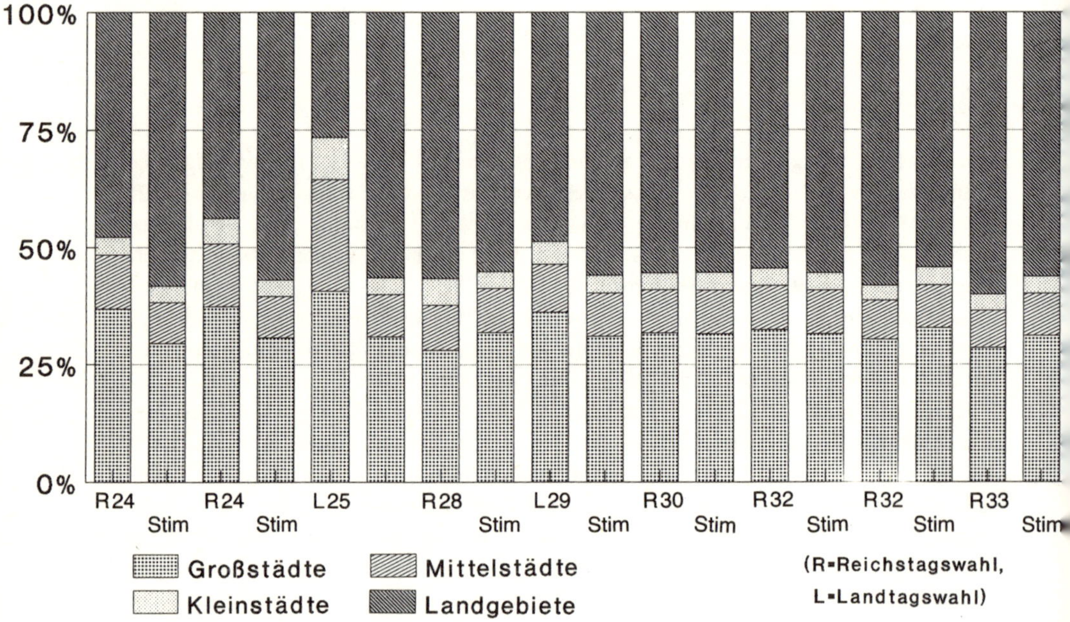

Abb. 13 Herkunft der NSDAP-Wähler im Vergleich zum Gesamtstimmenaufkommen (jeweils linke Säule: Herkunft der NSDAP-Stimmen, jeweils rechte Säule: Herkunft des Gesamtstimmenaufkommens)

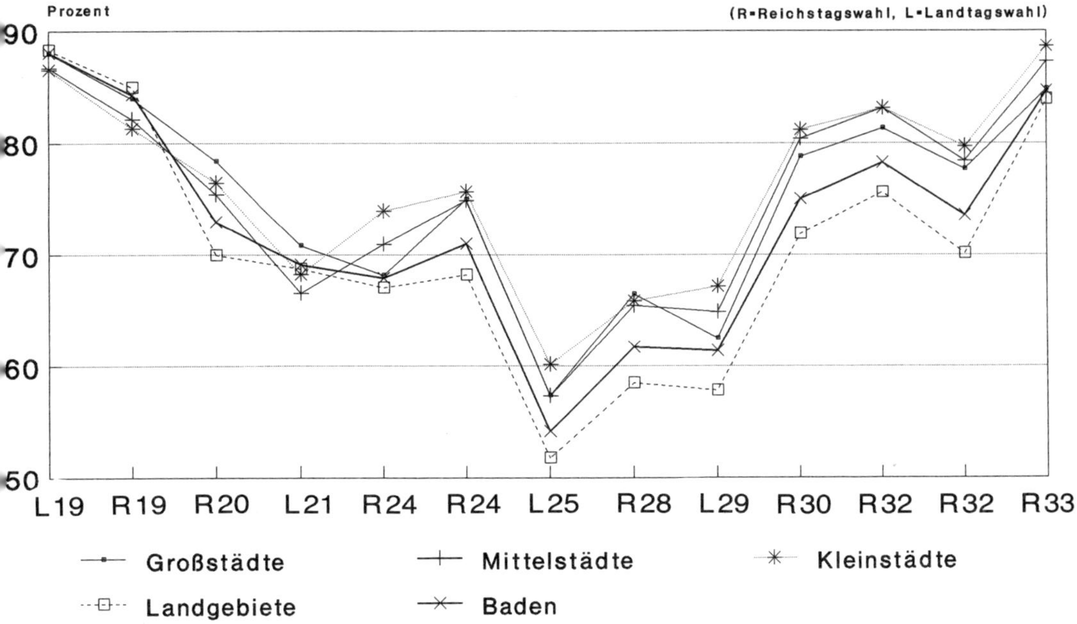

Abb. 14 Wahlbeteiligung in Städten, Landgebieten und in ganz Baden

städtischen Stimmengewinnen[66]. Der schon lange vor 1918 stark national orientierte Liberalismus in Baden hatte in der Mitte der 20er Jahre auch in den Städten seine Integrationskraft zu einem guten Teil verloren[67].

Der bedeutendste »Erdrutsch« scheint dabei in der Zeit zwischen 1924 und 1928 gelegen zu haben: Bei den Landtagswahlen von 1925 sank die Wahlbeteiligung im Vergleich zu den vorangegangenen Reichtagswahlen um rund 17 Prozent[68]; die Zahl der abgegebenen Stimmen lag um etwa 130000 niedriger als bei den Landtagswahlen von 1921 und um knapp 170000 unter der Stimmenzahl bei den Landtagswahlen von 1929. Diese »Freisetzung von Wählern« scheint alle politischen Lager und Städte wie Landgebiete gleichermaßen betroffen zu haben[69], die Verschiebungen schlugen sich

66 Siehe Abb. 13.
67 Dazu Paul ROTHMUND, Kampf um die Macht – Die Blockpolitik in Baden, in: Paul ROTHMUND, Erhard R. WIEHN (Hg.), Die F.D.P./DVP in Baden-Württemberg und ihre Geschichte. Liberalismus als politische Gestaltungskraft im deutschen Südwesten, Stuttgart, Berlin, Köln, Mainz 1979, S. 116–130, hier: S. 124f.
68 Siehe dazu Abb. 14.
69 Für eine in Vorbereitung befindliche Studie über das Wahlverhalten in Baden zur Zeit der Weimarer Republik wurde eine getrennte Untersuchung der Wahlergebnisse in zehn Kleinstädten (Bretten, Eberbach, Kehl, Mosbach, Müllheim, Schopfheim, Schwetzingen, Singen/Htw., Villingen, Waldshut), elf Mittelstädten (Baden-Baden, Bruchsal, Durlach, Emmendingen, Ettlingen, Konstanz, Lahr, Lörrach, Offenburg, Rastatt, Weinheim) und fünf Großstädten (Freiburg,

daher im (relativen) Wahlergebnis so gut wie überhaupt nicht nieder. Das Zentrum gewann zwar rund 60000 Stimmen weniger als bei den Landtagswahlen von 1921 – das entspricht einem Verlust von knapp 18 Prozent –, verschlechterte sich jedoch nur um einen Prozentpunkt von 37,8 auf 36,8 Prozent der abgegebenen Stimmen. Die DDP verlor 14 Prozent ihrer Wähler von 1921, verbesserte aber dennoch ihr Ergebnis um zwei Zehntelpunkte. Die SPD büßte 20 Prozent Wählerstimmen ein, schnitt aber relativ lediglich um 1,8 Prozent schlechter ab als 1921. Alle Parteien mit Ausnahme der Liberalen und der DNVP glichen diese Wählerverluste bis zu den Landtagswahlen von 1929 wieder aus oder gewannen zumindest in beträchtlichem Maße Stimmen hinzu. Mit der wieder steigenden Wahlbeteiligung gelang es ihnen anscheinend, ihr Wählerpotential erneut zu mobilisieren und/oder sich neue Wählerschichten zu erschließen. Vor allem die knapp 100000 badischen Wähler, die sich 1929 für die mittlerweile neu entstandenen Parteien – Wirtschaftspartei, Badische Bauernpartei, Evangelischer Volksdienst – entschieden, dürften das Wiedererstarken von DDP und DVP verhindert und zum Teil auch die Verluste der DNVP verursacht haben. Alle anderen politischen Lager vermochten auch in der Folge rein quantitativ ihren Besitzstand zu wahren: Ungeachtet der relativen Abnahme ihrer Stimmenanteile auf Grund der sprunghaft steigenden Wahlbeteiligung, mobilisierten das Zentrum und die sozialistischen Parteien eine immer größere Zahl von Wählern.

Auf die liberalen Milieus in Baden trifft Lepsius' Entwicklungsprognose mithin weitaus stärker zu als auf das sozialistische und das katholische Milieu, und das zeigt sich vor allem am Niedergang des badischen Liberalismus[70]. Die Entwicklung des Liberalismus bis zur Jahrhundertwende zu einer »städtischen« Parteiengruppe entspräche schon fast klassisch der von Lepsius so bezeichneten »Abstoßung von Marginalgruppen« durch das Milieu[71]; daß sich daran auch nach 1918 und im Rahmen des weiteren Niedergangs des Liberalismus nichts änderte, verdeutlicht eine genauere Betrachtung der Herkunft der liberalen Wählerstimmen[72]. Abgesehen davon, daß der Liberalismus bis 1918 nach wie vor Staatsdoktrin war und eine entsprechende Machtstellung genoß, war ihm um 1910 bereits der Weg hin zu einer Partei vorgezeichnet, die *mehr um die Aufrechterhaltung der Autonomie des Milieus als um dessen Integration in die Gesamtgesellschaft* bemüht war[73]. *Was also den Liberalismus in seinem Grunde*

Heidelberg, Karlsruhe, Mannheim, Pforzheim) sowie in den badischen Landgebieten durchgeführt; die hier referierten Beobachtungen resultieren aus diesen Wahlanalysen. – Allein die DNVP verzeichnete 1925 bescheidene Stimmengewinne, die allerdings ausschließlich aus dem Bündnis mit dem Badischen Landbund herrührten.

70 Vgl. dazu Abbildung 15. Zur Thematik allgemein auch Jürgen THIEL, Die Großblockpolitik der Nationalliberalen Partei Badens 1905 bis 1914. Ein Beitrag zur Zusammenarbeit von Liberalismus und Sozialdemokratie in der Spätphase des Wilhelminischen Deutschlands, Stuttgart 1976 (= Veröff. d. Komm. f. gesch. Landeskd. in Baden-Württ., Reihe B, Bd. 86), bes. S. 141–218. Zur Entwicklung des badischen Parteiensystems während des Ersten Weltkrieges Klaus-Peter MÜLLER, Politik und Gesellschaft im Krieg. Der Legitimitätsverlust des badischen Staates 1914–1918, Stuttgart 1988 (= Veröff. d. Komm. f. gesch. Landeskd. in Baden-Württ., Reihe B, Bd. 109), S. 34 ff. und 136 ff.

71 Lepsius (wie Anm. 2), S. 68.

72 Siehe Abb. 16.

73 LEPSIUS (wie Anm. 2), S. 68.; dazu auch KASCHUBA (wie Anm. 21), S. 105 f.

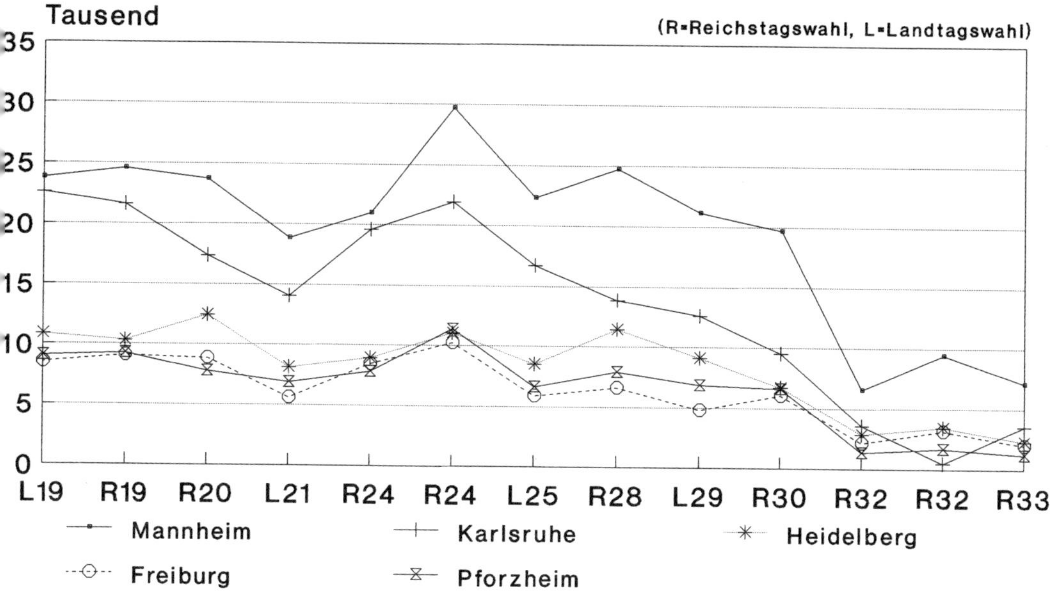

Abb. 15 Stimmenzahlen der liberalen Parteien bei den Wahlen von 1919 bis 1933 in den fünf größten badischen Städten (in absoluten Zahlen)

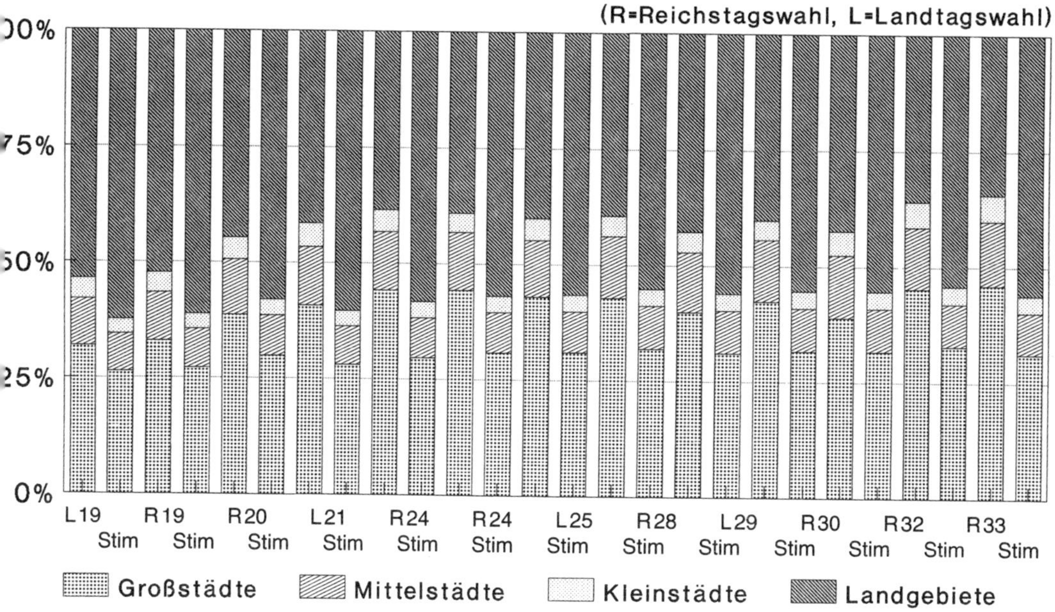

Abb. 16 Herkunft liberaler Wähler im Vergleich zum Gesamtstimmenaufkommen (jeweils linke Säule: Herkunft der Stimmen der Liberalen Parteien, jeweils rechte Säule: Herkunft des Gesamtstimmenaufkommens)

zerstörte, stellte Friedrich Naumann bereits 1901 fest, *ist das Eintreten der Klassenbewegung in die moderne Politik, das Eintreten der agrarischen und der industriell-proletarischen Bewegung, die beide stärker waren als der alte Gedanke des Liberalismus*[74].

Daß die beiden anderen großen politischen Lager zahlenmäßig weitgehend stabil blieben, sagt naturgemäß kaum Exaktes über mögliche Wählerwanderungen aus, zumal nur ungefähr abschätzbar ist, wie vollständig das Zentrum und die sozialistischen Parteien ihre Wählerpotentiale jeweils zu mobilisieren vermochten. Über 65000 badische Wähler votierten 1929 für die NSDAP – sie war damit die viertstärkste Partei im Lande; mindestens 40000 Wähler hatte die »Hitler-Bewegung« damit gegenüber den Reichstagswahlen im Jahr zuvor dazugewonnen. Bei den Reichstagswahlen im Jahr 1930 erreichte die NSDAP mehr als das Vierfache ihrer Stimmenzahl von 1929; bei den ersten Reichstagswahlen des Jahres 1932 war die NSDAP-Stimmenzahl noch einmal mehr als verdoppelt, trotz beträchtlicher Gewinne des Zentrums war die NSDAP nun die mit Abstand stärkste Partei in Baden. Es hat den Anschein, als seien auch in Baden die liberalen und die deutschnational-konservativen Wähler teils direkt, teils indirekt über die Nichtwählergruppe oder die neugegründeten Interessenparteien zur NSDAP gestoßen[75] – die NSDAP wäre also auch im Falle der Republik Baden als »Sammlungsbewegung des bürgerlich-protestantischen Lagers«, als »Volkspartei des Protests« und als »Volkspartei mit Mittelstandsbauch« anzusehen[76]. Eine »Volkspartei« war die NSDAP insofern, als sie »die erste größere Partei der deutschen Wahlgeschichte« war, »die es zustande brachte, die durch die traditionellen soziopolitischen Konfliktlinien

74 Friedrich NAUMANN, Der Niedergang des Liberalismus. Vortrag auf der 6. Vertretertagung des Nationalsozialen Vereins zu Frankfurt a.M. vom 29. September bis 2. Oktober 1901, Berlin 1901, zit. nach dem Abdruck bei Lothar GALL, Rainer KOCH (Hg.), Der europäische Liberalismus im 19. Jahrhundert. Texte zu seiner Entwicklung, Bd. 4, S. 254–276, hier: S. 257.

75 Vgl. FALTER, Wähler (wie Anm. 8), S. 369f. Nach den Wahlanalysen von Jürgen W. Falter und anderen trifft es auch nicht zu, daß die wachsende Arbeitslosigkeit am Ende der Weimarer Republik unmittelbar die NSDAP stärkte oder ihren Aufstieg überhaupt erst ermöglicht hat. Die Arbeitslosen wählten tatsächlich in erster Linie die KPD, den Radikalismus der Linken, nicht den der Rechten oder der Mitte; vgl. FALTER, Wähler (wie Anm. 8), S. 293ff., und DERS, Economic Debts and Political Gains: Electoral Support for the NAZI Party in Agrarian and Commercial Sectors, 1928–1933, in: Historical Social Research 17 (1992), Nr. 1, S. 3–21. – Die neuen Befunde von Jürgen W. Falter und W. Brustein zur Mitgliederstruktur der NSDAP zeigen allerdings, daß die NSDAP in der Arbeiterschaft beträchtlichen Rückhalt besaß: Aus einer Stichprobe von 42000 NSDAP-Mitgliedern der Jahre von 1925 bis 1933 ermittelten Falter und Brustein einen durchschnittlichen Arbeiteranteil von über 40 Prozent; vgl. Jürgen W. FALTER, Michael H. KATER, Wähler und Mitglieder der NSDAP. Neue Forschungsergebnisse zur Soziographie des Nationalsozialismus 1925 bis 1933, in: Gesch. u. Gesellsch. 19 (1993), S. 155–177, hier: S. 177, Anm. 41.

76 FALTER, Wähler (wie Anm. 8), S. 370, 371 und 372. – Oded HEILBRONNER, Der verlassene Stammtisch. Vom Verfall der bürgerlichen Infrastruktur und dem Aufstieg der NSDAP am Beispiel der Region Schwarzwald, in: Gesch. u. Gesellsch. 19 (1993), S. 178–201, hier: S. 200, hat unlängst in ähnlichem Zusammenhang mit Recht die unzureichende Erforschung der »Bolschewismusfurcht« als Einflußgröße betont; ob dieses Phänomen in den größeren Städten, in denen sich die NSDAP eher militanter als die KPD gerierte, eine größere Rolle spielte, müßten regional- oder lokalgeschichtliche Untersuchungen erweisen.

definierten Milieus zu überwinden«[77]. In Baden vermochte die NSDAP für sich auch den Gegensatz zwischen Stadt und Land, zwischen Landwirtschaft und Industrie zu einem guten Teil aufzuheben: Bis zu diesem Zeitpunkt hatten alle politischen Richtungen in Baden entweder vor allem bei den Städtern oder vor allem bei der Landbevölkerung Resonanz gefunden. Der Anteil der großstädtischen NSDAP-Wähler entspricht hingegen fast exakt den Anteilen der Kleinstädte, Mittelstädte, Großstädte und Landgebiete am gesamten Stimmenaufkommen[78]. Die NSDAP mobilisierte generell Wähler aller sozialen Schichten und aller Glaubensrichtungen; sie überwand die Milieus nicht nur, sondern zerstörte sie regelrecht. Auf diese Weise entzog die NSDAP parallel zu ihrem eigenen Aufstieg den konkurrierenden politischen Kräften zunehmend die Basis. Der Liberalismus klassischer Prägung zeigte schon zuvor Auflösungserscheinungen, der Einbruch der NSDAP, der »neuen Volkspartei«, in die Wählerschichten der wirtschaftlich und konfessionell gebundenen Parteien folgte wenig später. Die Basis des Zentrums begann in der zweiten Hälfte des Jahres 1932 zu bröckeln, die Parteien der Linken hielten sich – nach den absoluten Wählerzahlen – am längsten.

V

Die oben skizzierte Entwicklung umfaßt einen Zeitraum von rund 114 Jahren, von denen etwas mehr als 90 Jahre zur allgemeinen Geschichte des Parteiensystems zählen und rund 60 Jahre »Geschichte des Parteiensystems« im engeren Sinne enthalten. Das Parteiensystem, das sich auf Grund eigentlicher gesellschaftlicher »cleavages« bildete, entstand in Baden nach 1860 mit dem Übergang zu einer pseudoparlamentarischen Regierungsweise beziehungsweise mit dem Ende der grundsätzlichen Frontstellung zwischen Parlament und Regierung. Der Aufstieg des Liberalismus zur Staatsdoktrin und der badischen liberalen Partei zur »regierenden Partei« war der Ausgangspunkt der dauerhaften Ausdifferenzierung des politischen und des Parteienspektrums.

Parteien im weiteren Sinne entstanden in Baden erstmals gegen Ende der 1830er Jahre; die badische Regierung schuf sich eine parlamentarische Anhängerschaft in der Zweiten Kammer, die liberale Opposition hielt dagegen, parteilose Abgeordnete gab es

77 Jürgen W. FALTER, War die NSDAP die erste deutsche Volkspartei?, in: Michael PRINZ, Rainer ZITELMANN (Hg.), Nationalsozialismus und Modernisierung, Darmstadt 1991, S. 21–47, hier: S. 45; dazu neuerdings auch Manfred KUECHLER, The NSDAP Vote in the Weimar Republic: An Assessment of the State-of-the-Art in View of Modern Electoral Research, in: Historical Social Research 17 (1992), Nr. 1, S. 22–52.

78 Vgl. Abb. 13. – Auch in Baden bestätigt sich im übrigen Falters Feststellung, daß die Affinität der protestantischen Landbevölkerung zur NSDAP weit höher war als die der katholischen Landbevölkerung; vgl. FALTER, Wähler (wie Anm. 8), S. 260, sowie die Beobachtungen von Clemens ZIMMERMANN, »Die Entwicklung hat uns nun einmal in das Erwerbsleben hineingeführt«. Lage, dörflicher Kontext und Mentalität nordbadischer Tabakarbeiter, in: ZGO 135 (1987), S. 323–358, hier: S. 349ff., für die Gemeinden Reilingen und Hockenheim. – Untersuchungen über das Wahlverhalten in einzelnen badischen Städten liegen bislang kaum vor; siehe etwa zu den Wahlergebnissen von 1932/33 in Heidelberg und Mannheim Herbert HOFFMANN, Im Gleichschritt in die Diktatur? Die nationalsozialistische »Machtergreifung« in Heidelberg und Mannheim 1930 [!] bis 1933, Frankfurt a. M., Bern, New York 1985 (= Sonderveröff. d. StadtA Mannheim, Nr. 9), S. 81–90.

seit dieser Zeit praktisch nicht mehr. Die badische Regierung trat damit zwar als »Partei« auf, verstand ihre Sympathisanten in der Kammer jedoch als reine »Gefolgschaft«. Die Opposition gewann so zunächst zwangsläufig den Charakter eines Sammelbeckens, in dem all jene eine politische Heimat finden konnten, die andere Ziele zu verwirklichen trachteten als die großherzogliche Regierung.

Das änderte sich erst, als die Liberalen zur »regierenden Partei« wurden. Die badische »Neue Ära« von 1860 bis 1866 stärkte die Position der Zweiten Kammer im politischen System des Großherzogtums letztlich zwar nicht; indem sich die badische Regierung der »Neuen Ära« jedoch auf die Mehrheitsfraktion der Zweiten Kammer stützte und sich auch personell aus ihr rekrutierte, wurde die badische Regierungspolitik immer mehr auch »Parteipolitik«. Die Regierungsweise war zwar noch immer alles andere als »parlamentarisch«, sie unterlag jedoch nicht mehr wie in den Jahrzehnten zuvor dem Anspruch, über den divergierenden gesellschaftlichen Interessen zu stehen; das liberale »Programm« wurde zur Meßlatte badischer Regierungpolitik.

Angesichts offen liberalistischer Regierungspolitik war die Formierung einer antiliberalen Opposition letztlich unausweichlich. Die badische Kirchenpolitik der 1860er Jahre traf auf eine bereits in Ansätzen vorhandene »katholische Bewegung«, die in einem Staatswesen mit mehrheitlich katholischer Bevölkerung prädestiniert dafür war, die Rolle der Oppositionspartei zu übernehmen. Die konfessionelle Gliederung Badens wies dieser zunächst einzigen bedeutenderen Oppositionspartei im Grunde von Anfang an die Aufgabe zu, die realen Streitigkeiten entlang der drei bereits wirksamen gesellschaftlichen Konfliktlinien auszufechten. Während der »heißen Phase« des badischen Kulturkampfes standen die kirchenpolitischen Fragen zwangsläufig im Vordergrund; daß sich eine ausschließlich kirchliche Interessenpartei nicht auf die Dauer als einflußreiche politische Kraft etablieren konnte, zeigte sich spätestens um 1880, als der Kulturkampf an Brisanz verlor. Schon zuvor hatten die Wahlergebnisse und nicht zuletzt auch das angesichts einer zu zwei Dritteln katholischen Bevölkerung doch eher geringe Echo der ausschließlich kirchenpolitischen Programmatik gezeigt, daß eine katholische Partei in Baden eine breitere Plattform haben mußte. Mit der Umbenennung der »Katholischen Volkspartei« in »Badische Zentrumspartei« im Jahre 1889 setzte sich der politische Katholizismus durch. Dennoch aber waren die Katholische Volkspartei und nach ihr das Zentrum in Baden ihrem Ursprung und ihrem Wesen nach »der politische Ausschuß des katholischen Sozialmilieus«[79]. Der Konflikt zwischen Staat und katholischer Kirche hatte dieses Milieu konstituiert und politisch aktiviert. Daß sich dieses katholische Milieu in starkem Maße aus der landwirtschaftlichen Bevölkerung rekrutierte und die katholische landwirtschaftliche Bevölkerung insgesamt zu einem sehr großen Teil umfaßte, sorgte dafür, daß sich in Baden die Konfliktlinien zwischen Staat und Kirche mit den Gegensätzen zwischen Stadt und Land beziehungsweise Zentrum und Peripherie zu einem guten Teil deckten.

Dieser Befund verweist darüber hinaus auf ein Grundproblem der Milieutheorie und ihrer Erklärungskraft: Das Milieukonzept läßt bis zu einem gewissen Grade außer acht, daß das Individuum in der modernen Gesellschaft normalerweise mehreren

79 Lepsius (wie Anm. 2), S. 70.

intermediären Gruppen zugeordnet ist[80], zumindest aber unterstellt sie, daß der Loyalitätsanspruch einer intermediären Gruppe an das Individuum dominiert. Selbst landesgeschichtlich wird man nach *den* katholischen, sozialistischen oder liberalen *Milieus* und nicht nur nach *dem* Milieu fragen müssen, wenn man tragfähige Antworten erhalten will[81]. Auf reichsgeschichtlicher Ebene wird man darüber hinaus stärker berücksichtigen müssen, daß insbesondere die süddeutschen Gliedstaaten des Deutschen Reiches schon vor 1871 durchaus eigenständige cleavage-Konstellationen und Parteiensysteme hervorgebracht hatten, die auch nach der Reichsgründung bestehen blieben und das Parteiensystem des Deutschen Reiches nachhaltig beeinflußten. Die Verwendung des flexibleren, damit aber auch unbestimmteren Begriffs des »politischen Lagers«, von Adam Wandruszka für das Österreich der Zwischenkriegszeit entwickelt[82] und von Karl Rohe jüngst auf die Geschichte der deutschen Parteiensysteme angewandt, könnte als Ergänzung des Milieukonzeptes möglicherweise durchaus fruchtbar sein[83].

Die liberale Politik der 1860er Jahre ließ an allen drei Konfliktlinien reale Konflikte entstehen. Daß diese soziopolitischen Konfliktlinien, die die Milieus voneinander abgrenzten, in Baden zunächst kaum wirksam und noch nicht einmal deutlich sichtbar waren, daß der Liberalismus im Parteiensystem ursprünglich durchaus selbst so etwas wie eine »Volkspartei« im weitesten Sinne war und hohe Integrationskraft besaß, lag an dem bis dahin alle anderen cleavages fast völlig überlagernden grundsätzlichen Gegensatz zwischen Parlament und Regierung.

Nachdem das badische Zentrum an drei von vier potentiellen Konfliktlinien die Rolle der Opposition gegen den Liberalismus übernommen hatte, gab es im badischen Parteiensystem nur noch wenig Platz für zusätzliche politische Kräfte von größerem Gewicht, die wesentlichen Positionen waren besetzt. Allein die Sozialdemokratie vermochte noch einen der Grundgegensätze – den zwischen Besitz und Arbeit – zu einer steilen Karriere als neuer politischer Machtfaktor zu nutzen; die Milieus und die zugehörigen Parteien hatten damit – zumindest für rund 20 Jahre – dauerhafte Konturen gewonnen.

Erst der Zerfall der Milieus konnte neue parteipolitisch relevante Konfliktlinien und neue Parteien hervorbringen, und den Anfang machte hier der einst so mächtige badische Liberalismus: Er hatte das badische Parteiensystem begründet und jahrzehntelang fast unangefochten dominiert; als sich die politischen Gegenkräfte formiert hatten, entwickelte sich das liberale Milieu immer mehr zum im eigentlichen Sinne »autonomen« Sozialmilieu. Anders als Gerhard A. Ritter noch 1985 schrieb[84], wird man auch und gerade in den liberalen Milieus der zweiten Hälfte des 19. Jahrhunderts eine Vielzahl der Merkmale vereinigt finden, die Lepsius' Konzept den Sozialmilieus

80 Dazu Best (wie Anm. 3), S. 12.
81 Dazu – bezogen auf die Zentrumspartei – Loth, Soziale Bewegungen (wie Anm. 7), S. 282.
82 Adam Wandruszka, Österreichs politische Struktur. Die Entwicklung der Parteien und politischen Bewegungen, in: Heinrich Benedikt (Hg.), Geschichte der Republik Österreich, Wien 1954 (Ndr. München 1977), S. 289–485, hier: S. 291
83 Siehe Rohe (wie Anm. 48), bes. S. 21 f.
84 Ritter (wie Anm. 9), S. 49.

zuweist[85]. Die von Lepsius erkannte »Abstoßung von Marginalgruppen«[86] führte im konkreten Fall des badischen Liberalismus zu einer augenfälligen Scheidung. Der Liberalismus entwickelte sich um die Wende vom 19. zum 20. Jahrhundert auch äußerlich zu dem zurück, was er im Grunde von Anfang an war, zu einer Partei des städtischen Bürgertums, so sehr sich dieses über die Jahrzehnte auch gewandelt hatte. Nach dem Ende der Monarchie und der Auflösung der liberalen Regierungspartei verlor das liberale Milieu folgerichtig ab der Mitte der 1920er Jahre als erstes seine Stabilität und damit wenig später auch seine Identität; die liberalen Parteien vermochten die divergierenden Interessen des Milieus immer weniger zu integrieren, und es lösten sich immer mehr Marginalgruppen vom liberalen Milieu. Aller Wahrscheinlichkeit nach war es auch das liberale Milieu, in das die NSDAP, die neue »Volkspartei«, zuerst einbrechen konnte. Daß die Katholische Volkspartei beziehungsweise die Badische Zentrumspartei im Grunde erst von dem Zeitpunkt an zu einer bedeutenden politischen Kraft werden konnte, als sie sich von einer Katholischen Volkspartei gleichsam zu einer »Katholischen Bauernpartei« wandelte, verdeutlicht den konstitutiven Charakter des Interessengegensatzes zwischen Stadt und Land, zwischen Landwirtschaft und gewerblicher Wirtschaft, zwischen städtischem Bürgertum und Landbevölkerung. Der NSDAP gelang es als erster Partei überhaupt, diesen Gegensatz zu überwinden, sie vermochte als erste Partei in Baden städtische wie ländliche Wähler gleichermaßen zu mobilisieren.

85 Vgl. Gall, Liberales Milieu (wie Anm. 3).
86 Lepsius (wie Anm. 2), S. 68.

Bürgermeisterkonferenzen im wilhelminischen Deutschland

von Thomas Klein

Als am 5. April 1902 der Ulmer Oberbürgermeister Wagner an repräsentativem Ort, im Schwörhaus seiner Stadt, den Württembergischen Städtetag eröffnete, stellte er mit einem Vergleich des Schwäbischen Städtebundes und des Städtetages dessen Arbeit in einen weiten Zusammenhang. *Damals*, so sagte er laut Protokoll, *seien die Städte souveräne Staaten gewesen, welche über Krieg und Frieden entscheiden konnten und Macht und Ansehen in sich vereinigten. Heute dagegen treten uns in ihnen ziemlich verkümmerte Gebilde entgegen. Damals politische Organismen, welche selbständig sich ihre Verfassung gaben, heute Körperschaften, welche nicht einmal die Erlaubnis für Erstellung eines Gebäudes an einer genehmigten Baulinie zu erteilen befugt seien. Und doch sei es noch ein Zug, welcher den Städten von damals und heute gemeinsam sei: Von den Städten gehe heute noch ein starker Impuls nicht nur auf wirtschaftlichem, sondern auf allen möglichen kulturellen Gebieten aus ... Sie seien die Träger des Fortschritts auf geistigem, sozialem und kulturellem Gebiet. Es sei daher keine unbillige Forderung, daß den Städten auch nach der Seite ihrer Verfassung und Verwaltung wieder die Bedeutung zurückerobert werde, die ihnen zukomme. Möge auch der heutige Städtetag eine Frucht in dieser Richtung reifen lassen!*[1]. Der »Städtetag«, den er damit inaugurierte, war eine reine Bürgermeisterversammlung! Damit ordnet sich das Thema dieses Referats in das Gesamtthema »Vom Städtebund zum Zweckverband« unmittelbar ein.

I

Im April 1907 schrieb der Oberbürgermeister der Stadt Straßburg im Elsaß, Schwander, später letzter Statthalter im Reichsland und noch etwas später Oberpräsident von Hessen-Nassau, sieben Kollegen einen Brief, in welchem er sie *in der Voraussetzung, daß für die Städte* ihres Staates oder ihrer Provinz *eine Vereinigung (Städtetag) besteht zu Beratung gemeinsamer Angelegenheit*, um einen *Abdruck der für die Vereinigung festgesetzten Satzungen* bat, da etwas Vergleichbares für die elsaß-lothringischen Stadtgemeinden in Aussicht genommen sei. Zugleich bat er um Äußerungen, *ob die Bestimmungen sich bisher bewährt haben, bezw. ob und nach welcher Richtung sich ein Bedürfnis zur Abänderung geltend gemacht hat*[2].

Schwander hatte wenige Tage zuvor eine Enttäuschung erlebt und schrieb aus einer

1 StadtA Göppingen, Ablieferung Hauptamt, Sommer 1991, Nr. 1135 (Städtetag). Die Akte ist gleich den meisten hier verwandten Archivalien ohne Foliierung.

2 Strasbourg, Archives municipales C E III –22.– Die Akten über den Städtetag selbst ebd., C E III –23. Schwander griff mit der Einberufung entsprechende Aktivitäten seines Vorgängers Back von 1894 auf, ebd., C E III –22. Zu dem ganzen Komplex demnächst in der Revue d'Alsace mein

gewissen Verbitterung heraus. Der von ihm maßgeblich betriebene und schließlich durchgesetzte erste elsaß-lothringische Städtetag war ein Mißerfolg gewesen. Einberufen zur Diskussion der anläßlich der bevorstehenden Gemeindesteuerreform zu befürchtenden Benachteiligung des kommunalen Grundbesitzes gegenüber dem ländlichen, hatte er sich, wie die Straßburger Presse kritisch bemerkte, in *unfruchtbaren Redereien* festgefahren, so daß man *nicht mehr gut von einem Städtetag, sondern vielmehr von dem Zerrbild eines solchen sprechen* und konstatieren mußte, daß das *Resultat der Versammlungen ... gleich Null* geblieben war[3].

Von alledem abgesehen, war auch in institutioneller Hinsicht die ungleiche Repräsentation der teilnehmenden Städte höchst unbefriedigend gewesen, die ein so bedeutendes Gemeinwesen wie Metz mit einem einzigen Abgesandten und andere, viel unbedeutendere, mit acht, zehn oder mehr vertreten sah.

Schwanders Umfrage bei seinen Amtskollegen fand unterschiedliche Antworten: Während die von Wiesbaden und Münster ohne weitere Bemerkungen Tagungsberichte des Nassauischen beziehungsweise die Satzung des Westfälischen Städtetages übersandten, erwiesen sich die anderen fünf aus Karlsruhe, Stuttgart, Darmstadt, Koblenz und Dresden als sehr viel gesprächiger, indem sie geradezu schroff und in unerwarteter Härte übereinstimmend darlegten, daß bei ihnen Städtetage entweder nie bestanden hätten oder seit längerer Zeit nicht mehr einberufen worden, dagegen Konferenzen von Stadtoberhäuptern an ihre Stelle getreten seien, die sich als ein sehr viel wirkungsvolleres Instrument der Kommunikation zwischen den Städten erwiesen hätten.

Kein Zweifel – dies war Wasser auf Schwanders Mühle. Der erste elsaß-lothringische Städtetag hatte unter anderem beschlossen, sich eine dauerhaftere Struktur zu geben. Die Umfrage Schwanders hatte ihm, dem Oberhaupt der führenden Stadt des Reichslandes, Vorstellungen von Zielen und Formen künftiger Arbeit vermitteln sollen. Doch seine eigenen Erfahrungen wie die seiner Kollegen führten ihn nicht in die Richtung weiterer Städtetage – wie es scheint, blieb in Elsaß-Lothringen der erste von 1907 bis 1918 zugleich der einzige –, sondern in die künftiger Bürgermeister-Konferenzen, wobei ihm das sächsische Vorbild einer, wie er glaubte, einheitlichen Bürgermeisterorganisation wohl als besonders nachahmenswert erschien.

So fragte er im April 1908 – die seit dem Städtetag verflossene Zeitspanne spricht für sich – bei einer Reihe von Städten des Reichslandes an, ob sie, gleich ihm, an einer derartigen Institution Interesse besäßen. Der Wunsch nach stärkerer Kommunikation auf der Grundlage *einer festen Organisation unter den Städten unseres Landes* sei als solcher 1907 eindeutig ausgesprochen worden und unbedingt als sinnvoll zu akzeptieren. Die Umfrage allerdings, *wie sich die bestehenden Städtetage in der Praxis bewährt hätten*, habe ihm *die Überzeugung beigebracht, daß Städtetage, zu denen die Gemeinderäte [Stadtverordneten] Vertreter entsenden, sich nicht bewährt haben – alle diese Städtetage kranken daran, daß endlose Reden ohne jede Sachkenntnis zum Fenster hinaus gehalten werden. Wie auf dem Städtetag im April* [1907] *ereignet es sich überall, daß bei den Beschlußfassungen die abstimmungsberechtigten Vertreter einer und dersel-*

Aufsatz: »Städtetage und Bürgermeisterkonferenzen im Reichsland Elsaß-Lothringen« mit allen Nachweisen.

3 Straßburger Bürger-Zeitung vom 15. 4. 1907.

ben Stadt je nach politischer Richtung verschieden abstimmten und damit *das Abstimmungsergebnis meist ohne besondere Bedeutung* sei mit der Folge, daß es *von den Regierungen auch fast regelmäßig ignoriert* werde – alles Formulierungen, die Schwander dem Schreiben seines Kollegen Morneweg aus Darmstadt entnommen hatte.

So schlug Schwander den Städten des Reichslandes beziehungsweise deren Oberhäuptern *als guten Ersatz für einen Städtetag ... eine Bürgermeister-Vereinigung, wie sie in Sachsen besteht*, vor, eine die Beteiligung der Gemeinderäte (Stadtverordneten) ausschließende, nur die amtierenden Bürgermeister und Beigeordneten umfassende Konferenz *zum Zweck der Beratung von städtischen Angelegenheiten* mehr *informatorischen Charakters*, womit diesmal eine Formulierung des Dresdener Oberbürgermeisters Beutler aufgegriffen wurde. Der Entwurf einer »Geschäftsordnung für die Vereinigung der elsaß-lothringischen Bürgermeister« lag bei. Die Vereinigung sollte bei Bedarf zusammentreten und *Bürgermeister und Beigeordnete der Gemeinden von 25.000 und mehr Einwohnern sowie der gleichgestellten Gemeinden* vereinigen, wobei jeder Anwesende eine Stimme haben sollte. Die laufenden Geschäfte hatte ein auf drei Jahre gewählter Ausschuß von fünf Mitgliedern zu leiten, der sich einen Vorsitzenden und dessen Stellvertreter aus seiner Mitte bestellen sollte[4].

Obwohl das Echo aus den elsaß-lothringischen Kommunen mehrheitlich positiv ausfiel – nach den vorliegenden Antwortschreiben sprachen sich 13 Städte dafür aus (darunter die bedeutendsten, nämlich Metz, Diedenhofen und Saargemünd in Lothringen, Hagenau, Zabern, Schlettstadt, Colmar und Mülhausen im Elsaß) und zwei unentschieden, während sieben nicht geantwortet zu haben scheinen –, blieb wohl auch dieser Anlauf Schwanders ohne weitere Auswirkungen. In den Straßburger Akten jedenfalls findet sich kein Hinweis auf weitere Städtetage oder Bürgermeisterkonferenzen, wie sie hier vorgeschlagen worden waren.

Blieben Straßburgs Sammlungsbemühungen somit ohne greifbares Ergebnis -- die großen Städte waren ohnehin im Landesausschuß des Reichslands vertreten –, so wurden sie doch der Anlaß zur Gründung eines Verbandes der mittleren Städte Elsaß-Lothringens, wie er im Juli 1907 erstmals in Schlettstadt zusammentrat; Vorbild war der badische Verband der Mittelstädte. Angeregt und geleitet von Bürgermeister Götel/Markirch (Ste. Marie aux Mines) vermochte der Verband eine bedeutendere Tätigkeit nicht zu entfalten und wandelte sich schnell in eine Bürgermeisterkonferenz um, die sich mit Aktivitäten bis 1914 sowie (nach der Festsetzung Götels im Zusammenhang mit Kriegsvorgängen im Gebiet 1914) in Spuren bis 1918 nachweisen läßt und schließlich 1919 unter völlig veränderten Bedingungen in der »Association des Maires d'Alsace et de Lorraine« eine Fortsetzung fand.

Schwanders Aktivitäten und der Niederschlag seiner Bemühungen in den Korrespondenzen mit seinen Kollegen führen in das Zentrum der Fragestellung nach einem bis heute fast unbekannten Netzwerk der Kommunen neben den Städtetagen oder an ihrer Stelle. Städtetag – Bürgermeisterversammlung: ein Spiel mit Worten? Sicherlich nicht, sondern zwei Arten der Kommunikation zwischen Gemeinwesen, welche die Beteiligten sorgfältig auseinanderhielten: Der Städtetag als Kommunikationsebene

4 Wie Anm. 2.

relativ offener Art, Treffen ganz unterschiedlicher Repräsentanten der Kommunen, nämlich von (Ober)Bürgermeistern, Beigeordneten, Stadträten, Stadtverordnetenvorstehern, Stadtverordneten, Deputierten, selbst interessierten Bürgern ohne Mandat, jedenfalls ebenso der Vertreter der das Stadtregiment politisch tragenden Kräfte wie der Opposition, oft auch von Repräsentanten des Staates, und vor allem: öffentlich tagend – auf der einen Seite. Deutlich abgehoben davon die exklusive Bürgermeisterkonferenz –, manchmal, aber keineswegs immer eben noch zugänglich für Beigeordnete und Stadträte, nichtöffentliche Versammlung der Chefs der Exekutiven. Anders ausgedrückt: Die öfter in quasi-parlamentarischen Formen tagende, »Abstimmungen«, zumindest die offene Erstellung von »Meinungsbildern« nicht scheuende Großversammlung als Bühne für teils mehr informatorische, teils mehr programmatische Vortrags- und Diskussionsbeiträge dort, die einerseits hart am Detail arbeitende, andererseits die Intimität der kleinen, abgeschirmt tagenden Gesellschaft zu persönlichen Kontakten nutzende, Konsens suchende und deshalb durch intensiven Diskurs Abstimmungen jeder Art eher umgehende Expertenrunde mit Sach- und vor allem Herrschaftswissen hier. Dabei ist stets vorausgesetzt, daß sich unser Interesse nur auf städtische Gemeinwesen und die aus eigener Initiative zusammentretenden Bürgermeisterkonferenzen bezieht und damit sowohl die Zusammenkünfte von Bürgermeistern der Landgemeinden ausgeschlossen sind wie die auf staatliche Initiative hin einberufenen von Stadtbürgermeistern, wie sie aus verschiedenen deutschen Staaten oder preußischen Provinzen überliefert sind.

Ziebill hat gelegentlich – allzu global – bemerkt, daß für weite Bereiche der Vor- und Frühgeschichte des Deutschen Städtetages in seinen regionalen Vorläufern Material nicht vorhanden sei[5]. Zweifellos ist das unzutreffend, denn das in Stadtarchiven steckende, insgesamt sicherlich eher übergroße Material zu den Städtetagen ist noch nicht ansatzweise gehoben. Beides, die Verborgenheit des Materials und seine bei systematischer Auswertung mit Sicherheit zutage tretende Reichhaltigkeit, gilt verstärkt für die Bürgermeisterkonferenzen. Thema einer wissenschaftlichen Abhandlung sind sie zu keiner Zeit gewesen, da die vielzitierte Deutsche Gemeinde-Zeitung sie nur in den Anfängen registriert, danach aus dem Auge verloren und damit den Anschein hervorgerufen hat, als habe es einen generellen Modellwandel städtischer Kommunikation von der Bürgermeisterversammlung zum Städtetag im eigentlichen Sinne gegeben; nur Engeli hat kurz auf sie aufmerksam gemacht[6]. Und selbst bei den Anfragen an die Archive, die staatlichen wie die kommunalen, deren bereitwillige Mitarbeit hier rühmend hervorgehoben sei, mußte immer wieder – um mit Goethe zu sprechen – zunächst »das Auge sonnenhaft« gemacht werden, um das Licht wahrzunehmen, wobei sich dann der in Straßburg aufbewahrte Briefwechsel hervorragend dazu eignete, das insistierende Nachfragen zum Erfolg zu führen, da die vorgelegte Äußerung eines angesehenen, womöglich des eigenen Stadtoberhaupts nicht als leere Vermutung des Anfragenden abgetan werden konnte. Daß weiterhin »Städtetage« über lange Zeiten ihres Bestehens hinweg tatsächlich als Bürgermeisterkonferenzen exklusive Treffen

5 O. Ziebill, Geschichte des Deutschen Städtetages, Stuttgart und Berlin 1955, S. 9 u. 17ff. (Anmerkungen).

6 Christian Engeli, Zur Geschichte der regionalen Städtetage, in: Archiv für Kommunalwissenschaften 19 (1980), S. 189.

allein der Exekutiven gewesen sind, ohne daß dies bisher auch nur bemerkt worden zu sein scheint, zeigt, wie sehr in der Frage der Kommunikationsnetze zwischen den Gemeinwesen die Forschung am Anfang steht. Der halbprivate Charakter mancher Bürgermeistervereinigungen und ihrer Treffen mochte überdies die lockere Führung der entstehenden Akten und eine großzügige Handhabung ihrer Aufbewahrung angemessen erscheinen lassen.

Daß unter diesen Umständen die über den weiten Raum von Straßburg bis Königsberg und von Oldenburg bis Kattowitz sich erstreckenden Recherchen des Referenten – und dies im ersten Jahr, in dem das überhaupt wieder möglich war – mit Sicherheit unvollständig sind und überhaupt noch einmal manche sogenannten »Städtetage« auf ihre tatsächliche Struktur untersucht werden müßten, bevor eine Arbeit über die Bürgermeisterkonferenzen als abgeschlossen betrachtet werden könnte, wird Verständnis finden.

II

Wir beginnen unsere Übersicht über die Bürgermeisterversammlungen im Gebiet des wilhelminischen Reiches bei Schwanders nächsten Nachbarn, beim Großherzogtum Baden, seinen Städten und Stadtoberhäuptern.

Die Antwort seines Karlsruher Kollegen Siegrist konnte Schwander mit Befriedigung erfüllen, denn er erhielt eine Abschrift der Satzung des Badischen Städtetages von 1880 übersandt *mit dem Anfügen, daß seit einer Reihe von Jahren in Baden kein Städtetag mehr einberufen worden ist. Dagegen finden periodisch – etwa alle zwei Monate – sogenannte Städtekonferenzen, das heißt Zusammenkünfte der Vertreter der Städte der Städteordnung statt, in welchen Gegenstände gemeinsamen Interesses besprochen und einheitliches Vorgehen der Städte verabredet wird. Irgendwelche Satzungen bestehen für diese Konferenzen nicht. Regelmäßig nehmen daran nur die Oberbürgermeister oder deren Stellvertreter teil. Die Geschäftsleitung wechselt jeweils nach einigen Jahren. Der Ort wird für jede einzelne Tagung besonders bestimmt*[7].

Herausgewachsen aus Konferenzen badischer Städte in den siebziger Jahren[8], versehen mit einer Satzung, die ihm am 22. Februar 1880 eine feste Struktur verliehen hatte, vereinigte der Badische Städtetag die *Städte mit Städteordnung*, also jene Kommunen, für die das unter dem 24. Juni 1874 erlassene Gesetz »Besondere Bestimmungen über die Verfassung und Verwaltung der Stadtgemeinden« in seiner novellierten Form vom 16. Juni 1884, »Städteordnung« genannt, zutraf, durch die sie sich *nicht nur von den Landgemeinden, sondern auch von den übrigen ... Gemeinden als eine besondere Art von Stadtgemeinden abheben, als Städte im Rechtssinn.* Dies waren außer den ursprünglichen von 1874 (Karlsruhe, Mannheim, Freiburg, Heidelberg, Pforzheim, Konstanz und Baden-Baden) seit 1876 noch Bruchsal, 1889

7 Wie Anm. 2.

8 StadtA Freiburg i. Br. C 2. 51/10. – Außer dem StadtA Freiburg besitzt das in Baden-Baden (siehe Anm. 10) Materialien zu den badischen Bürgermeisterkonferenzen. Dagegen erstatteten das GLA Karlsruhe und die StadtA Heidelberg, Karlsruhe und Pforzheim Fehlanzeige.

Lahr und 1903 Offenburg, also schließlich zehn nach Größe und Bedeutung höchst unterschiedliche Gemeinwesen[9].

Zunächst entsprechend dem Statut alljährlich zusammentretend und in öffentlicher Sitzung beratend, versammelte sich der Städtetag des Badischen Städteverbandes schon seit den frühen neunziger Jahren nicht mehr regelmäßig, sondern in wachsenden Abständen, und tagte 1897 mit 37 Vertretern aus den damals neun Städteordnungsstädten zum letzten Mal als eigentlicher Städtetag im Sinne der obigen Definition. Vor allem der sehr gute Bestand des Stadtarchivs Baden-Baden, 1872 mit den Vorbereitungen eines Badischen Städtetages nach dem Vorbild des Mitteldeutschen Städtetags, auf den ausdrücklich Bezug genommen wird, einsetzend, in sechs Bänden bis 1919[10], in weiteren darüber hinausführend, läßt gut erkennen, wie neben den Vollversammlungen seit dem Mai 1895 Konferenzen der Stadtoberhäupter (Oberbürgermeister und Bürgermeister) einsetzen, die bald als »Oberbürgermeister-«, bald als »Städtevertreter-Konferenzen« firmieren. Fünf- bis sechsmal im Jahr zunächst in Karlsruhe, dann in Baden-Baden, seit 1907 in Freiburg, zuletzt seit 1913 in Pforzheim zusammentretend, die durch ihre Oberbürgermeister Schnetzler, Gönner, Winterer und Habermehl als Vorsitzende jeweils den Charakter von »Vororten« gewannen, scheint bei diesen Treffen das Gesellschaftliche hinter der Arbeit stark zurückgetreten zu sein, auch wenn Einladungen zu Theateraufführungen oder Konzertabenden am Tagungsort nicht völlig fehlten.

Den Zustand schilderte am Neujahrstag 1910, drei Jahre nach Siegrists Auskunft, Oberbürgermeister Winterer/Freiburg auf Anfrage von außen her ausführlicher und mit Begründungen, die Siegrist seinem Straßburger Kollegen nicht gegeben hatte[11]. Für Winterer war der Übergang vom Städtetag zur Bürgermeisterkonferenz nicht zufällig erfolgt, sondern besaß zwingende innere Gründe. So hätten sich *die Fragen, welche für die Städte von gemeinschaftlichem Interesse sind, … mit der Zeit derart vermehrt, daß eine Beratung derselben auf einem alljährlich abzuhaltenden Städtetag ihren Zweck nicht mehr erfüllt haben würde. Und so ist mit der Zeit aus dem Städtetag die nichtöffentliche Oberbürgermeisterkonferenz entstanden. Denn die Oberbürgermeister beziehungsweise die von diesen beauftragten oder vom Stadtrat beigegebenen Stellvertreter oder sonstigen Kollegialmitglieder halten nämlich schon seit vielen Jahren je nach Bedarf, neuerdings regelmäßig alle zwei Monate Konferenzen ab, in welchen die die Städte gemeinsam berührenden Fragen beraten werden. Bis zum Jahre 1907,* so immer noch Winterer, tagten diese Konferenzen *fast regelmäßig in Baden-Baden, welche Stadt als Vorort betrachtet wurde*, dann ging diese Aufgabe nach dem Tod des Oberbürgermeisters Gönner an die Stadt Freiburg beziehungsweise ihren Oberbürgermeister über, deren Archiv somit ebenfalls für unsere Frage von Bedeutung ist. Um 1910 und bis zum Ende des Ersten Weltkriegs existierte kein eigenes Büro, sondern wurden die Aufgaben *vom Personal in den Stadtratskanzleien mit erledigt.* Diese umfassende Auskunft

9 W. Walz, L. Landmann, J. Ehrler, Großherzogtum Baden. Leipzig 1906 (Verfassung und Verwaltungsorganisation der Städte. Bd. 4. H. 3. – Schriften des Vereins für Socialpolitik 120).

10 StadtA Baden-Baden 26–11/110–115.

11 StadtA Freiburg i. Br. C 3. 281/5.

Winterers bestätigte also Siegrists Ausführungen, und ein Blick auf die Anwesenheitslisten schafft Klarheit darüber, daß im wesentlichen stets nur die Oberbürgermeister an den Verhandlungen der auch bald so genannten »Städtekonferenz« Anteil hatten.

Kurz nach Winterers Auskunft geriet die badische »Städtekonferenz« in das Kreuzfeuer der öffentlichen Kritik. Auf Anforderung von Regierung und Landständen hatte sie zu Anfang des Jahres 1910 zu einem sehr frühen Zeitpunkt, der eine öffentliche Diskussion noch untunlich erscheinen ließ, ein vertrauliches Gutachten zu einem demnächst dem Landtag vorzulegenden Gesetzentwurf für eine Städteordnung erstellt, ohne sich dabei der Zustimmung der Kollegialorgane ihrer Kommunen versichert zu haben. Vor allem in sozialdemokratischen, doch durchaus auch in liberalen Kreisen vermutete man eine Konspiration mit dem Ziel, die Stellung der Oberbürgermeister auf Kosten des Stadtrats zu verbessern; die mangelnde Vertretungskompetenz der Bürgermeister für ihre Städte wurde also stark herausgestellt. Die Stadtoberhäupter hatten alle Mühe, die Dinge zurechtzurücken – hierzu besonders wieder die Akten des Stadtarchivs Freiburg[12] –, indem sie auf den privaten (»freiwilligen«) Charakter der Beratungen hinwiesen und künftig auf die Bezeichnung »Städtekonferenz« verzichteten. Mit Hinweis auf den intim-vertraulichen Charakter ihrer Beratungen lehnte es die nun wieder als »Oberbürgermeisterkonferenz« tagende Arbeitsgemeinschaft Ende 1910 ab, dem Deutschen Städtetag, wie erbeten, ihre Beschlüsse zuzuleiten oder auch die Deutsche Städte-Zeitung zum Organ des Badischen Städteverbandes zu erklären.

Die recht vollständige Serie der Einladungsschreiben und Protokolle sowie des begleitenden Materials – Vorschläge zur Tagesordnung, Wünsche zur Abänderung des Programms, Ab- oder Zusagen –, wie sie sich in Baden-Baden erhalten hat, läßt alle Einzelheiten der Arbeit der Konferenzen erkennen, die in ihrem Charakter von dem auch sonst Feststellbaren nicht wesentlich abgewichen sein dürften.

Die geschilderten Verhältnisse erhielten sich fast bis zum Ende des hier zu berücksichtigenden Zeitraums. Noch 1917 wurde eine Anregung, einen Badischen Städtetag im eigentlichen Sinne einzurichten, mit dem Hinweis auf die Satzung von 1880 beantwortet[13]. Dann entschloß man sich aber 1918, kurz vor Kriegsende, doch noch zu einer Neugründung beziehungsweise Reaktivierung des »Verbandes der Badischen Städte mit Städteordnung« (oder »Verbands der Städteordnungs-Städte«) mit einem festen Vorstand, einem aus dessen Mitte gewählten Vorsitzenden und einer Geschäftsstelle, welche Ende des Jahres von den städtischen Kollegialorganen der beteiligten Städte akzeptiert wurden[14]. Damit änderte sich der Charakter auch der Versammlungen von Grund auf.

Im Falle Badens stellt sich somit die Konferenz der Oberbürgermeister als Ersatzorgan für einen angesichts wachsender Geschäfte nicht mehr ausreichenden Städtetag der größeren Gemeinwesen dar, an dessen Stelle die zweimonatliche Expertenkonferenz der Stadtoberhäupter die gewachsenen Aufgaben interkommunaler Kontakte besser erfüllt, bis das Ende der alten Verhältnisse 1918/19 auch hier zu Veränderungen zwingt.

12 Wie Anm. 11.
13 Ebd.
14 StadtA Freiburg i. Br. C 3. 281/4.

Neben den Städteverband der Städteordnungsstädte und seine Oberbürgermeisterkonferenzen war allerdings schon 1895 ein laut Satzung im Stil eines offenen Städtetages im eigentlichen Sinne organisierter »Verband der mittleren badischen Städte« getreten, also jener ohne Städteordnung, aber mit mehr als 4000 Einwohnern, sowie der Kreis- und Amtsstädte, der zu Anfang 28 und 1906 schon 62 Verbandsstädte umfaßte und regelmäßig den »Städtetag der mittleren Städte Badens« oder, da selbst auch als »Städtebund« bezeichnet, den »Städtetag des Badischen Städtebundes« abhielt. Anders als der »Städteverband« führte der »Städtebund« seine Versammlungen regelmäßig, in der Öffentlichkeit, mit Bürgermeistern, Stadträten und Stadtverordneten und unter Erstattung eines Jahresberichts durch. In den zwanziger Jahren, besonders 1923 und 1930, fanden Verhandlungen zwischen Städteverband und Städtebund statt, ohne aber wohl zu einem positiven Abschluß zu gelangen[15].

1907 schlossen sich schließlich die Kleinstädte und Landgemeinden in Baden zu dem »Landesverband badischer Land- und kleinen Stadtgemeinden« zusammen, der später als »Verband badischer Gemeinden« firmierte. Bis zum Ende der Weimarer Republik währte das Nebeneinander der drei Verbände, wobei noch nicht ganz geklärt ist, ob und inwieweit die beiden zuletzt genannten zusätzlich noch Bürgermeisterkonferenzen ausbildeten[16].

III

Nicht sehr unterschiedlich von der Antwort Siegrists lautete diejenige, welche 1907 anstelle seines Oberbürgermeisters der Stuttgarter Stadtrat Stockmayer der Anfrage aus Straßburg über den Württembergischen Städtetag erteilte. Hier hieß es: *Die … Vereinigung … heißt sich zwar Städtetag, bedeutet aber keinen solchen Städteverband wie andere Verbände, die sich auch jene Bezeichnung beilegen. Es handelt sich vielmehr dabei lediglich um periodische Konferenzen der Stadtvorstände. An diesen nehmen seit Jahren* – seit 1897 – *die Stadtvorstände aller württembergischen Städte von mehr als 10000 Einwohnern (nicht bloß, wie ursprünglich, von mehr als 15000 Einwohnern) teil. Im Jahr 1902 ist der Versuch gemacht worden, den Charakter der Vereinigung im Sinn anderer eigentlicher Städtetage zu ändern. Der Versuch ist aber (vor allem infolge Widerstands der Stadt Stuttgart) gescheitert.* Zugleich übersandte Stockmayer eine Abschrift jener Vereinbarung von 1897, die *noch heute die Grundlage des Städtetags bildet*[17]. Was Stockmayer hier meldete, fügt sich zum Bild mit Hilfe der Bestände der

15 Ebd., C 3. 281/7. Über diesen Städtebund mit 1895 39 und 1920 71 Städten siehe die Autobiographie seines Gründers und langjährigen Leiters, des Bürgermeisters von Eberbach, John Gustav Weiss, Lebenserinnerungen eines badischen Kommunalpolitikers, Stuttgart u. a. 1981, S. 83 ff. mit der sachkundigen Anm. 182 des Herausgebers Jörg Schadt. Neuerdings siehe jetzt: R. Lenz: Dr. J. G. Weiss und der »Städtetag der mittleren Städte Badens«. In: Eberbacher Geschichtsblatt 1993. Dazu umfängliche Materialien im StadtA Eberbach. – Zum geplanten Zusammenschluß beider Verbände siehe StadtA Offenburg, STAD 5/1504. Dies Archiv enthält auch weitere Materialien zum Städteverband, dem die Stadt angehörte.

16 Ebd., C 3. 281/4.

17 Wie Anm. 2.

Stadtarchive Stuttgart (die den ganzen Zeitraum abdecken), Göppingen (für die Jahre 1896–1906) und Esslingen (für 1896/97)[18].

Aus den Esslinger Akten ergibt sich, daß im Dezember 1896 in dieser Stadt eine Versammlung von etwa 30 Ortsvorstehern aus dem ganzen Lande zusammentrat – *hinauf bis Friedrichshafen, hinunter bis Heilbronn* –, um eine gemeinsame Stellungnahme zu einer von der Regierung geplanten Steuerreform zu erarbeiten, welche die kommunalen Finanzen stark berühren sollte, und daß diese Versammlung die Gründung eines Württembergischen Städtetages anregte.

Was da indessen ein Vierteljahr später, im März 1897, in der Landeshauptstadt unter dem Vorsitz des Stuttgarter Oberbürgermeisters Rümelin im Rathaussaal erstmals zusammentrat[19], dürfte den Vorstellungen der in Esslingen vereint gewesenen Stadtvorstände kaum entsprochen haben. Das neue Gremium vereinigte nicht das breite Spektrum der württembergischen Städte, wie das die Esslinger Versammlung weitgehend getan hatte, stellte auch keinen eigentlichen Städtetag dar, sondern faßte nur die Oberhäupter der acht Städte des Landes mit über 15000 Einwohnern zusammen: Stuttgart, Heilbronn, Ulm, Cannstatt, Esslingen, Ludwigsburg, Göppingen und Schwäbisch Gmünd. Außerdem war der Charakter der Versammlung betont exklusiv, wie die am 14. März 1897 verabschiedete Plattform feststellte. Sie wolle sich *von Zeit zu Zeit zur Wahrung und Förderung gemeinsamer Interessen* versammeln, hieß es dort. *Ihre Beratungen haben nur den Zweck eines Meinungsaustauschs: sie sollen in Angelegenheiten, die die Rechte und das Wohl der württembergischen Gemeinden betreffen, Anregungen geben und vermitteln und unter Umständen ein gemeinschaftliches oder doch gleichartiges Vorgehen ... ermöglichen und vorbereiten. Beschlüsse werden nicht gefaßt. Dem informatorischen Charakter der Beratungen entsprechend, ist die Öffentlichkeit dabei ausgeschlossen.* Den Vorsitz sollte der Vorstand der jeweils gastgebenden Stadt haben, *bis auf weiteres ... Stuttgart.* Mindestens eine Sitzung im Jahr war vorgesehen[20].

Unverbindlichkeit der Beratung, Exklusivität der Teilnehmer, Ausschluß der Öffentlichkeit, einstweilen ständiger Vorsitz des Stuttgarter Oberbürgermeisters, das waren die Bedingungen, ohne deren Einlösung es nach dem Willen der Hauptstadt überhaupt keine Zusammenkünfte gegeben hätte, da sie »Überstimmung« befürchtete und auf ihre besonderen Rechte und Interessen verwies. Dieser »Städtetag« war und blieb ganz betont eine Oberbürgermeisterversammlung. Gewiß ließ man die Teilnahme

18 StadtA Stuttgart Dep. A, B VIII 1, Bd. 1 b Nr. 5 und Bd. 10 Nr. 52. – StadtA Göppingen (wie Anm. 1). – StadtA Eßlingen Gemeinderatsprotokolle vom 3. und 10. 12. 1896, 7. 10. und 23. 12. 1897 sowie Neues Tagblatt vom 7. 12. 1896. – Esslinger Zeitung vom 8. 12. 1896. – Tagblatt der Stadt Eßlingen und Umgebung vom 9. 12. 1896. – Anfragen nach Materialien zum Thema wurden vom HStA Stuttgart sowie von den StadtA Ludwigsburg, Reutlingen und Ulm negativ beantwortet.

19 Wie Anm. 18, bes. nach der Göppinger Akte.

20 Wie Anm. 2. Auf die terminologische Problematik des in den bezüglichen Unterlagen vorhandenen Nebeneinanders von Schultheiß/Stadtschultheiß einer- und Bürgermeister/Oberbürgermeister andererseits – letztere wurden erst mit der Württembergischen Gemeindeordnung eingeführt, worauf mich Martin Mundorff in Göppingen aufmerksam gemacht hat –, sei hier nicht weiter eingegangen. Dazu z. B. Göppinger Zeitung v. 7. 8. 1928.

von *besoldeten Stadträten* und persönlichen Vertretern zu, vermochte aber doch die Feststellung nicht zu unterlassen, daß *dem Hauptcharakter nach … die Versammlung indessen eine Versammlung von Stadtvorständen sein* solle[21].

Offen ließ man im März 1897 nur die 15000– oder 10000-Einwohnergrenze und lud seit dem Dezember des Jahres mit Tübingen, Tuttlingen und Ravensburg auch die Kommunen mit 10000 bis 15000 Einwohnern ein, zu denen im Laufe der Jahre bis 1913 nach und nach Reutlingen, Heidenheim, Schwenningen, Feuerbach bei Stuttgart, Aalen, Zuffenhausen, Ebingen, Geislingen und Plochingen traten[22].

Die von Stuttgart durchgesetzten Einschränkungen blieben eine Belastung bis an das Ende des Ersten Weltkrieges. 1902, nachdem Stuttgart »gemauert« und zwei Jahre lang satzungswidrig überhaupt keinerlei Einladungen ausgesprochen hatte, vom Oktober 1899 bis zum April 1902, kam es unter Führung von Ulm und besonders Heilbronn (Oberbürgermeister Hegelmaier) im Mai in Heilbronn zur Palastrevolution und zur Vorlage eines neuen Satzungsentwurfs, der zwar angenommen, aber doch nicht wirksam wurde, so daß das Problem weiterhin bestand[23]. 1913 nahm sich die Presse des »Städtetags« an, der auch selbst die Diskussion neu eröffnete. Erneut scheiterte ein *Statutenentwurf im Sinn der Vorschläge von Heilbronn und Ulm vom Jahre 1902 an dem Widerspruch Stuttgarts*, das wiederum seine Eigenständigkeit ins Feld führte. Die Hinzuziehung von gewählten Gemeindevertretern und die Öffentlichkeit der Verhandlungen erschienen als die zentralen Punkte des Konflikts, während die Frage der Einwohnerzahl angesichts der zahlreichen Neuaufnahmen jetzt etwas entschärft erschien. Dennoch erwog man 1915 eine 5000-Einwohnergrenze, doch eröffnete erst ein Städtetag vom November 1919, der eine ganze Sequenz von Satzungstagungen nach sich zog, eine reale Chance für Veränderungen. Ausführlich stellte man Vor- und Nachteile des Bestehenden und des Angestrebten gegeneinander: *Die zwangslose informatorische Zusammenkunft der Stadtvorstände allein … ermöglichte eine offene Aussprache und eine sachliche Beratung ohne parteipolitische Erörterungen. Auf der anderen Seite erregte sie Mißtrauen, insbesondere den Verdacht, als ob gegen die Gemeindekollegien gearbeitet werde* – es war der gleiche Vorwurf, wie er 1910 in Baden erhoben worden war. Wie auch immer, so werde tatsächlich *der Städtetag nur als Organisation der Stadtvorstände, nicht der Städte selbst angesehen* mit der mißlichen Folge, daß er *bei den Staatsbehörden nur wenig Berücksichtigung* finde. Auch dies könne durch eine neue Struktur geändert werden. Ein Drittes trete hinzu: Nur mit einer wirklich legitimierten Organisation könnten die Städte den inzwischen mächtig gewordenen Interessenvertretungen der kommunalen Beamten, Angestellten und Arbeiter entgegentreten, was durch die Errichtung einer Geschäftsstelle noch befördert werden dürfte. Dieser Gesichtspunkt war völlig neu; in der Frage des stärkeren Echos bei den Staatsbehörden hatten sich die Oberbürgermeisterkonferenzen als Einrichtungen des Sachverstandes bisher den quasiparlamentarischen Städtetagen gegenüber als wirkungsvoller gesehen, aber dies mochte sich seit 1918/19 geändert haben[24].

21 Ebd.
22 Wie Anm. 18, bes. nach StadtA Stuttgart Bd. 1b Nr. 5.
23 Ebd.
24 Ebd.

Das Ergebnis war die Satzung des Württembergischen Städtetages e.V. vom 11. Februar 1921, welche die Einwohnerzahl der Städte als Grenze ihrer Zulassung aufhob und für die Beteiligung an den Verhandlungen relativierte, indem sie jeder württembergischen Stadt die Teilnahme mit einer beliebigen Anzahl von Vertretern gestattete, doch deren Stimmrechte nach Einwohnerzahl staffelte und den Vorstand in der Weise zusammengesetzt sein ließ, daß dieser *aus den Stadtvorständen, dem Geschäftsführer und je einem weiteren Vertreter der Städte mit über 25 000 Einwohnern sowie aus den Vertretern der Städteverbände* der kleineren Städte bestand, die zu diesem Zweck zu den »Verbänden« zusammengeschlossen wurden[25].

Im übrigen leistete auch die württembergische, als »Städtetag« deklarierte Bürgermeisterversammlung, vor 1918 öfter noch als »Versammlung der Stadtvorstände« bezeichnet, ihre Arbeit, anfangs im Rathaussaal der Hauptstadt tagend, seit dem Stuttgarter Versuch, die Versammlungen zu verhindern, in anderen Städten – so 1902 im Ulmer Schwörhaus, später wieder häufiger in Stuttgart. Die Konzentration der Verhandlungen auf überwiegend nur zwei oder drei Tagesordnungspunkte war ein gewisses Spezifikum, das beiläufig angemerkt sei.

Wie begrenzt auch immer der mögliche Radius der Aktivitäten und der Charakter der Repräsentation sein mochten, so inspirierte dennoch die Ulmer Versammlung vom April 1902 den gastgebenden Oberbürgermeister Wagner zu jenen Worten, die unserem Referat vorangestellt wurden und deren spezielle Zielrichtung jetzt deutlicher geworden sein dürfte.

IV

Über keine Antwort dürfte sich 1907 Oberbürgermeister Schwander mehr gefreut haben als über die seines Darmstädter Kollegen Morneweg, von der er die schärfsten Formulierungen seines folgenden Anschreibens an die elsaß-lothringischen Städte übernahm[26]. Unter Übersendung eines Abdrucks der Satzungen des Städtetags für das Großherzogtum Hessen vom 11. Juli 1893 wollte Morneweg *nicht ermangeln, Ihnen mitzuteilen, daß die Einrichtung, wie sie nach diesen Satzungen geschaffen war, sich durchaus nicht bewährt hat und daß die Oberbürgermeister der größeren Städte deshalb beschlossen haben, solange nicht von irgendeiner Seite eine Anregung erfolgt, den Städtetag nicht wieder einzuberufen. Seit sieben Jahren hat keine Tagung mehr stattgefunden.* In der Sicht Mornewegs krankte *der verflossene Städtetag ... in seiner Verfassung daran: 1.) daß die größeren und die kleineren Städte in einen Städtetag eingepfercht waren* und angesichts der *divergierenden Interessen beider Kategorien* gerade da, *wo die größeren Städte der Schuh drückt, ... die kleineren naturgemäß versagen oder stören* mußten – die *badische Einrichtung zweier Städtetage* erschien ihm von daher *viel zweckmäßiger*, 2.) daß *sämtlichen Stadtverordneten der beteiligten Städte beratende Stimme zustand* – und hier fielen nun die von Schwander dankbar aufgegriffenen Formulierungen von den *endlosen Reden ohne jedes Sachverständnis*

25 Ebd.
26 Wie Anm. 2.

zum Fenster hinaus, von der Zeitverschwendung und den Abstimmungsergebnissen *ohne besondere Bedeutung* mit abweichenden Voten der Vertreter ein und derselben Stadt *je nach politischer Richtung*.

Längst sei man daher zu der Praxis übergegangen, *daß die Oberbürgermeister und eventuell die Beigeordneten der größeren hessischen Städte auf Anregung des einen oder anderen Kollegen zur Besprechung dienstlicher Angelegenheiten in ungezwungener Form sich versammeln, und die Großherzogl. Regierung hat bis jetzt immer die Ergebnisse dieser Besprechungen ... mindestens als wertvolles Material behandelt und denselben stets aufmerksame und wohlwollende Beobachtung zuteil werden lassen. In ähnlicher Weise versammeln sich die Bürgermeister der kleineren Städte*, gelegentlich tage man auf Einladung Mornewegs hin auch zusammen.

Die im Stadtarchiv Mainz erhaltenen Akten[27] stützen die Darlegungen Mornewegs. Die Kette der seit 1891 die Städte mit Städteordnung im Großherzogtum vereinigenden, mit einer Ausnahme jährlich tagenden, seit 1893 mit »Satzungen« versehenen, Mitglieder der kommunalen Legislativen (*Mitglieder der Stadtverordneten-Versammlungen*) und Exekutiven (die *Bürgermeister und Beigeordneten* sowie die *Mitglieder der Verwaltungsdeputationen*) zu gemeinsamer Arbeit vereinigenden Hessischen Städtetage brach nach 1899 ab, als der auf das Jahr 1901 für Worms vorgesehene IX. Städtetag nicht zustande kam, *da es stets an dem Material für Verhandlungen fehlte*, wie der Oberbürgermeister von Worms (das durch die Nichtabhaltung sozusagen zum »Immerwährenden Vorort« geworden war) im November 1903 in einem Schreiben bemerkte, mit dem er eine Neuaufnahme der Städtetage anzuregen sich bemühte. Er scheiterte 1903 damit, so wie dies bei den folgenden entsprechenden Vorstößen der Fall war. 1909 erreichten sie einen Höhepunkt, als auf Initiative der Gießener Stadtverordneten die Vertreter von zehn hessischen Städten in Mainz zusammentraten, um das leidige Thema noch einmal zu erörtern, nämlich die (Ober-)Bürgermeister von Alzey, Bad Nauheim, Bensheim, Bingen, Darmstadt, Friedberg, Gießen, Mainz, Offenbach und Worms. Konkreter Anlaß war die Vorlage eines Entwurfs für ein neues Gemeindeumlagen-Gesetz im Landtag. Zehn Jahre lang war der Städtetag, wie ausdrücklich gesagt wurde, nicht mehr zusammengetreten, sondern durch Bürgermeisterversammlungen ersetzt gewesen. Zu keiner Zeit sei es gelungen, nach dem Vorbild der Städtetage in Hessen-Nassau dem Hessischen Städtetag ein farbigeres Bild und stärkere Anziehungskraft zu geben.

Die Stimmung war negativ, und entsprechend lauteten die Äußerungen der Stadtoberhäupter. Am präzisesten drückte Bürgermeister Kayser/Bad Nauheim sein Unbehagen über den Gießener Vorschlag aus: Die Städtetage hätten sich als völlig ineffizient erwiesen. In zahlreichen wichtigen Fragen seien einheitliche Stellungnahmen nicht zu erreichen gewesen, da sich die anwesenden Stadtverordneten zumeist der Stimme enthalten und zahlreiche Landtagsabgeordnete teilgenommen hätten, *deren Stellung im Voraus festgelegt war. Der Städtetag, wie er jetzt noch organisiert ist, führe leicht zu zwecklosen Unterhaltungen*, resümierte das Protokoll Kaysers Äußerungen. So blieb

27 StadtA Mainz, Best. XV 1. Der Bestand mit etwa 10 Faszikeln ist zur Zeit noch nicht endgültig geordnet. Besonders wichtig der Faszikel »Städtetag 1902–1927«. Ein Aufsatz über den Hessischen Städtetag wird derzeit von E. G. FRANZ vorbereitet.

alles beim alten, und dies fand auch in der Presse des Landes ein entsprechendes Echo – im Falle der Frankfurter Zeitung ein negatives.

Nicht Städtetage, sondern Bürgermeisterversammlungen, die auch als *Konferenzen der Bürgermeister der größeren Städte des Landes* bezeichnet zu werden pflegten, sind denn, wiewohl nur in unregelmäßiger Folge, in den Mainzer Akten ebenso nach wie vor 1909 nachweisbar. Nicht ganz geklärt ist, ob Morneweg in seinem zitierten Schreiben von 1908 die genannten zehn Städte als die *großen* bezeichnet hat oder ob dies nur für den gelegentlich tagenden kleineren Kreis zu gelten hat, wie er etwa im Oktober 1908 Darmstadt, Gießen, Offenbach, Worms und Mainz umfaßte, und welche Städte dann jeweils zu den *kleineren* zu rechnen wären. Die Bürgermeisterkonferenzen setzten sich über die Grenze von 1918 hinweg unverändert fort, und es waren, wie es scheint, die seit 1925/26 so genannten Hessischen Städtetage auch wieder nur dasselbe unter einem großartigeren Titel. Schon ihr mehrfach im Jahr erfolgendes Zusammentreten läßt eigentlich keinen anderen Schluß zu, ebenso tun dies die Anwesenheitslisten, die nur (Ober-)Bürgermeister, Beigeordnete und Verwaltungsdirektoren aufführen. Ob dieser Eindruck tatsächlich uneingeschränkt zutrifft, mag die weitere Forschung erweisen.

Diese Hinweise mögen genügen, um zu verdeutlichen, daß sich im Großherzogtum Hessen ähnliche Entwicklungen wie in Baden und Württemberg durchgesetzt hatten, vor allem wie in Baden mit der Ausprägung eines Nebeneinanders von Organisationsformen für die größeren und die kleineren Städte, die in Hessen anders als in Baden freilich beide den Charakter von Bürgermeisterversammlungen besaßen.

V

Nicht ganz deutlich ist bislang, ob auch im Königreich Bayern, das seit 1896 einen Städtetag besaß[28], vor 1918 Bürgermeisterkonferenzen von mehr oder weniger regelmäßiger Art stattgefunden haben; jedenfalls erbrachte eine Vielzahl von Anfragen bei Archiven aller Art fast nur negative Ergebnisse.

Eine Ausnahme macht hier ein vom Stadtarchiv Schwabach[29] mitgeteiltes Schriftstück, eine von dem Rechtskundigen Bürgermeister der Stadt Nürnberg, den 31. Juli

28 H. Beckstein, Der bayerische Städtetag und die städtischen Organisationsbestrebungen im letzten Viertel des 19. Jahrhunderts, in: W. Hardtwig und K. Tenfelde (Hg.), Soziale Räume in der Urbanisierung, München 1990, S. 235–259, sowie dessen Dissertation: Städtische Interessenpolitik. Organisation und Politik der Städtetage in Bayern, Preußen und im Deutschen Reich 1896–1923, Düsseldorf 1991. – Im Gegensatz zum Badischen und Württembergischen Städtetag besaß der Bayerische ausweislich seiner gedruckten »Berichte über die Verhandlungen« öffentlichen Charakter und wurde ebenso von Rechtskundigen Bürgermeistern, Bürgermeistern, Stadt- und Rechtsräten wie von Vorständen des Gemeindekollegiums und Gemeindebevollmächtigten (Stadtverordneten) sowie anderen interessierten Bürgern besucht, auch waren z. B. Vertreter der Vereinigung mittelbarer Städte und Märkte Bayerns sowie der Presse anwesend (StadtA München, Bürgerm. und Rat Nr. 402, 407). – Fehlanzeige meldeten das HStA München, die StA Amberg, Bamberg, Landshut, München, Nürnberg, Würzburg sowie die StadtA Amberg, Ansbach, Aschaffenburg, Augsburg, Bamberg, Dachau, Deggendorf, Erlangen, Freising, Fürth, Ingolstadt, Kitzingen, Landshut, Lichtenfels, München, Nürnberg, Passau, Rosenheim, Straubing, Würzburg, Wunsiedel.

29 StadtA Schwabach IV a 40.

1917, unterzeichnete »Vereinbarung«, die das Ergebnis einer zum gleichen Zeitpunkt durchgeführten »Tagung« der *Vertreter der kleineren und mittleren unmittelbaren Städte Bayerns bis etwa 18000 Einwohner* enthielt, die sich *für ihre Person im Interesse der von ihnen vertretenen Städte bereit* erklärten, *unter sich wiederkehrende Beratungen über Fragen, die für ihre Städte besonders wichtig sind, zu pflegen*. Diese Bestrebungen stünden nicht im Widerspruch zur Mitgliedschaft der beteiligten Städte im Bayerischen Städteverband als Grundlage des Bayerischen Städtetags, durch den sie sich weiterhin vertreten ließen, in dessen Vorstand sie künftig aber vertreten sein wollten. Nicht ganz klar wird aus dem Papier, wie weit es sich um einen Städtetag im eigentlichen Sinne für eine bestimmte Gruppe von Städten oder um eine Bürgermeisterkonferenz gehandelt haben dürfte, doch ist das letztere anzunehmen, da immer nur von »Magistratsvorständen« die Rede ist. Offen bleiben muß auch, inwieweit das Vorhaben vor dem Ende des Ersten Weltkriegs überhaupt noch zum Zuge gekommen ist und ob der für die Einladung vorgesehene Vorsitzende des Stadtmagistrats von Forchheim überhaupt noch einmal eingeladen hat[30].

Immerhin scheinen auf regionaler Ebene Bürgermeisterkonferenzen für den Regierungsbezirk Mittelfranken seit 1919 von dem damaligen Weißenburger Bürgermeister Danler initiiert worden zu sein, der am 12. November 1920 *die Herren rechtsk. 1. Bürgermeister sämtlicher unmittelbarer mittelfränkischer Städte mit Ausnahme von Nürnberg und Fürth*, mit dem Hinweis auf eine Mitteilung des Kaufbeurener Bürgermeisters Volkhardt anschrieb, daß in dessen Gegend *die 1. Bürgermeister der mittleren und kleineren schwäbischen Städte regelmäßige Zusammenkünfte haben, die einem regen Meinungsaustausch über praktisch besonders wichtige und aktuelle Fragen dienen*[31]. Da er *einen derartigen Erfahrungsaustausch in kleinerem Kreise für äußerst fruchtbar und praktisch nutzbringend* hielt, gestattete er sich, die Anregung zu geben, *die in Schwaben eingeführte Übung auch in Mittelfranken zur Durchführung zu bringen*. Tatsächlich fand dann eine erste Sitzung *im kleinen Ratsstübchen des Rathauses zu Nürnberg* statt. Es bleibt die Frage offen, ob sich der Bericht über die schwäbischen Bürgermeisterkonferenzen schon auf die wilhelminische oder erst auf die Nachkriegszeit beziehen läßt[32].

VI

Bezüglich der Frage nach Städtetagen oder anderen entsprechenden städtischen Organisationsformen im Königreich Preußen hatte Schwander seine Kollegen in Wiesbaden, Koblenz und Münster angeschrieben[33] und damit Fragen nach den zwischen-

30 Schreiben des StadtA Schwabach vom 8. 4. 1991.

31 Schreiben des StadtA Weißenburg in Bayern vom 16. 9. 1991.

32 Die StadtA Kaufbeuren und Kempten erstatteten (nach bisherigem Erkenntnisstand) Fehlanzeige.

33 Wie Anm. 2. – Nachforschungen nach Bürgermeisterkonferenzen in Hessen-Nassau in den StA Marburg (mit dem StadtA Marburg als Depositum) und Wiesbaden sowie im StadtA Wiesbaden blieben ergebnislos. Das StadtA Kassel verbrannte im Zweiten Weltkrieg, das StadtA Frankfurt a. M. bewahrt nur Akten über die Teilnahme der Frankfurter Oberbürgermeister an Konferenzen der Oberbürgermeister der Rheinprovinz auf (siehe S. 99ff.).

städtischen Kommunikationsebenen in den Provinzen Hannover und Schleswig-Holstein sowie im Regierungsbezirk Kassel der Provinz Hessen-Nassau und schließlich in den östlichen Teilen der Monarchie zunächst zurückgestellt. Der Verweis aus Wiesbaden auf den hier (seit 1893/94) bestehenden Nassauischen Städtetag als einzige städtische Kommunikationsebene (und zwar als eigentlicher Städtetag mit erweiterter Repräsentanz und Öffentlichkeit im Sinne unserer Unterscheidung, wie die gedruckten Verhandlungsberichte ausweisen) wird durch die Korrespondenzen mit den betreffenden Archiven gestützt.

Das gilt auch für den Kurhessischen Städtetag, der, gegründet 1890 auf eine Initiative des Hanauer Oberbürgermeisters Westerburg, ausweislich seiner gedruckten Verhandlungen verschiedene Gruppen kommunalpolitisch Interessierter vereinte, etwa 1903 in Bad Orb zahlreiche (Ober-)Bürgermeister, Stadträte und -syndici, Stadtsekretäre und -buchhalter, einen Städtischen Schlachthofdirektor von der Exekutive, dazu Stadtverordnete und deren Vorsteher, Stadtälteste und -schöffen von der Legislative oder verwandten Bereichen, Landräte, den Geschäftsführer des Sozialen Museums in Frankfurt, Kreisärzte, einen Stadtpfarrer und schließlich einen Elektrotechniker als interessierte Außenseiter und Hörer eines fachlich vielseitigen Vortragsprogramms. So bestand auch hier keine (Ober-)Bürgermeisterkonferenz. Daß die Oberbürgermeister der großen Städte Hessen-Nassaus, also Frankfurts, Kassels und Wiesbadens, zu den Sommerkonferenzen der Oberbürgermeister der Rheinprovinz hinzugeladen wurden, wird im folgenden gezeigt.

Für den angeschriebenen Koblenzer Oberbürgermeister Ortmann antwortete 1907 dessen Stellvertreter, der Erste Beigeordnete Janssen. Für die Städte der Rheinprovinz bestehe *kein sog. Städtetag. Die Bürgermeister einer Anzahl mittlerer Städte – darunter Coblenz – treffen sich zwar hin und wieder zur Besprechung dienstlicher Angelegenheiten, besondere Satzungen sind für diese Zusammenkünfte aber nicht festgestellt worden. Eine ähnliche Einrichtung besteht – soweit bekannt – auch für die kleineren Städte der Rheinprovinz*[34]. Die Nachricht wird durch den Befund in Stadtarchiven des Gebiets – den selbständig geführten oder den als Deposita in den Staatsarchiven verwalteten – bestätigt. Auch hier war die Zweistufigkeit der städtischen Kommunikationsebenen kennzeichnend.

Was die kreisfreien Städte betrifft, so bildete deren Oberbürgermeisterkonferenz unter Führung von Köln sozusagen das Oberhaus. Sechs-, sieben- auch achtmal jährlich, also in sehr dichter Folge, traf sich hier ein fester Kreis von Stadtoberhäuptern, die persönlich dazugehörten, so daß ihre Stellvertretung durch Bürgermeister oder Beigeordnete außergewöhnlich blieb[35]. Während der ganzen Zeit waren die Oberbürgermeister von Köln – Becker, Walraff und ganz am Ende Adenauer – die Einladenden, und dementsprechend trat Köln als Versammlungsort stark hervor, freilich fast ebenso oft Düsseldorf, dessen Oberbürgermeister Hammers, Becker, Lindemann, Marx und Oehler in diesem Kreis ebenfalls eine bedeutsame Rolle spielten, oft noch als Pensio-

34 Ebd.
35 Benutzt wurden: Histor. Archiv der Stadt Köln 902/95/1 sowie 902/96 1–5 (1892–1922) und StadtA Düsseldorf III 476 (1886–1906) und 477 (1907ff.)

näre. Neben den beiden Bezirkshauptstädten traten im Regierungsbezirk Düsseldorf noch Barmen und Elberfeld, beide seit 1861 kreisfrei, ferner Krefeld (seit 1872), Essen (seit 1873) und Duisburg (1874) hinzu, während im Regierungsbezirk Köln die Hauptstadt für sich allein stand, da sich Bonn, kreisfrei seit 1861, aus nicht erkennbaren Gründen fernhielt. Der Regierungsbezirk Aachen war mit seiner Hauptstadt Aachen als einziger kreisfreier Stadt präsent, während Koblenz und Trier, ebenfalls einzige Stadtkreise in ihren Bezirken, trotz wiederholter Einladungen sich nicht beteiligten. So führte das Kriterium der Kreisfreiheit zu einer klaren Dominanz des Regierungsbezirks Düsseldorf, die freilich durch die Führerschaft Kölns und durch die Tatsache gemildert war, daß Beschlüsse im eigentlichen Sinn nicht gefaßt wurden.

Freilich vollzog sich der Zutritt der nach der Einrichtung der Oberbürgermeisterkonferenzen kreisfrei werdenden Städte (Mönchen-Gladbach und Remscheid 1888, Solingen 1896, Mülheim/Rhein und Oberhausen 1901, Mülheim/Ruhr 1904, Rheydt 1907, Saarbrücken 1909, Neuß 1913, Sterkrade 1917), wenn überhaupt, dann nur zögernd und unvollständig. Das änderte sich erst seit dem Ende des Ersten Weltkriegs. Im März 1921 konnte Adenauer, als Oberbürgermeister von Köln weiterhin der ausschreibende Primus inter pares, eine Liste der, wie es jetzt bei ihm hieß, *losen Vereinigung der Oberbürgermeister und Beigeordneten der kreisfreien Städte* vorlegen, welcher *die Herren Kollegen und Beigeordneten* von Aachen, Barmen, Bonn, Duisburg, Düsseldorf, Elberfeld, Essen, Hamborn, Koblenz, Köln, Krefeld, Mönchen-Gladbach, Neuß, Oberhausen, Remscheid, Rheydt, Solingen, Sterkrade und Trier beigetreten seien. Ausweitung und Institutionalisierung befanden sich also auf dem Vormarsch, alle kreisfreien Städte waren jetzt erfaßt und aufgenommen in einen Kreis, der zugleich durch die Berücksichtigung der Beigeordneten eine gewisse vorsichtige Verbreiterung der Basis erfahren hatte. Ebenso besaß das namenlose Gremium, zu dem bis dahin der Oberbürgermeister von Köln immer ohne gedruckten Briefkopf eingeladen hatte, nunmehr einen Namen.

Doch zurück zu den Konferenzen vor 1918! Kennzeichen war ihre umfassende Zwangslosigkeit. Das begann mit dem Teilnehmerkreis: Wenn etwa Koblenz und Trier sich an der Arbeit nicht beteiligten, so hinderte dies die anderen nicht, ihrerseits tätig zu werden. Und wenn gelegentlich in beide Städte, besonders gern nach Koblenz, eingeladen wurde, so war dies wohl auch als eine kollegial-freundschaftliche Avance zu deuten, die erwünschten und erwiesenen Kontakte zu erwidern. Die Zwanglosigkeit zeigte sich auch darin, daß die Emeriten selbstverständlich weiterhin geladen wurden und teilnahmen. Gelegentlich blieben so auch Städte »repräsentiert«, deren amtierende Oberbürgermeister den Anschluß entweder nicht suchten oder nicht hielten.

Ausdruck der Nonchalance war auch die Art der Einladung durch den Oberbürgermeister von Köln, der, wenn sich ein vorgeschlagener Termin als unpassend erwies, locker und oft äußerst kurzfristig umdisponierte, und die Absagen erfolgten auf Postkarten, oft sogar auf Ansichtspostkarten. Zur Lockerheit gehörte sodann die Wahl des Tagungsortes, die überwiegend auf Köln oder Düsseldorf fiel, sowie des Tagungslokals. In Köln war dies nur ausnahmsweise einmal das Rathaus, sonst der Gürzenich, so wie in Düsseldorf die »Tonhalle« und in anderen Orten ein gutes Hotel oder ein ansehnliches Weinlokal. Oft traf man an Sonnabenden zusammen und eröffnete die

Versammlung mit einem Mittagessen, das, wie die Speisekarten, die den anderen Akten gelegentlich beigelegt wurden, zeigen, aus einem gutbürgerlichen und keinesfalls opulenten Menu zu drei bis vier Mark bestand – Getränke nicht eingerechnet.

Im Sommer suchte man fern von Köln und Düsseldorf gern ausgesprochene »locos amoenos« auf, die dann auch außerhalb der eigentlichen »Oberbürgermeisterregion« innerhalb der Rheinprovinz oder sogar außerhalb ihrer lagen, etwa Koblenz oder Boppard. Und eine Liste der »Sommerkonferenzen« bald nach der Jahrhundertwende führt nacheinander Koblenz, Koblenz, Cochem, Koblenz, Aachen, Rüdesheim, Trier, Wiesbaden, Kassel-Wilhelmshöhe, Boppard, Koblenz und Boppard auf.

Natürlich waren damit kollegiale Kontaktaufnahmen verbunden. 1894 hatte die Runde den weitreichenden Vorschlag diskutiert, *unsere Conferenzen alljährlich einmal oder bei besonderen Gelegenheiten auf die Oberbürgermeister der größeren Städte Preußens auszudehnen*, doch kam dies nicht zur Verwirklichung. Immerhin aber lud man seit 1895 gelegentlich einige Auswärtige hinzu, überwiegend Oberbürgermeister aus der erweiterten Rheinregion: mehr oder weniger regelmäßig Adickes aus Frankfurt, der durch seine städteplanerischen, und Back aus Straßburg, der durch seine sozialpolitischen Planungen und Vorhaben interessant war, bald auch Müller aus Kassel, von Bruchhausen aus Trier oder von Ibell aus Wiesbaden, Männer, die, sei es Moselwein, sei es Rheingauer, Weine als Kreszenzen ihrer Heimat anbieten konnten. Bruchhausen und Ibell blieben aber, anders als Adickes, Back und Müller, außerhalb des Kreises der regelmäßig im Sommer Eingeladenen. Übrigens hielt man sich mit den aus beruflichen Gründen aus dem Kreise Ausgeschiedenen Verbindung. So wurden Becker nach seinem Übergang von Köln nach Berlin, vor allem aber Lentze, der nach seiner Barmer Zeit (1899–1906) Oberbürgermeister von Magdeburg und vier Jahre später preußischer Finanzminister geworden war, stets eingeladen und fanden sich ein, wenn es möglich war. Daß dieser enge Kreis an dem Ableben eines Mitglieds Anteil nahm und dem durch Beteiligung an der Beerdigung oder gemeinsame Besuche am Grab Ausdruck verlieh, gehört ebenfalls hierher.

Zwanglosigkeit bestimmte die Treffen auch dadurch, daß vor allem im Sommer Besichtigungen, Wanderungen, auch Dampferfahrten auf Rhein oder Mosel angeschlossen wurden und so das Beisammensein auf den Sonntag ausgedehnt werden konnte. Zwanglos war schließlich der eigentliche, der uns vor allem interessierende Teil, die Beratungen also, gestaltet.

Eingeladen wurde aber stets, und das war das Förmlichste überhaupt, mit einer Tagesordnung, und dementsprechend wurden auch noch später, nach deren Versendung, hinzukommende Punkte gewissenhaft in aller Form mitgeteilt, oft ganz kurzfristig, aber immer. Eine Tagesordnung mußte also sein, doch sonst war erlaubt, was gefiel. So schwang sich 1896 Oberbürgermeister Becker/Köln souverän-albern zur Poesie empor:

»Wenn's Mailüfterl weht, z'geht im Wald draus der Schnee,
da haben die Bürgermeister die Köpf' in die Höh'
Und bitten Euer Gnaden um a schöne Konferenz,
Zu feiern das Nahen des himmlischen Lenz!«

Anregungen zur Tagesordnung kamen entweder vom ausschreibenden Oberbürgermeister, also aus Köln, oder von anderen Teilnehmern, die ihrerseits aktuelle Fragen aufgriffen, welche ihnen aus ihrer behördlichen Praxis zugewachsen oder die in der Presse, selbst in Leserzuschriften, oder in Fachorganen behandelt oder die im Landtag als Gesetzgebungsantrag vorgelegt worden waren. Der die Behandlung Anregende wirkte dann als Berichterstatter.

Die Themen waren so vielfältig, wie kommunales Leben selbst vielgestaltig war und ist. Wenn hier einmal Beispiele gebracht werden, so ließen sich diese im Grunde mutatis mutandis für alle derartigen Konferenzen aufweisen. So beschäftigten sich die vier Treffen des Jahres 1887 – wechselnd zwischen dem Kölner Gürzenich und der Düsseldorfer Tonhalle – mit schwierigen, in das tiefste Detail gehenden Fragen unterschiedlichster Bereiche kommunaler Verwaltung: im Januar mit Problemen des Bebauungsgesetzes, des Tragens von Uniformen durch städtische Polizeibeamte, der Handhabung von Unterschriftstempeln, im April mit Fragen der Pensionsberechtigung für Kommunalbeamte, der lokalen Beschränkung gewerblicher Anlagen in den Städten, im Oktober mit Materien der Witwen- und Waisenversicherung, der Tariferhöhungen bei den städtischen Wasserwerken, der neuen rheinischen Kreis- und Provinzialordnung – um dann den Besuch der Kochkunstausstellung einzuschieben –, schließlich im Dezember mit Anleihen, dem Ansiedlungsgesetz, den Stadtverordnetenwahlen und erneut der Kreis- und Provinzialordnung.

Bei den Verhandlungen ging es oft darum, lediglich Informationen zu sammeln, oft aber auch darum, ein übereinstimmendes Vorgehen sicherzustellen, und nicht selten darum, im Vorfeld einer Gesetzgebung die Beratungen in eine wünschenswerte, eine »richtige« Richtung zu lenken. Dabei ist im Gedächtnis zu halten, daß die rheinischen Oberbürgermeister oft, sei es im Herren-, sei es im Abgeordnetenhaus des Preußischen Landtags (wenn nicht im Reichstag) oder auch im Rheinischen Provinziallandtag, an der legislatorischen Arbeit Anteil hatten und somit durch ihre Konferenzen die Stellungnahmen der größeren Städte zu den Beratungen der Hohen Häuser und die Formulierung ihrer Interessen vorstrukturieren konnten.

Gelegentlich kam es auch zu gemeinsamen Eingaben aller oder mehrerer Oberbürgermeister an die Ministerien in Berlin, so 1898 an das Kultusministerium anläßlich des Entwurfs eines Gesetzes über die Bildung von Kreisgesundheitskommissionen mit der geplanten Schaffung von Stellen für Kreisärzte oder 1896 an das Finanz- und das Innenministerium in der Frage der künftigen Ausgestaltung der indirekten Steuern zugunsten der Gemeinden im Zusammenhang mit den Miquelschen Steuerreformen.

Und dennoch – über die einen Tagesordnungspunkt anregenden und als Berichterstatter einleitenden Teilnehmer erfahren wir gelegentlich etwas, über den Gang der Verhandlungen und die Ergebnisse praktisch nichts, und dies trotz der im Grunde guten Quellenlage in den Stadtarchiven Düsseldorf und Köln. So sorgfältig man bei der Einladung hinsichtlich der Tagesordnung verfuhr, so nachlässig handhabte man die Protokollierung. Verlaufsprotokolle wurden – anders als in Baden und Württemberg – nie geführt. Gelegentlich und erst spät wurden die Ergebnisse in knappster Form festgehalten: *Wurde besprochen,* heißt es dann manchmal, oder: *Dem Preußischen Staatsministerium vorgelegt,* wenn man es nicht überhaupt bei dem lapidaren Vermerk auf der abgearbeiteten Tagesordnung beließ: *Hat stattgefunden. Zu den Akten.* So ist eine weitere Vertiefung einfach nicht möglich.

Von Formlosigkeit, Lockerheit, geradezu Lässigkeit, von gegenseitigem Vertrauen und der ausgiebigen Berücksichtigung der kollegial-zwischenmenschlichen Seite waren die Zusammenkünfte dieses Braintrusts rheinischer Kommunalpolitik geprägt, und dem entspricht heute die Quellenlage, die über die Einladungen kaum hinausgeht: gar nicht in Düsseldorf, ein wenig in Köln.

So weit das »Oberhaus« rheinischer Städtekommunikation, nun zum »Unterhaus«, dem Rheinischen Städtebund, dessen bisher ziemlich unbeachtet gebliebenes Wirken sich vor allem aus den Akten des Historischen Archivs der Stadt Wetzlar (1890–1914) sowie der Stadtarchive von Trarbach (ab 1891) und Vallendar (über 1918 hinaus) rekonstruieren läßt, beide jetzt Deposita im Landeshauptarchiv Koblenz[36].

Gegründet 1887 in Düsseldorf, wollte der »Verein Rheinischer Städte«, wie er anfangs hieß, *alle Stadtgemeinden ..., die nach der Städteordnung verwaltet werden,* erfassen. Laut Statuten vom 8. Januar 1887[37] geschah *die Vertretung ... durch den Bürgermeister oder einen Beigeordneten und durch Mitglieder der Stadtverordnetenversammlung*, wobei *für jede Stadt durch den Bürgermeister ... eine Stimme abgegeben* wurde. Ein Vorstand sollte alle zwei Jahre gewählt werden, während die Versammlung jährlich stattfand. Die Jahresversammlung stand unter Leitung des Vorsitzenden des Städtebundes. In der Regel wurden zusammenfassende Protokolle im Druck herausgegeben. Nach anfänglichem Ortswechsel, der 1893 im Falle Remscheids als Tagungsort die Unterbringung bei Privatleuten erforderlich gemacht hatte, trat der Städtebund später regelmäßig in Köln, zunächst in einem Hotel, später im Gürzenich zusammen. Für notwendige Ausgaben wurde eine Umlage erhoben, die 1893 eine und seit 1905 1,25 Mark je 1000 Einwohner betrug. 1890 hatte der Städtebund – diese Bezeichnung setzte sich durch – 67 und im August 1896 93 Städte zu Mitgliedern, zu denen noch drei Bürgermeister als persönliche Mitglieder traten[38], zusammen also 96 Mitglieder. Am 10. Mai 1900 standen neben 117 Städten noch ein amtierender Bürgermeister und acht Bürgermeister außer Dienst als persönliche Mitglieder[39]. Unter den korporativen Mitgliedern, den Städten, befanden sich nach oben hin zahlreiche aufstrebende Mittelstädte von wirtschaftlicher Bedeutung, im Jahre 1900 zum Beispiel Remscheid, das 1888, und Solingen, das 1896 kreisfrei geworden war, sowie die beiden Mülheim, ferner Rheydt, Saarbrücken, Neuß und Sterkrade, die bis 1918 kreisfrei wurden, ohne aber den Access zum »Oberhaus«, zur Versammlung der Oberbürgermeister der kreisfreien Städte, erlangt zu haben, doch nicht Oberhausen (kreisfrei 1901), das aber 1896 noch geführt worden war.

36 Hist. Archiv der Stadt Wetzlar III 6/17 (1890–1901) und II 2/1 (1903–1914). – LHA Koblenz 645/570 (Traben-Trarbach) und 655/43 (Vallendar). – Material ab 1904 auch vorhanden, doch nicht eingesehen LHA Koblenz, Außenstelle Rommersdorf mit StadtA Neuwied STAN 1/1372 (1904–1932). Dagegen blieb die weitere Suche in den zahlreichen Deposita des LHA Koblenz und des HSTA Düsseldorf sowie in den StadtA Bad Neuenahr-Ahrweiler, Koblenz, Siegburg, Trier und KrA Ahrweiler ohne Ergebnis oder war zur Zeit nicht möglich, wie im StadtA Linz a. Rh.

37 Satzung in: Hist. A. d. St. Wetzlar III 6/17.

38 LHA Koblenz 645/570.

39 Ebd.

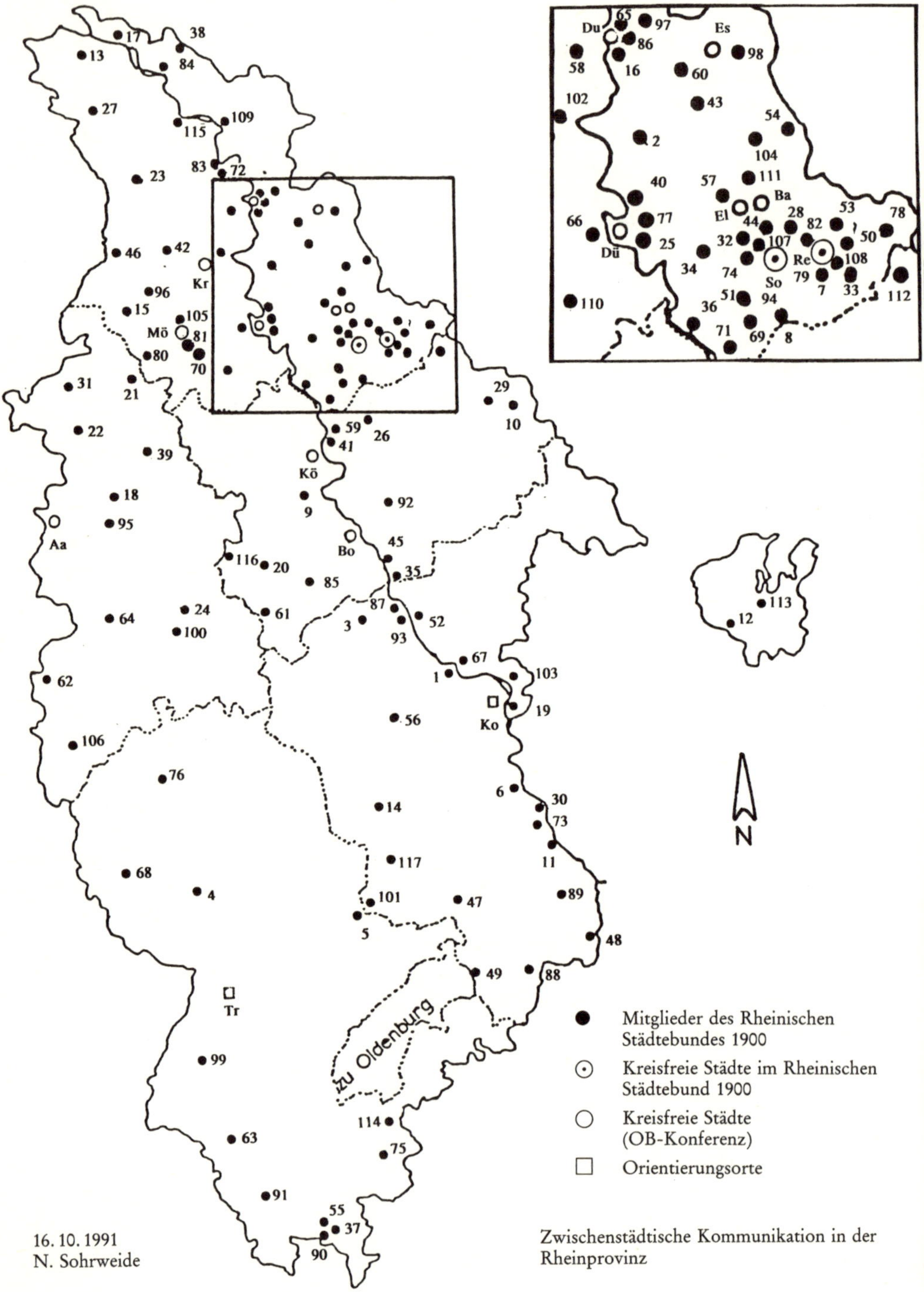

16. 10. 1991
N. Sohrweide

Zwischenstädtische Kommunikation in der Rheinprovinz

Mitgliedsstädte des Rheinischen Städtebundes 1900

1. Andernach
2. Angermund
3. Ahrweiler
4. Bitburg
5. Bernkastel
6. Boppard
7. Burg a. d. W.
8. Burscheid
9. Brühl
10. Bergneustadt
11. Bacharach
12. Braunfels
13. Cleve
14. Cochem
15. Dülken
16. Dinslaken
17. Emmerich
18. Eschweiler
19. Ehrenbreitstein
20. Euskirchen
21. Erkelenz
22. Geilenkirchen
23. Geldern
24. Gemünd
25. Gerresheim
26. B-Gladbach
27. Goch
28. Graefrath
29. Gummersbach
30. St. Goar
31. Heinsberg
32. Höhscheid
33. Hückeswagen
34. Hilden
35. Honnef a. Rhein
36. Hitdorf
37. St. Johann (Saar)
38. Isselburg
39. Jülich
40. Kaiserswerth
41. Kalk
42. Kempen (Rhein)
43. Kettwig
44. Kronenberg
45. Königswinter
46. Kaldenkirchen
47. Kirchberg
48. Kreuznach
49. Kirn (Stadt)
50. Lennep
51. Leichlingen
52. Linz
53. Lüttringhausen
54. Langenberg
55. Malstadt-Burbach
56. Mayen
57. Mettmann
58. Mörs
59. Mülheim (Rhein)
60. Mülheim (Ruhr)
61. Münstereifel
62. Malmedy
63. Merzig
64. Montjoie
65. Meiderich
66. Neuß
67. Neuwied
68. Neuerburg
69. Neukirchen
70. Odenkirchen
71. Opladen
72. Orsoy
73. Oberwesel
74. Ohligs
75. Ottweiler
76. Prüm
77. Ratingen
78. Radevormwald
79. Remscheid
80. Rheindahlen
81. Rheydt
82. Ronsdorf
83. Rheinberg
84. Rees
85. Rheinbach
86. Ruhrort
87. Remagen
88. Sobernheim
89. Stromberg
90. Saarbrücken
91. Saarlouis
92. Siegburg
93. Sinzig
94. Solingen
95. Stolberg
96. Süchteln
97. Sterkrade
98. Steele
99. Saarburg
100. Schleiden
101. Trarbach
102. Uerdingen
103. Vallendar
104. Velbert
105. Viersen
106. St. Vith
107. Wald
108. Wermelskirchen
109. Wesel
110. Wevelinghoven
111. Wülfrath
112. Wipperfürth
113. Wetzlar
114. St. Wendel
115. Xanten
116. Zülpich
117. Zell a. d. Mosel

Die kreisfreien Städte bis 1900

Aa: Aachen
Ba: Barmen
Bo: Bonn
Dü: Düsseldorf
Du: Duisburg
El: Elberfeld
Es: Essen
Kö: Köln
Kr: Krefeld
Mö: Mönchen-Gladbach
Re: Remscheid
So: Solingen

Wichtige Nichtmitglieder

Ko: Koblenz
Tr: Trier

Grundlage: Verzeichnis der am 10. Mai 1900 dem Rheinischen Städtebunde angehörenden Mitglieder. LHA Koblenz 645/570. Hier auch die zugrundegelegte Reihenfolge der Orte.

Nach unten hin waren auch »Städte« Mitglieder des Städtebundes, deren Rechtsqualität als Stadt im späteren 19. Jahrhundert nicht eindeutig war oder schwankte[40]. Die Verhandlungen standen in den neunziger Jahren unter dem Vorsitz des Oberbürgermeisters von Bohlen aus Remscheid, seit März 1899 unter dem des Bürgermeisters Stern aus Viersen.

Teilnehmende an den zwei- bis drei-, gelegentlich viermal im Jahr tagenden Konferenzen mit meist 40 bis 50 Anwesenden waren – dieser Eindruck stellt sich ein – trotz der immer wieder ergehenden Einladung auch an Mitglieder der Stadtverordnetenversammlungen oder gar an interessierte Bürger tatsächlich überwiegend die Bürgermeister. Von Geselligkeit ist in den Einladungen und den gleichfalls überlieferten zusammenfassenden Verhandlungsberichten mit Ausnahme der Versammlung im September 1893 in Remscheid, die *mit Damen* stattfand, und der im Juli 1905 in Mülheim/Ruhr abgehaltenen Tagung, die Besichtigungen, ein Pferderennen und einen Frühschoppen vorsah, selten die Rede. Allerdings verlief das Jahr 1893 insofern untypisch für die Verbandsarbeit, als man im Mai mit einer gemeinsamen Fahrt nach Hamburg und Friedrichsruh dem Fürsten Bismarck zum 80. Geburtstag das Ehrenbürgerrecht der rheinischen Städte antrug. Fehlte es an größerer Geselligkeit – ganz im Gegensatz zu den Usancen im »Oberhaus« –, so fehlte doch auch hier die Einladung zum »gemeinsamen Mittagessen«, das »trockene Gedeck zu 3 Mark« (1898), nicht.

1905 trat der Rheinische Städtebund dem Deutschen Städtetag bei und wählte in den am 26. September 1908 begründeten Rheinischen Städtetag aus seinen damals 94 Mitgliedsstädten 40 *Vertreter der Städte mit 15000 und weniger Seelen*, wie es die Satzung des Städtetags vorsah; 1905 hatten von den zu dieser Zeit noch 115 Bundesstädten *nur drei ... über 25000 Seelen* gehabt. Zu dem Reichsverband deutscher Städte/Reichsstädtebund bestanden von Anfang an Kontakte. Einen ersten Ansatz zu einer weitergehenden Institutionalisierung stellte die im Dezember 1898 beschlossene Anstellung eines »erfahrenen Rechnungs- oder Kassenbeamten« zur Revision der Gemeinderechnungen der Bundesmitglieder dar. Ausgewählt wurde der Rechnungssteller W. Brahm aus Diez, der dann auch segensreiche Arbeit leistete.

Der Rheinische Städtebund stand, so der Eindruck aus dem Aktenstudium, in der Mitte der beiden von uns herausgestellten Typen zwischenstädtischer Kommunikation. Wenn nicht alles täuscht – Teilnehmerlisten mit Nennung individueller Namen und beruflicher Stellungen wurden noch nicht aufgefunden – war er, ohne seine ursprüngliche Konzeption als Städtetag im eigentlichen Sinn aufzugeben, tatsächlich zu einer Bürgermeisterkonferenz geworden. Insofern bestätigt sich auch hier die kurze Koblenzer Antwort von 1907 im wesentlichen, wobei freilich die Weigerung von Trier, Koblenz und Bonn, sich der großstädtischen Organisation anzuschließen, zur Zeit noch unerklärt bleibt.

Noch ganz ungeklärt ist zur Zeit die Bedeutung der in der Rheinprovinz damals bestehenden Bürgermeistervereine. Das ›Korrespondenzblatt für den Verein der Bürgermeister der nicht im Städtetag vertretenen Städte und der Landgemeinden in der Rheinprovinz‹, das in zwanzig Jahrgängen 1881 bis 1901 erschien und als Unikat jetzt

40 Freundlicher Hinweis von Dr. Dietmar Flach, LHA Koblenz.

in der Universitätsbibliothek Köln aufbewahrt wird, weist auf eine rege Vereinstätigkeit hin, bei der laut Statuten vom 22. August 1881 und auch faktisch Standes- und Versorgungsprobleme der Bürgermeister im Mittelpunkt standen. Begründet am Tag der Statutengebung, beruhte der Verein auf der Mitgliedschaft *aller gegenwärtig im Amte befindlichen Bürgermeister*, wenn diese *ihren Beitritt dem Vorstande anzeigen. Mitglieder, welche in den Ruhestand treten, können auf ihren Wunsch ferner dem Vereine angehören*. Der Verein hatte seinen Sitz in Köln, wurde von einem auf zwei Jahre gewählten zwölfköpfigen Vorstand vertreten und trat zu jährlichen ordentlichen sowie zu außerordentlichen Generalversammlungen zusammen, die in der Regel zu Köln, aber auch in Trier stattfanden. Ende 1881 hatte der Verein 121, 1884 229, 1891 306 und 1901 296 Mitglieder. Vorsitzender war während der gesamten Zeit Bürgermeister Philippy/Haaren, Kreis Aachen-Land, der auch das Vereinsblatt leitete. 1883 verabschiedete der Verein die Satzung für eine »Rheinische Witwen- und Waisen-Versorgungs-Anstalt« und 1884 eine solche für eine Sterbekasse, wobei nicht deutlich wird, ob es auch tatsächlich zur Einrichtung der beiden Institutionen kam. Wie sich dieser Verein zu dem »Verein der Landbürgermeister in der Rheinprovinz« verhielt, der im Mai 1902 gegründet wurde und seither in den Quellen verschiedentlich erwähnt wird, von dessen Tätigkeit bisher aber weiter nichts bekannt geworden ist, bleibt offen.

VII

Münster hatte 1907 dem Straßburger Oberbürgermeister ohne ausführlichere Stellungnahme mit der Zusendung der Statuten des Westfälischen Städtetages geantwortet und zu erkennen gegeben, daß andere Organisationsformen städtischer Kommunikation nicht bestünden[41].

Dies war aber doch der Fall[42]. Im Stadtarchiv Soest läßt sich seit 1901 und über den Ersten Weltkrieg hinweg eine zweifellos ältere, zwei-, auch dreimal jährlich an wechselnden Tagungsorten zusammentretende Konferenz von Bürgermeistern einer Reihe von Städten aus dem Regierungsbezirk Arnsberg nachweisen: Altena, Castrop, Haspe, Hattingen, Hörde, Hohenlimburg, Iserlohn, Kamen, Lippstadt, Lüdenscheid, Schwerte, Soest, Unna, zu denen gelegentlich Siegen und regelmäßig seit 1912 Gevelsberg hinzutraten. Die Tagesordnungen sowie zahlreiche Protokolle der »Bürgermeister-Vereinigung«, wie sie gelegentlich genannt wird, weisen Verhandlungen vielfältiger Art in dem bekannten Rahmen auf, außerdem unterhielt die Vereinigung einen gemeinsamen Kassenrevisor. Die Bürgermeister waren persönliche Mitglieder. 1920 ging die Vereinigung in den am 15. Februar dieses Jahres in Dortmund gegründeten Westfälischen Bürgermeisterverein ein, der sich dem (im gleichen Jahr aus dem Preußischen Bürgermeisterverband weiterentwickelten) Deutschen Bürgermeisterbund als »Provinzialverein Westfalen« anschloß, dem nun auch weitere westfälische Bürgermeister beitraten.

41 Wie Anm. 2. – Der seit 1876 regelmäßig tagende, öffentlichkeitszugewandte Westfälische Städtetag war ein Städtetag im eigentlichen Sinne, der (Ober-)Bürgermeister und Stadtverordnete(nvorsteher) zu gemeinsamen Beratungen vereinte. StadtA Lippstadt E 471 (1875–1899).

42 StadtA Soest, Abt. C Nr. 61. – StadtA Münster, Stadtregistratur Fach 20 Nr. 62.

Vielleicht noch nicht 1907, doch schon zur Zeit des ersten Nachweises bereits bestehend, erscheinen in den Handakten des Oberbürgermeisters von Münster, Dr. Jungeblodt, zugleich damals Vorsitzender des Westfälischen Städtetags, seit Mai 1912 »Bürgermeisterkonferenzen der kreisfreien Städte«, zu denen die Ober- und Ersten Bürgermeister der Provinz Westfalen eingeladen wurden; nachgewiesen wurden bisher die von Buer, Münster, Recklinghausen im Regierungsbezirk Münster, Bochum, Dortmund, Gelsenkirchen, Hagen, Herne, Hörde, Lüdenscheid, Witten im Regierungsbezirk Arnsberg und Bielefeld im Regierungsbezirk Minden. Eine Tagung in Buer im Dezember 1913 diskutierte Probleme des Fluchtliniengesetzes, die Treffen in Hagen im Mai 1916 und die im November 1917, sowie Juli, November, Dezember 1918 in Dortmund kriegsbedingte Fragen.

VIII

Kein deutscher Staat, keine preußische Provinz besaß ein so vielschichtiges, so tiefgestaffeltes System bürgermeisterlicher Kommunikation wie das Königreich Sachsen. Es erweist sich um etliches reicher, als es der Dresdner Oberbürgermeister Beutler 1908 gegenüber Schwander geschildert hat[43], weil er nur die von ihm gerade zehn Tage zuvor selbst aus der Taufe gehobene Städteorganisation einer Erwähnung für würdig hielt, die Sächsische Allgemeine Bürgermeister-Versammlung vom 10. Januar 1908. Selbst den einen Städtetag im eigentlichen Sinne ersetzenden Sächsischen Gemeindetag von 1892, der Abgeordnete von Stadt- und Gemeinderäten und Stadtverordnetenversammlungen sowie sonstige Mitglieder von Kollegien und Verwaltungsdeputationen aus Städten und größeren Landgemeinden vereinte, ignorierte der große Herr.

Als Repräsentation der 80 sächsischen Städte mit revidierter Städteordnung vom 24. April 1873 sei, so Beutler, *die Bürgermeister-Versammlung keine feste Organisation der beteiligten Städte, sondern ein Zusammenschluß der Oberbürgermeister und Bürgermeister zum Zwecke der Beratung von Angelegenheiten, welche die revidierten Städte gemeinschaftlich betreffen. Sie hat also vornehmlich einen informativen Charakter.* Die zugleich übersandte Geschäftsordnung fand in Straßburg besondere Beachtung.

Tatsächlich sah die sächsische Städtelandschaft beziehungsweise sahen ihre Verbindungen erheblich anders aus, waren auch von anderer historischer Tiefe, wie die Beschäftigung mit ihnen ergibt, selbst wenn diese Nachforschungen bisher die unterste Sohle noch nicht erreichen konnten, nämlich die in der Deutschen Gemeindezeitung von 1864 erscheinende »Versammlung der sächsischen Stadträte«, ab 1865 (nach Erweiterung der zunächst »für vertrauliche Behandlung die städtische Interessen berührenden Angelegenheiten« vorgesehene enge Runde durch die Stadtverordnetenvorsteher!) »Sächsischer Städtetag« in Oschatz (1863), Meißen (1864), Mittweida (1865), Döbeln (1867) und Zwickau (1868) mit zuletzt 41 vertretenen Städten (Bürgermeister, Stadträte, Stadtverordnete)[44].

43 Wie Anm. 2.

44 Deutsche Gemeinde-Zeitung 1863, S. 266 f.; 1864, S. 275 f.; 1865, S. 281 ff.; 1867, S. 285 ff.; 1868, S. 441 ff. – Unvollständig Ziebill (wie Anm. 5), S. 14 f.

»Mutter« aller entsprechenden Organisationen der wilhelminischen Zeit war – von dieser Vorstufe abgesehen – die »Konferenz der Bürgermeister von Städten mit revidierter Städteordnung des Mulden- und Zschopautales«, die schon 1884 in »Sächsische Bürgermeister-Konferenz« umbenannt wurde, weil wegen ihrer inzwischen erfolgten räumlichen Ausweitung der bisherige Namen nicht mehr angemessen erschien[45]. Wann und unter welchen Umständen, mit welchen Mitgliedern, welchen Mentoren diese Konferenz einmal entstand, ist bisher noch nicht bekannt. Auch ist nur zu vermuten, aber nicht zu beweisen, daß sie von Anfang an kreishauptmannschaftsübergreifend konzipiert war. Würde sich das »Muldetal« eindeutig auf die Freiberger (und nicht die Zwickauer) Mulde beziehen, was anzunehmen ist, dann wäre die Frage in dieser Weise entschieden. 1884 jedenfalls, als die sehr gute Überlieferung des Stadtarchivs Pirna[46] einsetzt, sind bereits zahlreiche Städte der Kreishauptmannschaften Zwickau-Chemnitz, Dresden und besonders Leipzig, noch nicht dagegen Bautzen, einbezogen.

Was die personelle Zusammensetzung der Konferenz betrifft, so beließ man es im Jahre 1884, als man ihren Namen änderte, ausdrücklich bei der persönlichen Mitgliedschaft der Bürgermeister und nach unten hin bei der Begrenzung auf Städte mit Revidierter Städteordnung. Bürgermeister von Städten mit über 20000 Einwohnern – und das wurde 1893 bestätigt – waren nach oben hin von der Mitgliedschaft grundsätzlich ausgenommen und wurden nur dann noch eingeladen, wenn ihre zunächst unterhalb der Grenze liegende Stadt unter ihrer Amtsführung über diese hinausgewachsen war.

Der Revidierten Städteordnung unterlagen 1874 73 und 1904 79 Städte. Unter ihnen *nahmen die drei größten, die sog. ›exemten‹ Städte (Dresden, Leipzig, Chemnitz) eine besondere Stellung ein, insofern sie von der Zuständigkeit der Amtshauptmannschaften* [Kreise] ... *ausgenommen* waren und *nicht den sie umgebenden Bezirksverbänden anzugehören haben*[47]. Unterhalb der Städte mit Revidierter Städteordnung lagen die der Städteordnung für mittlere und kleine Städte vom gleichen Jahr mit 1874 69 und 1904 64 Städten, noch darunter die der Revidierten Landgemeindeordnung, ebenfalls von 1873, unterliegenden Kommunen. Vorbedingung, der Bürgermeisterkonferenz anzugehören, war somit die Tätigkeit an der Spitze einer Stadt mit Revidierter Städteordnung und weniger als 20000 Einwohnern, von persönlichen Sonderrechten abgesehen[48].

Unter diesen Voraussetzungen wurde die Mitgliedschaft, wie den Protokollen zu entnehmen ist, durch Einladung von seiten der Konferenz erworben, konnte aber andererseits bei mehrfachem unentschuldigtem Fehlen durch Nichteinladung verloren gehen. Auch das alljährliche Zusammentreten scheint von Anfang an praktiziert worden zu sein, jedenfalls ist die jährliche Folge nicht nur der seit 1884 ununterbroche-

45 Wie Anm. 46.

46 StadtA Pirna B III–II Nr. 613 (1884–1908), 614 (1908–1915), 615 (1915/16–1928).

47 G. Häpe, R. Heinze, L. Ludwig Wolf, J. Hübschmann, Königreich Sachsen, Leipzig 1905 (Verfassung und Verwaltungsorganisation der Städte, Bd. 4, H. 1. – Schriften des Vereins für Socialpolitik 120), S. 6 ff.

48 Ebd.

nen Pirnaer Aktenüberlieferung als solcher zu entnehmen, vielmehr enthält diese selbst Hinweise auf jährliche Konferenzen bereits seit 1881. Die Jahresreihe wurde bis zum Ende des Weltkriegs nur einmal, 1889, unterbrochen, dagegen später gelegentlich auf ein zweimaliges Zusammentreffen im Jahr gesteigert.

Die Zusammensetzung und Größe der Konferenz ist seit 1884 bekannt und in der folgenden Zeit gut, wenn auch nicht für jedes Jahr, belegt. Schon die älteste Mitgliederliste dieses Jahres, zu erstellen aus der Aufzählung der anwesenden (14) und fehlenden (6), weist 20 Mitglieder auf. 1886 zählte man 26 Mitglieder, 1900 39, 1908 57 und 1914 71 Mitglieder, denen 1884, 1886 und 1900 eine gleiche Zahl von Städten entsprach, während 1908 56 und 1914 70, das heißt 90 Prozent der Städte, vertreten waren. Daß Städte doppelt oder zeitweilig, ja immer nicht vertreten waren, konnte darin begründet sein, daß nach einem Amtswechsel der alte und der neue Bürgermeister nebeneinander an der Konferenz teilnahmen oder beide fehlten, oder daß die Stadt überhaupt auf Dauer keinen Anteil nahm.

Die Struktur der Konferenz war locker. »Vorsitzender« war der einladende, auf der im Vorjahr zu Ende gegangenen Sitzung von der Versammlung nominierte Bürgermeister, der damit seine Stadt für ein Jahr zum »Vorort« werden ließ. Der Tagungsort wechselte beständig, erst im Laufe der Jahre ergaben sich Wiederholungen. Dresden kam nur im Falle kurzfristig angesetzter außerordentlicher Tagungen in Betracht, gehörte doch sein Oberhaupt der Versammlung satzungsgemäß nicht an.

Von sehr früher Zeit an führten die Konferenzen Protokoll, jedenfalls soweit die aktenmäßige Überlieferung bisher aufgefunden wurde (seit 1884); im wesentlichen war es ein Beschlußprotokoll, doch waren Vertreter kontrovers ausgetauschter Meinungen öfter angedeutet. Einladungen und Protokolle liegen in geschlossener Reihe seit 1884 im Stadtarchiv Pirna vor – mit der Ausnahme des Protokolls von 1885, dessen Vorlage schon dem Protokollanten damals verloren ging. Seit 1886 waren die Protokolle öfter gedruckt, sonst lithographisch vervielfältigt, überwiegend einschließlich der gehaltenen Referate.

Agenden und Vorträge setzte der jeweilige Vorsitzende nach eigenen Ideen oder nach Vorschlägen aus dem Teilnehmerkreis auf die Tagesordnung. Gelegentlich wurden Beiträge ausdrücklich erbeten, so von dem stets rührigen Nossener Bürgermeister Eberle, der 1899 die Konferenz ausrichtete. Dieser regte damals Referate an mit der Aufmunterung, *sich über eine der Fragen, deren Ihr Herz gewiß voll ist, in der Versammlung auszusprechen, damit der Geist der Nahrung die Fülle habe. Für die Nahrung des Leibes will ich gerne allein die Sorge tragen.*

Äußern sich die Einladungen und Protokolle der frühen Jahre noch wenig über das Ganze der Tagung, so traten doch schon bald neben die Planungen für die eigentlichen Verhandlungen solche für ein geselliges Beiprogramm, das mit Leichtigkeit zwei Tage zu füllen öfter wohl in der Lage war, so daß der häufig so benannte »ernste« vom »geselligen« Teil gelegentlich überwuchert zu werden drohte. Als 1888 Bad Schandau an der Elbe, das Tor zur Sächsischen Schweiz, einlud, erwartete man an einem Sonnabendvormittag im Juni die Ankunft der Teilnehmer bis mittags ein Uhr bei einer »Frühkneipe« im Restaurant »Zum Lindenhof«. Ab ein Uhr verhandelte man in der Aula der Bürgerschule, die damit zugleich den erschienenen 14 Mitgliedern und zwei

Mitgliedsstädte d. Allg. Sächs. BM-Vereinigung 1908

1. Adorf i. V.
2. Annaberg
3. Aue
4. Auerbach
5. Bautzen
6. Bernstadt
7. Bischofswerda
8. Borna
9. Buchholz
10. Burgstädt
11. Crimmitschau
12. Dippoldiswalde
13. Döbeln
14. Dresden
15. Ehrenfriedersdorf
16. Eibenstock
17. Falkenstein i. V.
18. Frankenberg
19. Freiberg
20. Geyer
21. Glauchau
22. Grimma
23. Groitzsch
24. Grossenhain
25. Hainichen
26. Hohenstein-Ernstthal
27. Kamenz
28. Kirchberg
29. Königstein (Elbe)
30. Leipzig
31. Leisnig
32. Lengenfeld i. V.
33. Lichtenstein
34. Limbach
35. Löbau
36. Lössnitz
37. Marienberg
38. Markneukirchen
39. Markranstädt
40. Meerane
41. Meissen
42. Mittweida
43. Netzschaukau
44. Neustadt i. S.
45. Neustädtel
46. Nossen
47. Oederan
48. Oelsnitz i. V.
49. Olbernhau
50. Oschatz
51. Pegau
52. Penig
53. Pirna
54. Plauen
55. Pulsnitz
56. Radeberg
57. Reichenbach
58. Riesa
59. Rochlitz
60. Schandau
61. Schöneck i. V.
62. Schwarzenberg
63. Sebnitz
64. Stollberg
65. Thum i. E.
66. Treuen
67. Waldenburg
68. Waldheim
69. Werdau
70. Wurzen
71. Zittau
72. Zschopau

Gästen vorgeführt wurde. Dem sich anschließenden gemeinsamen Mittagessen im Lokal »Zum Forsthause« folgte ein Spaziergang zum Mokka im »Waldhaus«, und abends fand man sich im Kursaal des Bades zu einer Reunion mit *gemütlichem Tänzchen für Liebhaber eines solchen* ein, denn *ausnahmsweise* waren nach Schandau auch die Damen eingeladen worden, die hier bis dahin ein eigenes Programm absolviert hatten. Am folgenden Sonntagmorgen luden eine Ausfahrt mit dem Dampfschiff und bei Interesse Besichtigungen neuer kommunaler Einrichtungen ein: des Bades, des Krankenhauses, der Schule.

Nicht immer ließ es sich so großartig an. Aber auch in Grimma begann man 1893 mit einem Frühschoppen ab elf Uhr, traf sich um halb eins zu den Beratungen im Saal des Rathauses, speiste um halb drei zu Mittag, lernte anschließend bei einer Rundfahrt die Stadt einschließlich der Schiffswerft und der Elbhafenanlagen kennen, um mit *Dämmerungsschoppen, Promenade* durch den Stadtpark und *Abendkneipe* zu schließen – die Damen waren diesmal nicht mit von der Partie. Am Sonntag gab es eine Dampferfahrt nach dem durch seine vorgeschichtlichen Anlagen sowie durch Schloß und Kirche aus dem Barock besuchenswerten Seußlitz an der Elbe. Sachlicher und wohl der Mehrzahl der Konferenzen entsprechender ging es 1895 in Annaberg zu, wo die Konferenz am Freitagabend mit gemeinsamen Abendbrot und einer Festvorstellung im Stadttheater eröffnet wurde. Am Sonnabendvormittag waren drei Stunden dem Ernst des Lebens geweiht, nachmittags schloß sich dem gemeinsamen Mittagessen eine Besichtigung der städtischen Gasanstalt und des Waldschlößchens Buchholz an.

So waren die Jahresversammlungen der sächsischen Bürgermeister, wiewohl nicht immer so üppig wie in Bad Schandau 1888, zugleich für den Kopf wie für Auge und Herz eingerichtet, wobei natürlich in den Kriegsjahren das Gesellige stark zurücktrat. Für den zentralen, den »ernsten« Teil, die »Hauptversammlung«, sahen die Tagesordnungen – ohne eine solche wurde auch hier nie geladen – stets etwa drei Stunden vor. Dabei standen vielfältige Punkte zur Beratung, die den ganzen Kosmos kommunaler Arbeit umfaßten, je nach Aktualität Großes und Kleines, nichts ausgenommen, Dinge, zu den Meinungen ausgetauscht, Auskünfte eingeholt, Beschlüsse gefaßt oder Petitionen verabschiedet wurden.

Die Konferenz war im Laufe der Jahre erheblich gewachsen, weit über das »Mulden- und Zschopautal« hinaus: von 20 (1884) auf 47 (1904) und 57 (1908) Mitglieder. Hatten 1884 die Bürgermeister der Kreishauptmannschaft Leipzig genau die Hälfte der Mitglieder gestellt, die aus der Dresdner sowie der Zwickau-Chemnitzer je ein Viertel, wobei weder der westliche (Zwickauer) Teil der Kreishauptmannschaft Zwickau-Chemnitz noch die im Osten gelegene Kreishauptmannschaft Bautzen, vielmehr nur die zentralen Gebiete des Königreichs vertreten waren, so waren die Konferenzen bis zum Jahrhundertende und vollends bis 1908 ebenso in den Zwickauer und Bautzener Teil expandiert und hatten sich damit über das ganze Sachsen ausgedehnt.

Dabei war die lockere Textur unverändert beibehalten worden. Dies erwies sich indessen mit der Zeit als nachteilig, so daß der eifrige Bürgermeister von Eibenstock, Hesse, schon auf der Mittweidaer Tagung von 1905 unter Tagesordnungspunkt 7 die Bildung einer Vertretung der Bürgermeister der »revidierten Städte« empfahl, *die aus der vorhandenen Bürgermeister-Vereinigung herauswachsen und an deren Spitze ein*

Vorstand stehen möge, wie es ihn bislang nicht gab. In Oschatz wurde 1906 der Antrag erneuert: *Die Vertretung solle nicht nur die Interessen der Städte im Sinne der revidierten Städteordnung, sondern auch die Lebensinteressen der Bürgermeister vertreten*, ein ganz neuartiger Gesichtspunkt, und dies beides als juristische Person, mit festem Sitz der Vereinigung und einem gewählten Vorstand zur Vertretung vor allem nach außen hin.

Das Drängen auf eine festere Form der Vereinigung beziehungsweise der Konferenz hatte – neben den unzweifelhaft wohl auch gegebenen persönlichen Interessen Hesses – gute Gründe für sich. Was als Gelegenheit zur freien Diskussion schwieriger Sach- und Rechtsfragen im engen Zirkel und als Möglichkeit zu kollegialen Kontakten begonnen hatte, war inzwischen durch Petitionen, Erklärungen, Verwahrungen immer wieder nach außen hervorgetreten. Es war ein Punkt erreicht, an dem sich die lockere Form der Organisation als hinderlich erwies, da die jeweiligen Sprecher, im Grunde nur als Gastgeber für ein Jahr gewählt, eine eigentliche Legitimation der Vertretung nach außen und der Vertretung im Innern nicht in Anspruch nehmen konnten, weil vor allem stets unklar war, wer bei dem herkömmlichen Wechsel von Jahr zu Jahr in einem bestimmten Moment das Sagen hatte: der Vorsitzende der abgelaufenen, einen bestimmten Beschluß gefaßt habenden Versammlung oder der neu berufene Vorsitzende der Versammlung des künftigen Jahres. Dementsprechend wurden zum 7./8. Juni 1907 alle Städte mit Revidierter Städteordnung mit Ausnahme der drei exemten nach Pulsnitz in der Oberlausitz einberufen, um hier zur Gründung eines Sächsischen Bürgermeistertages e. V. zu schreiten; ein von einer Kommission ausgearbeiteter Satzungsentwurf lag bei. Die Gegenseite schien überrumpelt. Dennoch schlug das Unternehmen fehl. Gegen eine Stimme beschloß die mit 30 Anwesenden bei 50 Mitgliedern relativ schlecht besuchte Versammlung, *von der Neugründung eines Sächsischen Bürgermeistertages ... abzusehen mit Rücksicht darauf, daß der gewünschte Zusammenschluß auf anderem Wege zu erwarten stehe*. Was war geschehen?

Hinter der unerwarteten Entwicklung standen Aktivitäten des Freiberger Oberbürgermeisters Blüher[49], also eines Mannes, dessen Stadt 1905 mit über 30000 Einwohnern zu groß war, als daß sie ihm die Mitwirkung in der alten Bürgermeisterkonferenz ermöglicht hätte, ohne aber die Vorteile einer exemten Stadt aufzuweisen. Blüher versammelte drei Tage vor der Pulsnitzer Sitzung in Dresden die Bürgermeister der bedeutenderen Städte mit Revidierter Städteordnung und der eigentlich großen, der exemten Kommunen, um beide zu einer neuen Verbindung zusammenzukoppeln. Damit konnte die Pulsnitzer Versammlung verunsichert, der geplante Schnellschuß verhindert und das Tor zu neuen Verhandlungen geöffnet werden, die im Januar 1908 zur Entscheidung reif waren – im Sinne eines Sowohl-als-auch.

Am 11. Januar 1908 kamen in Dresden zwei Versammlungen von Bürgermeistern zusammen: Um neun Uhr vormittags trat die alte Bürgermeisterkonferenz im Dresdner »Löwenbräu« zur Musterung an, 33 Bürgermeister, die nunmehr geschlossen in die um zehn Uhr beginnende Gründungsversammlung einer Sächsischen Allgemeinen Bürger-

49 StadtA Freiberg, Abt. I, Sekt. III Nr. 57 I; Abt. I, Sekt. IX, Nr. 166 I und II. – StadtA Dresden, Hauptkanzlei U 2/1900. – StadtA Chemnitz, III, VIIa Nr. 526.

meister-Vereinigung einzogen, welche unter dem Vorsitz des Dresdener Oberbürgermeisters Beutler im Stadtverordnetensaal des Rathauses stattfand. Zu ihr hatten sich weitere Oberbürgermeister und Bürgermeister der Städte mit Revidierter Städteordnung eingefunden, der exemten ebenso wie der anderen, bisher ausgeschlossenen mit über 20000 Einwohnern und der sonstigen, die sich bisher zurückgehalten hatten. Insgesamt waren es 72, deren knappe Hälfte somit aus der alten Bürgermeisterkonferenz stammte.

Die neue »Sächsische Allgemeine Bürgermeister-Vereinigung« gab sich in der ersten Sitzung ihre Geschäftsordnung – diese übersandte Beutler wenige Tage danach an seinen Straßburger Kollegen Schwander – und wählte einen ersten Vorstand. Dem Ausschuß gehörten außer Beutler, der die Versammlung beherrschte, Blüher-Freiberg, der den Widerstand mobilisiert und eine endgültige Spaltung der Städteordnungs-Städte verhindert hatte (er wurde 1915 Beutlers Nachfolger in Dresden), und Käubler-Bautzen als Vertreter der exemten oder doch politisch führenden Städte noch an: Brink/Glauchau, dessen Stadt mit jetzt über 25000 Einwohnern aus der alten Organisation nach Jahren der Zugehörigkeit hinausgewachsen war, Freyer/Mittweida als Oberhaupt einer Stadt von über 15000 Einwohnern, damit aus der besonders umworbenen Gruppe an der oberen Grenze der alten Konferenz, sowie Hesse/Eibenstock und Eberle/Nossen als Vertreter der kleineren Städteordnungsstädte mit 9000 beziehungsweise 5000 Einwohnern, die, das sei vorgezogen, 1909 zugleich auch die Vorsteher der reorganisierten alten Bürgermeisterkonferenz wurden. Neben der neuen bestand die alte Bürgermeisterkonferenz also weiter, ja fand ihrerseits zu einer festeren Form, als sie sich auf ihrer Grimmaer Versammlung am 18./19. Mai 1909 mit 35 Beteiligten in »Sächsischer Bürgermeistertag e. V.« umbenannte, sich einen gewählten Vorstand gab und zum Ersten und Zweiten »Vorsteher« die schon lange auf eine Reorganisation drängenden Bürgermeister Hesse und Eberle ernannte, die, wie eben gesagt, auch in der Sächsischen Allgemeinen Bürgermeister-Vereinigung im Vorstand saßen.

Durch zahlreiche Personalunionen engstens verbunden, bestanden somit seit Januar 1908 zwei Bürgermeisterverbände nebeneinander: die alte »Konferenz«, seit 1908 »Bürgermeistertag«, und die neue »Vereinigung«. Jede von ihnen tagte im Jahr ein- und gelegentlich zweimal. Den 16 Versammlungen des »Bürgermeistertags« 1908–1918 standen 13 der »Vereinigung« gegenüber, wenn es, wie es zur Zeit den Anschein hat, 1912/13 zu Versammlungen der »Vereinigung« nicht gekommen sein sollte.

Alle Tagungen der »Vereinigung« fanden in Dresden statt:

1908	I	1911	X	1915	IX
1908	X	1914	II	1916	XI
1909	XI	1914	VIII	1917	IV/XI
1911	II	1915	III	1918	II

Wie es scheint, ergänzten sich beide Organisationen in sinnvoller Weise. Der »Bürgermeistertag« bewahrte den gewohnten Arbeitsstil mit wechselnden Tagungsorten quer über das ganze Land, während die Vereinigung auf die Residenz- und Landeshauptstadt fixiert blieb. Während die erste, wie es ihrer Tradition entsprach und auch besser in den Sommer paßte, neben der eigentlichen Arbeit die Geselligkeit intensiv pflegte, konzentrierte sich die zweite, wenn der Eindruck nicht täuscht, mehr im Winter auf die ernste Seite der Kommunikation und bot den Eindruck gekonnter Effizienz. Das wird auch darin deutlich, daß die »Vereinigung« im Sommer 1909, den Bestrebungen des Preußischen und des Deutschen Städtetages entsprechend, eine »Auskunftstelle für städtische Verwaltungsangelegenheiten« mit der Aufgabe der Sammlung älterer und aktueller Ortsgesetze, Regulative und wichtigerer Bekanntmachungen der sächsischen Städte einrichtete, die sich an die bekannte Dresdner Gehe-Stiftung anlehnte, welche, gegründet in den achtziger Jahren, dazu bestimmt war, *Wissen und Bildung zu verbreiten in Bezug auf die Gegenstände, deren gründliches Verständnis zu gedeihlichem öffentlichen Wirken vonnöten ist*, wie uns der Brockhaus von 1908 belehrt – eine Einrichtung, die in Dresden eine große Fachbibliothek unterhielt und ein bekanntes Jahrbuch mit einschlägiger Thematik herausbrachte. Gleich nach ihrer Gründung schaltete sich die »Vereinigung« energisch in die Beratung der damals anstehenden, für die sächsischen Städte äußerst wichtigen Entwürfe für das »Gesetz über die Bezirksverbände und selbständigen Stadtbezirke sowie deren Vertretung« und das »Gesetz über Fürsorgeerziehung« ein.

Die Existenz beider Oberbürgermeisterverbände, die aber im Gegensatz zu den Verhältnissen in anderen deutschen Staaten oder preußischen Provinzen nicht getrennt neben- oder übereinander standen, sondern durch zahlreiche Personalunionen verbunden waren, bot eine glückliche Lösung für die kraftvolle Wahrnehmung allgemeiner wie spezieller kommunaler Anliegen. Die Einbindung der großen Kommunen in der »Vereinigung« verlieh auch der Arbeit der sonstigen einen größeren Schwung und eine verstärkte Durchsetzungskraft für städtische Anliegen genereller Art nach außen hin, vor allem im Gesetzgebungsprozeß, während der »Bürgermeistertag« die Formulierung von spezifischen Anliegen der Mittel- und kleineren Städte ermöglichte, an denen die großen Gemeinwesen weniger Interesse hatten. Zugleich erfüllte der »Bürgermeistertag« seine gesellschaftliche Aufgabe kollegial-freundschaftlichen Miteinanders, so daß seine Mitgliederzahl nicht etwa zurückging, sondern noch einmal kräftig anzog. Beide Vereinigungen bestanden über den Ersten Weltkrieg hinweg und bis in die Spätphase der Weimarer Republik hinein, die hier nicht mehr unser Thema ist.

Doch mit alledem nicht genug! Schon seit den neunziger Jahren hatte die alte Sächsische Bürgermeisterkonferenz durch Zusammenschlüsse der Bürgermeister auf der Ebene der Kreishauptmannschaften (Regierungsbezirke) Konkurrenz erhalten. Die älteste von ihnen war jene Bürgermeisterversammlung, die sich auf die Bezirke der Kreishauptmannschaften Zwickau und Chemnitz bezog und in den Akten des Stadtarchivs Plauen[50] seit dem Jahr 1902 ihren Niederschlag gefunden hat, aber älter ist. Denn einmal weist die gemeinsame Bürgermeisterkonferenz der beiden erst seit 1900 getrennt nebeneinander bestehenden Kreishauptmannschaften Zwickau und Chemnitz auf die Zeit vor diesem Stichjahr, zum andern aber diente diese Bürgermeisterkonferenz im Jahre 1898 der Bürgermeisterkonferenz im Bezirk der Kreishauptmannschaft Leipzig ausdrücklich zum Vorbild.

50 StadtA Plauen, Rep. II, Kap. IX, Sekt. I Nr. 197. Eine systematische Suche in den Archiven der zahlreichen Städte dieses Gebiets müßte weitere Erkenntnisse bringen, allerdings blieb die Suche im StadtA Werdau bisher erfolglos.

Die Mitglieder dieser Runde, so zeigen es die überwiegend sehr korrekt geführten Protokolle zum Beispiel der Konferenzen von 1902 und 1903, kamen aus dem Gebiet beider Kreishauptmannschaften: aus Crimmitschau, Oelsnitz, Lengenfeld, Eibenstock, Lößnitz, Markneukirchen, Schneeberg, Kirchberg, Neustädtel, Auerbach, Schöneck, Netzschkau, Falkenstein im Zwickauer Bezirk, aus Lichtenstein, Glauchau, Meerane, Marienberg, Stollberg, Thum, Annaberg, Buchholz, Zschopau, Oederan, Hohenstein-Ernstthal, Waldenburg, Olbernhau, Limbach im Chemnitzer Bezirk, also aus dort 13, hier 14, insgesamt 27 Städten, unter ihnen wichtige Industriestädte, aber nicht die bedeutendsten wie Zwickau, Plauen, Chemnitz. Wie ein Vergleich ergibt, war nur eine von diesen Städten später nicht auch in der alten Bürgermeisterkonferenz organisiert, Schöneck, während andere ihrer Mitgliedschaft in der kreishauptmannschaftlichen Vereinigung erst später, etwa seit 1908, die Mitgliedschaft in der allgemeinen folgen ließen.

Daß auch hier die großen Städte zunächst ausgeschlossen waren, motivierte der langjährige Vorsitzende, Bürgermeister Fröhlich/Lichtenstein kurz vor seinem Rücktritt in einem Brief aus dem Jahre 1907 an den Plauener Oberbürgermeister. Danach wurden die Bürgermeister der großen Kommunen von Anfang an zu diesen Besprechungen nicht eingeladen, *da deren Berufsstellung und berufliche Interessen doch wesentlich andere sind als die von uns kleinen Bürgermeistern, die auch von uns irgendwelche Belehrung wohl nicht empfangen könnten. Allmählich sind jedoch auch die Herren Kollegen von Zwickau und Chemnitz unseren Konferenzen beigetreten, und so bin ich, der ich als der Älteste die Versammlung zu leiten habe, beauftragt worden, auch Ihnen anheim zu stellen, ob Sie künftig den Versammlungen beiwohnen wollen bezw. Sie auch dazu einzuladen.* Die Oberbürgermeister von Zwickau und Chemnitz mochten zu ihren Kollegen in den mittleren und kleinen Städten schon früher in Beziehungen getreten sein, weil regelmäßig ihre Städte oder doch deren Hotels als Tagungsstädte gedient hatten. Diesmal war Plauen zum Tagungsort erwählt worden, und so ergab sich diese Einladung von der Sache her leicht.

Die Konferenzen mit ihren stets leicht unter oder um 20 Teilnehmern in den ersten Jahren des neuen Jahrhunderts, später durch den Hinzutritt anderer (Adorf, Mylau, Treuen, Werdau in der Zwickauer, Ehrenfriedersdorf, Frankenberg, Marienberg in der Chemnitzer Kreishauptmannschaft) mit stets etwa 30 Anwesenden – es sind bisher keine Mitglieder-, sondern nur Anwesenheitslisten aufgefunden worden –, traten mehrfach im Jahr zusammen, zwei-, auch fünfmal. In den wohl nicht ganz lückenlosen Plauener Unterlagen lassen sich zwischen 1902 und 1913, 1916 und 1918 insgesamt 36 Sitzungen nachweisen, fast alle in Zwickau und Chemnitz, je einmal auch in Plauen, Werdau, Meerane, Lengenfeld und Hohenstein-Ernstthal.

Auch hier spiegelt sich wieder die Vielzahl der behandelten Themen die Breite kommunaler Probleme überhaupt wider, nicht anders als sonst. Die Zurückweisung staatlicher Ansprüche stellt einen beachtlichen Anteil der Agenden dar, wir finden keine Spur von obrigkeitsfrommer Konsenssüchtigkeit. Eindeutig scheint der rein geschäftsmäßige Charakter überwogen zu haben; 15, auch 18 Tagesordnungspunkte waren öfter abzuarbeiten, so daß das Gesellschaftliche stark zurücktrat. Gelegentlich schlossen sich Besichtigungen an: 1905 etwa der Besuch der Nervenheilanstalt in

Chemnitz (für den die Einladung den Besuchern freien Abzug garantierte) oder 1907 in Plauen der Besuch von Krankenhaus, Stadtpark, Schlacht- und Viehhof – die Besichtigung der Talsperre kam nicht zustande.

Im Gegensatz zu der alten Bürgermeisterversammlung besaßen die »Versammlungen der Bürgermeister der sächsischen Mittelstädte« in den Kreishauptmannschaften Zwickau und Chemnitz einen ständigen Vorsitzenden, den als Senior gewählten Bürgermeister Fröhlich/Lichtenstein, der 1907 aus Altersgründen zurücktrat und durch Bürgermeister Brink/Glauchau ersetzt wurde. In der gleichen Zeit nannte sich die Versammlung in »Chemnitz-Zwickauer Bürgermeisterversammlung« um. Mit ihrem Vorsitzenden Brink war sie, wie oben ausgeführt, auch im Vorstand der 1908 gegründeten Sächsischen Allgemeinen Bürgermeistervereinigung vertreten.

Anfänge und Arbeit der Bürgermeisterversammlung im Bezirk der Kreishauptmannschaft Leipzig lassen sich mit Hilfe des im Sächsischen Staatsarchiv Leipzig als Depositum aufbewahrten Stadtarchivs Pegau voll erfassen[51]: Im Oktober 1898 regte Bürgermeister Berthold/Markranstädt nach dem Vorbild der Städte mit revidierter Städteordnung im Bezirk der Kreishauptmannschaften Zwickau und Chemnitz *öfter und regelmäßig sich wiederholende Zusammenkünfte* der Bürgermeister seiner Region an. Von einer größeren Anzahl von ihnen kamen positive Antworten: Pegau, Penig, Rochlitz, Roßwein, Waldheim, Wurzen, Borna, Burgstädt, Colditz, Grimma, Groitzsch, Hainichen, Döbeln, Leisnig, Mittweida und Oschatz. Der Einladung zur konstituierenden Sitzung am 19. November 1898 im Leipziger Theaterrestaurant folgten neun von ihnen und eröffneten damit eine sehr lebhafte Zusammenarbeit, die sich in der folgenden Zeit in jeweils vier- bis fünfmaligen Konferenzen im Jahr manifestierte. Vorsitzender der »Vereinigung«, später definitiv »Versammlung der Bürgermeister der Städte mit revidierter Städteordnung im Bezirke der Kreishauptmannschaft Leipzig« genannt, bei welcher die Mitgliedschaft nach schriftlichem »Aufnahmegesuch« »durch Zuwahl erworben« wurde und nach den Satzungen von 1903 *an die Person geknüpft* war, war in den ersten Jahren Bürgermeister Berthold/Markranstädt, dem 1902 Bürgermeister Lobeck/Grimma folgte, während seit etwa 1907 ihr Kollege Löscher/Borna eine führende Rolle spielte. Wenn die Versammlung so von Anfang an eine personale Spitze besaß, von der auch zu den Tagungen eingeladen wurde, dann entstanden doch die Tagesordnungen durch die wechselseitige Mitteilung von Tagesordnungspunkten, welche die Mitglieder behandelt sehen wollten, ohne Einschaltung des Vorsitzenden – also direkt von dem einzelnen Bürgermeister an alle seine Kollegen. So bewahrt der Pegauer Bestand außer zahlreichen (späteren) Protokollen und vielen Einladungen vor allem die Mitteilungen über die Anregungen der Tagesordnungspunkte auf, deren Initiatoren hier einmal umfassend deutlich werden. Diese Versammlung, die seit dem 10. März 1903 eine Satzung besaß, tagte bis weit über das Ende des Ersten Weltkriegs hinaus. Tagungsort war überwiegend – aber nicht immer – Leipzig, wo das Theaterrestaurant bevorzugt wurde.

Als dritte regionale Bürgermeisterversammlung entstand 1899 die »Bürgermeistervereinigung in der Kreishauptmannschaft Dresden« (oder »Konferenz der Bürgermei-

51 Sächs. StaatsA Leipzig. Best. Stadt Pegau Nr. 1411 und 1412.

ster der Revidierten Städte in der Kreishauptmannschaft Dresden«), initiiert auf Anregung von sieben Mitgliedsstädten der alten Bürgermeisterkonferenz aus dem Bezirk der Kreishauptmannschaft von dem Königsteiner Bürgermeister Reißiger, der als »Alterssenior« auch ihr Leiter wurde und später zugleich Mitglied der alten Bürgermeisterkonferenz/Bürgermeistertag, seit 1908 auch noch zusätzlich der Sächsischen Allgemeinen Bürgermeistervereinigung war. Ihre Arbeit ist vor allem im Stadtarchiv Dresden gut belegt[52], doch auch zum Beispiel in den Stadtarchiven von Pirna und Freiberg. Sie fand jährlich etwa einmal statt, bevorzugt in den Wintermonaten und somit überwiegend halbjährlich verschoben gegenüber der Jahresversammlung des Bürgermeistertages. Tagungsort war in der Regel – vielleicht stets – die Landeshauptstadt. Wie die Protokolle der Jahre 1910/11 zeigen, gehörten ihr die Städte beziehungsweise die Bürgermeister von Bischofswerda, Dippoldiswalde, Dresden, Freiberg, Großenhain, Königstein, Lommatzsch, Meißen, Neustadt, Nossen, Pirna, Pulsnitz, Radeberg, Riesa, Sayda, Schandau und Sebnitz an.

Ob es in der Bautzener Kreishauptmannschaft Bürgermeisterversammlungen gegeben hat, ist bislang zweifelhaft, eher unwahrscheinlich, da sich in diesem Gebiet auch die alte Bürgermeisterkonferenz nur langsam und zögernd durchsetzen konnte. 1915 dürfte aber der in den Protokollen erkennbare Anschluß von Städten der Oberlausitz in den Jahren zuvor – Pulsnitz, Bischofswerda, Löbau – an die Versammlung in der Kreishauptmannschaft Dresden deren Umbenennung in »Dresden-Bautzener Bürgermeisterkonferenz« zur Folge gehabt haben.

So war die Masse der sächsischen Städte mit Revidierter Städteordnung seit 1908 – für die kleineren Kommunen bestand seit 1892 der Sächsische Gemeindetag – jeweils in ein Geflecht von nicht weniger als drei Bürgermeisterorganisationen eingebunden. Das schlug sich in der archivalischen Überlieferung nieder, die überwiegend die drei Provenienzen in chronologischer Folge durcheinander enthält und den Benutzer zu genauer Unterscheidung zwingt.

IX

Im Gebiet der thüringischen Staaten bestand seit 1869 ein die Ländergrenzen übergreifender »Thüringischer Städteverband«, dessen Arbeit sich auf der Grundlage des Statuts vom 30. Oktober 1869 vollzog. Er vereinte auf seinen jährlichen Hauptversammlungen je drei bis sechs auf ein Jahr gewählte Vertreter der ihm angehörenden Städte, nämlich, wie die Teilnehmerlisten zeigten, (Ober-)Bürgermeister, Stadt- und Bauräte, Stadtkämmerer, Schul- und Wasserwerksdirektoren mit Stadtverordneten und deren Vorstehern sowie Oberamtsrichtern, Rechtsanwälten und ähnlichen am öffentlichen Leben besonders interessierten Honoratioren. Er war also ein echter Städtetag, der auch öffentlich tagte und seit 1871 seine Verhandlungen in den Mitteilungen des Thüringischen Städteverbands publizierte. Vertreten waren bei seiner Gründung 1869

52 Hierzu besonders StadtA Dresden Hauptkanzlei U 2/1900; Finanzamt, Handakten Kretzschmar 21 (1914–1924); Stadtrat A II 160. In letztgenannter Akte auch Material zu einer 1892 vom Kreishauptmann nach Dresden eingeladenen Bürgermeisterkonferenz, die aber wohl keine Fortsetzungen fand.

50 Städte aus acht thüringischen Staaten, zu denen späterhin noch Städte aus Preußisch-Thüringen (Regierungsbezirk Erfurt) hinzutraten; 1897 waren 75 Städte beieinander. Freilich soll die Beobachtung nicht unterdrückt werden, daß auf den Hauptversammlungen öfter fast nur (Ober-)Bürgermeister anwesend waren, so daß der Städtetag faktisch gelegentlich nur eine überterritoriale Bürgermeisterkonferenz darstellte[53]. Während so die Kommunikation der Städte Thüringens im wesentlichen über den Städtetag lief, traten Bürgermeisterkonferenzen aus kommunaler Initiative in der Mehrzahl der thüringischen Staaten zurück, genauer: sie fehlten oft ganz.

Für das Großherzogtum Sachsen (Sachsen-Weimar-Eisenach) konnten Bürgermeisterversammlungen eigenständiger Art bisher nicht eruiert werden, wohl aber Konferenzen, die vom jeweiligen Bezirksdirektor eingerufen wurden[54]. Einberufende der Bürgermeisterversammlungen im Herzogtum Sachsen-Coburg und Gotha waren nach den bisherigen Erkenntnissen die Landräte[55]. Im Fürstentum Reuß jüngerer Linie luden ebenfalls staatliche Instanzen ein[56]. Für das Herzogtum Sachsen-Meiningen[57] sowie aus den Herzogtümern Schwarzburg-Rudolstadt und Schwarzburg-Sondershausen[58] liegen Hinweise auf Bürgermeisterversammlungen der einen oder der anderen Art bisher nicht vor. Von der besonders gedrückten Situation der Städte und ihrer Selbstverwaltung in den beiden Schwarzburg, in denen *seit einiger Zeit ... die Gemeindebehörden von oben herab auf das Unerträglichste gemaßregelt werden,* von *unglaublichen Dingen* im Zusammenhang mit Disziplinierungsmaßnahmen gegen die Bürgermeister von Frankenhausen, Rudolstadt, Sondershausen und anderen Städten berichtete die Deutsche Gemeinde-Zeitung wiederholt zu Anfang der neunziger Jahre, so daß der fehlende Nachweis von Bürgermeisterkonferenzen in Schwarzburg auch von hier aus seine Erklärung findet. Das Fürstentum Reuß älterer Linie umfaßte nur die Städte Greiz und Zeulenroda, an Konferenzen aus eigener Initiative ist hier kaum zu denken.

Bürgermeisterkonferenzen sind dagegen – bisher mit den in den Stadtarchiven von Meuselwitz und Kahla aufbewahrten Akten – für das Herzogtum Sachsen-Altenburg

53 Hierzu die Druckschrift »60 Jahre Thüringer Städteverband. 1869–1929«, o. O. u. J. (1929), sowie die aktenmäßige Überlieferung z. B. im Bestand StadtA Ohrdruf im Thür. HauptStA Weimar, Außenstelle Gotha, Sign.: Rep. 1 Loc. 19 Nr. 3 (1869–1914). Hier auch die Mitteilungen des Thüringischen Städteverbands.

54 Das Thür. HauptStA Weimar konnte nur »Materialien zu Versammlungen der Bürgermeister und Gemeindevorstände auf der Ebene von Verwaltungsbezirken« ermitteln; Einladende waren die Bezirksdirektoren. Die im StadtA Weimar lagernden Akten zu Bürgermeisterkonferenzen – wahrscheinlich nur solche von den staatlichen Stellen einberufene – sind zur Zeit nicht zugänglich, eine Überprüfung war nicht möglich. Die vom Thür. HauptStA Weimar verwalteten Deposita enthalten keine Hinweise auf Bürgermeisterkonferenzen auf Grund kommunaler Initiative, ebenso nicht die StadtA Apolda, Coburg, Eisenach, Ilmenau, Jena.

55 Die Außenstelle Gotha des Thür. HauptStA Weimar vermag nur (Land-)Schultheißenkonferenzen der Landratsämter Gotha (Nr. 331, 332, 332a) und Waltershausen (Nr. 144) nachzuweisen. Der Bestand der Stadt Ohrdruf ebendort enthält nichts über Bürgermeisterkonferenzen aus kommunaler Initiative im Staatsteil Gotha, ebenso nicht das KreisA Gotha. Negativ blieben auch Anfragen im Bayerischen Staatsarchiv Coburg sowie im StadtA Coburg für den Staatsteil Coburg.

56 Mitteilungen des Thür. HauptStA Weimar, Außenstelle Greiz und des StadtA Gera.

57 Mitteilung des StA Meiningen.

58 Mitteilung der StadtA Rudolstadt und Sondershausen sowie Deutsche Gemeinde-Zeitung 1891, S. 194 und 1892, S. 52.

nachzuweisen[59]. Als die Bürgermeister der zehn Städte des Herzogtums – Altenburg, Gößnitz, Meuselwitz, Lugau, Ronneburg, Schmölln im Ost- und Eisenberg, Kahla, Orlamünde, Roda im Westkreis – 1916 »Satzungen der Altenburger Bürgermeistervereinigung« vereinbarten, konnten sie diese mit dem stolzen Wort einleiten, daß mit ihnen *die seit mehr als fünfzig Jahren bestehende Vereinigung der Bürgermeister des Herzogtums Altenburg* ihre Verfassung erhalten habe. Tatsächlich haben sich im Meuselwitzer Archiv Spuren dieser frühen Zeit gefunden, die auf Versammlungen von Bürgermeistern und Gemeindevertretern hinweisen, also auf »Städtetage« im eigentlichen Sinne, die damals tatsächlich so auch genannt wurden (1860, 1862 und 1869).

Ob die Unterbrechung der Meuselwitzer Überlieferung von 1869 bis 1897 auf die Nichtabhaltung derartiger Versammlungen – 1869 wurde der Thüringische Städtetag gegründet und war seitdem aktiv – oder auf Lücken im Bestand zurückgeht, muß einstweilen offenbleiben. Genug, daß 1897, 1900 und 1903 und von da an mit Ausnahme von 1907 und 1911 jährlich mehrfach in wechselnden Städten Konferenzen abgehalten wurden[60], die von 1897 bis zu seinem Tode 1911 von Bürgermeister Kroll/Schmölln, später von verschiedenen Vorsitzenden geleitet waren. Wenn auch 1916 *der Ausbau der Bürgermeisterversammlung zu einem altenburgischen Gemeindetag* diskutiert wurde, so entschied man sich damals doch nur für eine Fortsetzung der gewohnten Versammlungen im kleinen Kreis der Städte mit der Begründung, Städte und Landgemeinden hätten oft sehr unterschiedliche Interessen. Außerdem sollten die Bürgermeisterkonferenzen *in der Hauptsache dazu dienen, um unter den Kollegen eine interne Aussprache herbeiführen zu können. Deshalb ist auch die Teilnahme von Stadtverordneten an den Verhandlungen nicht erwünscht*; auch die Presse wollte man nicht zulassen. Mit einem Städtetag öffentlichen Charakters für das Herzogtum neben den Konferenzen konnte man sich indessen durchaus befreunden; er kam aber wohl nicht zustande. Die erwähnten »Satzungen« vom 19. November 1916[61] behielten also den bewährten Rahmen bei. Sie sahen Vorstandswahlen alle drei Jahre und regelmäßige, zweimal im Jahr zusammentretende Versammlungen in unterschiedlichen Städten vor, abwechselnd im Ost- und im Westkreis. Beide Überlieferungen in Meuselwitz und Kahla zeigen, daß die Konferenz zumindest bis 1921/22 arbeitete.

X

Wenn – wie hier geschehen – für große Teile des Deutschen Reiches in wilhelminischer Zeit Bürgermeisterkonferenzen nachgewiesen werden konnten, dann stellt sich die Frage nach dem verbleibenden Rest. Hier kann nur immer wieder darauf hingewiesen werden, daß die Frage offen ist und wohl auch noch lange bleiben wird, wenn nicht die Forschung vor Ort sich des Themas annimmt. Der vorläufige Sachstand stellt sich zur Zeit so dar: In den selbständigen Staaten Nord- und Mitteldeutschlands konnten eigenständige Bürgermeisterkonferenzen nur zu geringem Teil aufgetan werden. Nega-

59 StadtA Meuselwitz XIV B 1 und 2. – StadtA Kahla G XI/11 und 2. – Das StadtA Altenburg meldet »Fehlanzeige«.

60 Liste der Versammlungen: StadtA Kahla G XI/11 fol. 147 (1904–1915: 18 Versammlungen).

61 »Satzungen«: StadtA Meuselwitz XIV B 2.

tiv blieben Untersuchungen ebenso für das Großherzogtum Oldenburg[62] wie für das Herzogtum Braunschweig[63] und für die Fürstentümer Lippe[64], Schaumburg-Lippe[65] und Anhalt[66].

Besondere Verhältnisse herrschten in den Großherzogtümern Mecklenburg-Schwerin und -Neustrelitz. Vor der Gründung des Mecklenburgischen Städtetages im Dezember 1918, der die Städte beider Staaten vereinte, gab es hier zwar keinen Städtetag, doch trafen sich *die Vertreter der städtischen Magistrate, regelmäßig der Bürgermeister einer jeden Stadt*, im Zusammenhang mit dem alljährlich abwechselnd in Malchin und Sternberg tagenden, altständisch organisierten Landtag. *Außerdem kamen die Magistratsvertreter der Städte unter sich zwei Male in jedem Jahre auf den meistens in Rostock stattfindenden mehrtägigen Frühjahrs- und Herbstkonventen zusammen. Bei diesen Versammlungen – Landtagen und städtischen Konventen – hatten die Vertreter der Magistrate, bei denen das Schwergewicht der städtischen Verwaltung in so überwiegendem Maße lag, daß demgegenüber die Bedeutung der Bürgerrepräsentationen (Bürgerausschüsse) weit zurücktrat, ausreichende Gelegenheit, die gemeinsamen Interessen der Städte zu besprechen und über die nach ihrer Überzeugung zu ergreifenden Maßnahmen zu beraten, so daß sie in ihrer Mehrzahl ein Bedürfnis nach einem engeren Zusammenschluß der mecklenburgischen Städte nicht anerkannten und an der im Jahre 1912 von den Bürgervereinen des Landes angeregten Gründung eines Mecklenburgischen Städtetages sich nicht beteiligten*[67]. Da eine landständische Union und somit ein gemeinsamer Landtag beide mecklenburgischen Großherzogtümer seit alters überspannte, waren auch die Bürgermeisterversammlungen aus Anlaß von Landtagen und ebenso die Städtekonvente schon vor 1918 grenzenübergreifend[68]. Das Beispiel

62 Auskünfte StadtA Oldenburg (im StA ebd.), Delmenhorst, Wilhelmshaven. Seit 1905 bestand ein Verband Oldenburger Gemeinden, der Städte und Landgemeinden vereinte und z.B. 1906 170 Personen aus 90 Gemeinden vereinigte, somit einen weiteren, offenen Charakter aufwies. Einschlägig z.B. die Akte III.A.8 (0181-000/0), Laufzeit 1905–1921, im StadtA Delmenhorst.
63 Auskünfte StA Wolfenbüttel und StadtA Braunschweig. Der seit 1884 bestehende Braunschweiger Städtetag besaß laut Teilnehmerlisten von 1884 bis 1914 mit jeweils 30–45 Teilnehmern, ein bis vier aus jeder Stadt, nämlich Bürgermeistern, Magistratsmitgliedern, Stadtverordneten (Vorstehern) und einigen wenigen anderen Interessierten (Schuldirektoren), den Charakter eines Städtetags im eigentlichen Sinne. Er tagte jährlich ein-, auch zweimal und veröffentlichte seit 1885 Protokolle (ab 1906: Berichte) über die Verhandlungen des Braunschweigischen Städtetags (vorh. StA Wolfenbüttel, Q 171, und StadtA Braunschweig, D IV, 31.1).
64 Auskunft StadtA Detmold. Die lippischen Städtetage besaßen den Charakter von solchen im eigentlichen Sinn, wie die Statuten vom Jahre 1897 ausweisen: Freundliche Mitteilung des StA Detmold.
65 Auskünfte StA Bückeburg sowie StadtA Hess. Oldendorf, Rinteln und Stadthagen.
66 Auskünfte StadtA Bernburg, Dessau, Köthen und KrA Zerbst (80 % Kriegsverluste). Zum Städtetag siehe Anm. 71.
67 »12. Mecklenburgischer Städtetag in Schwerin«. Sonderdruck aus der Mecklenburgischen Zeitung, Schwerin i. M. vom 12. 6. 1930. Freundlicher Hinweis des LHA Schwerin.
68 Anfragen nach »Bürgermeisterkonferenzen« waren vom LHA Schwerin sowie den StadtA Güstrow, Neustrelitz, Parchim und Rostock negativ beantwortet worden. Diese Beobachtung verdeutlicht die Abhängigkeit positiver Antworten von präziser Terminologie, wie sie freilich nur allzu häufig erst gegen Abschluß der Nachforschungen und oft durch Zufall sich ergebend zur Verfügung steht.

Mecklenburgs verdeutlicht zugleich die fernere Aufgabe, eventuelle Bürgermeisterversammlungen anläßlich von Landtagen (Provinziallandtagen) auch in anderen Gebieten aufzuspüren.

Negativ verliefen bisher die Recherchen nach Bürgermeisterkonferenzen auch bei einer Reihe preußischer Provinzen, nämlich für Hessen-Nassau – darüber wurde bereits gesprochen –, Schleswig-Holstein[69], Hannover[70], Sachsen[71], Pommern[72], Posen(?)[73], Westpreußen[74], Ostpreußen[75], in denen überall Städtetage im eigentlichen Sinne arbeiteten und regelmäßig zusammentraten. Hier ist allerdings darauf hinzuweisen, daß der Stand der Ermittlungen zur Zeit noch recht ungleich ist, wobei sich die Wahrscheinlichkeit, Bürgermeisterkonferenzen doch noch festzustellen, zur Zahl der ohne Erfolg kontaktierten Stadtarchive umgekehrt proportional verhält und damit zum Beispiel für die Provinzen Schleswig-Holstein, Hannover und Sachsen Entdeckungen kaum noch zu erwarten sein dürften. In der Kernprovinz des Preußischen Staates, Brandenburg[76], sind Konferenzen der »Berufsbürgermeister der Prignitz und der unmittelbar angrenzenden Stadtgemeinden benachbarter Kreise« nachweisbar, zu denen der Bürgermeister Nedwig/Wittenberge 1904 die Initiative ergriffen hatte. Eingeladen und zum Teil erschienen waren Bürgermeister aus den Kreisen West- und

69 Auskünfte LandesA Schleswig-Holstein in Schloß Gottorf, StA Hamburg (Bestände Altona, Harburg, Wandsbek), StadtA Flensburg, Glückstadt, Heide, Kiel, Rendsburg. Der Schleswig-Holsteinische Städtetag besaß den Charakter eines Städtetags im eigentlichen Sinne und nicht den einer Bürgermeisterkonferenz.

70 Auskünfte HStA Hannover, StA Osnabrück (einschließlich der Deposita Bad Iburg, Bramsche, Meppen, Osnabrück, Quakenbrück), Niedersächs. Städtetag sowie StadtA Celle, Duderstadt, Göttingen, Hannover, Lingen, Lüneburg, Wilhelmshaven. – Der 1866 gegründete Hannoversche Städtetag oder Städteverein – der Name wechselt – umfaßte laut Statuten von 1879 *die zeitigen oder vormaligen Mitglieder der Magistrate und Bürgervorsteher-Kollegien, die Stadtsekretäre und Stadtphysici usw.* als stimmberechtigte Mitglieder. Im Statut von 1895 wurden auch die Stadtbaumeister als Mitglieder aufgeführt. Auskunft des StA Osnabrück aus dem Bestand StadtA Osnabrück (Dep. 3 b IV Nr. 507).

71 Auskünfte LHA Magdeburg und dessen Außenstellen Wernigerode (mit 31 für das Thema »Bürgermeisterkonferenzen« überprüften Deposita) und Oranienbaum sowie StadtA Erfurt, Halberstadt, Halle, Magdeburg, Quedlinburg, Stendal, Weißenfels, Wernigerode. Der Städtetag der Provinz Sachsen (seit 1876: und des Herzogtums Anhalt) seit 1868 besaß den Charakter eines eigentlichen Städtetages (siehe insbesondere die reiche, auch die Vorformen des Städtetags einschließende Überlieferung im StadtA von Halberstadt, 1868–1927, Sign.: 2.2.006 ff.).

72 Auskünfte Archiwum Panstwowe Szczecinie (Stettin) und Koszalin (Köslin), Vorpommersches LHA Greifswald (einschließlich der Deposita Richtenberg, Grimmen, Franzburg) sowie StadtA Stralsund und Greifswald. Die Städtetage der Provinz Pommern seit 1875 besaßen laut Statut vom 15. 9. des gleichen Jahres und der Anwesenheitslisten den Charakter eigentlicher Städtetage mit Vertretern der Magistrate und der Stadtverordnetenversammlungen.

73 Auskunft Archiwum Panstwowe Poznan (Posen). Zur Zeit noch undeutliche Hinweise aus diesem Archiv auf eventuelle Bürgermeisterversammlungen in der Provinz Posen bedürfen weiterer Nachforschungen hinsichtlich ihres Charakters als selbstbestimmter Treffen oder staatlicherseits einberufener Dienstbesprechungen.

74 Auskünfte Archiwum Panstwowe Torun (Thorn), Gdansk (Danzig).

75 Auskünfte Archiwum Panstwowe Olsztyn (Allenstein) und GStA P. K. Berlin (Bestand StA Königsberg).

76 StA Potsdam, Pr. Br. Rep. 8, Stadt Friesack. Negative Auskunft vom StadtA Potsdam und vom StadtA Cottbus.

Ostprignitz sowie Ruppin, der Altmark und dem Havelland, genauer aus Arendsee, Friesack, Havelberg, Kyritz, Lenzen, Meyenburg, Neuruppin, Neustadt a.d. Dosse, Osterburg, Perleberg, Pritzwalk, Putlitz, Seehausen, Werben, Wilsnack, Wittenberge, Wittstock und Wusterhausen. Die Pflege von *Kollegialität und Solidarität* nach dem Vorbild anderer Berufsorganisationen sowie *amtliche Bedürfnisse* aller Art sollten im Mittelpunkt der Halbjahresversammlungen stehen, die dann auch verschiedentlich in den folgenden Jahren abgehalten wurden.

Möglicherweise würde aber die gründliche Suche in den noch vorhandenen Kommunalarchiven im Land östlich von Oder und Neiße, die selbständig geblieben sind oder als Deposita in den polnischen Staatsarchiven aufbewahrt werden, weitere Aufschlüsse geben; sie ist bisher noch nicht ausreichend durchgeführt worden. Daß zumindest die Regierungsbezirke Stralsund und Stettin Bürgermeisterkonferenzen aber eher nicht gehabt haben dürften und damit vielleicht auch die Provinz Pommern generell nicht, scheint durch die negativen Antworten der Archive in (Mecklenburg)-Vorpommern klargestellt zu sein.

Demgegenüber lassen sich für Schlesien mit Hilfe der Akten in den Stadtarchiven Görlitz und Rothenburg[77], ehemals Niederschlesien, zumindest für den Regierungsbezirk Liegnitz Bürgermeisterkonferenzen seit 1911 durchaus nachweisen. Die Tagungsorte wechselten, Liegnitz und Görlitz waren besonders beliebt. Erhalten sind Einladungen, Tagesordnungen und zum Teil Protokolle. Unter dem Vorsitz von Bürgermeister Ott/Haynau waren hier mit *streng persönlicher* Einladung die Bürgermeister von Beuthen a.d. Oder, Bolkenhain, Bunzlau, Freystadt, Friedeberg a. Queis, Glogau, Görlitz, Goldberg, Greiffenberg, Grünberg, Haynau, Hirschberg, Hohenfriedeberg, Hoyerswerda, Jauer, Kotzenau, Kupferberg, Lähn, Landeshut, Löwenberg, Lüben, Marklissa, Muskau, Naumburg a. Queis, Neusalz, Neustädtel, Parchwitz, Polkwitz, Priebus, Primkenau, Reichenbach, Rothenburg, Ruhland, Sagan, Schmiedberg, Schönberg, Seidenberg, Sprottau und Wittichenau zu etwa zweimal im Jahr stattfindenden Versammlungen vereinigt, bei denen allen Teilnehmern ans Herz gelegt wurde, *insbesondere dafür Sorge zu tragen, daß die Tagesordnung nicht zur Veröffentlichung in der Presse gelange*. Daß der Austausch von Informationen und die Diskussion von Erfahrungen, nicht aber Beschlüsse Zweck der Konferenzen seien, ließ man von der manchmal ganz allgemein über die Tagungen berichtenden Presse der Öffentlichkeit gelegentlich mitteilen. Dabei sei angemerkt, daß sowohl der Niederschlesische wie der Schlesische Städtetag Städtetage im eigentlichen Sinne waren, die Angehörige ebenso der städtischen Exekutiven wie der Legislativen sowie andere Interessierte unter ihren Teilnehmern besaßen.

Für Mittel- und Oberschlesien lassen sich derzeit über die negativen Antworten der polnischen Staatsarchive hinaus keine Aussagen machen[78].

77 StadtA Görlitz Reg. 13 Fach 39. – StadtA Rothenburg/Lausitz Hist. 16–7. – Das Archiwum Panstwowe Wroclaw (Breslau) teilte mit, daß Akten über den Regierungsbezirk Liegnitz nicht erhalten seien, die über den Regierungsbezirk Oppeln zwar erhalten seien, aber über Bürgermeisterkonferenzen nichts enthielten.

78 Archiwum Panstwowe Wroclaw (Breslau) und Katowice (Kattowitz). Doch sei eine Notiz der Deutschen Gemeinde-Zeitung aus dem Jahre 1890 (S. 19) festgehalten, nach welcher der Ober-

XI

Sind nach diesem ersten, vorläufigen Versuch, die Bürgermeisterkonferenzen im wilhelminischen Halbjahrhundert der deutschen Geschichte in den Staaten, Provinzen, Bezirken einmal im ganzen zu erfassen und vorzuführen, allgemeine Aussagen schon erlaubt? Vielleicht, wenn mit jeder Feststellung ein mitschwingendes Element der Frage sich verbindet und herausgehört wird.

1. Ein erstes überraschendes Ergebnis war die umfassende Kritik, mit der hochkompetente Kommunalpolitiker als Zeitgenossen den in ihren Regionen seit teilweise dreißig oder vierzig Jahren arbeitenden Städtetagen gegenüberstanden, und die Härte, ja Schroffheit, mit welcher sie das Problem angingen, ob diesen oder nicht eher den Bürgermeisterkonferenzen als Plattformen zwischenstädtischer Kommunikation der Vorrang einzuräumen sei. Städtetage wurden also keineswegs als ein Nonplusultra kommunaler Zusammenarbeit von vornherein der prüfenden Diskussion entzogen! Diese Debatte entfachte sich um so stärker, als – vor allem im Rheinland und in Sachsen – derartige Bürgermeisterversammlungen sich zeitlich längst vor den Städtetagen herausgebildet hatten und erfolgreich arbeiteten, oder anderwärts – so in Baden, Württemberg, Hessen-Darmstadt – Städtetage sich zu Bürgermeisterversammlungen zurückgebildet oder gar nicht erst voll entwickelt hatten und in dieser Form, wenigstens zum Teil, ebenfalls erfolgreich arbeiteten. Daß es sich um zwei Modelle handelte, bestimmte die damalige Diskussion und bedarf keiner Konstruktion des systematisierenden Historikers, auch wenn das vermittelnde Modell eines grundsätzlich offener konzipierten, wenn auch de facto nur aus Stadtoberhäuptern bestehenden »Städtetages« im Sonderfall existiert haben mag, was zu klären bleibt. Eindeutig unzutreffend ist die (möglicherweise auf Grund der einseitigen Berichterstattung der Deutschen Gemeinde-Zeitung entstandene) Vorstellung, als habe das Modell des offener gestalteten Städtetages ein älteres der geschlossenen Bürgermeisterversammlung zeitlich abgelöst[79].

Ein unerwartetes Ergebnis war im Zusammenhang damit besonders die klare Schwäche des Städtetagsgedankens in den neunziger Jahren und die Tatsache des Niedergangs, ja zum Teil des Verschwindens der Städtetage zugunsten der Bürgermeisterkonferenzen gerade in jenen drei südwestdeutschen Staaten, deren kräftige und weit entwickelte bürgerlich-liberale Struktur immer wieder beschworen worden ist und wird. Überraschend war auch, daß demgegenüber in den prima vista und nach festliegendem Vorurteil einerseits besonders autoritär geführten, andererseits von angeblich stärker autoritätsfixierten Bevölkerungen akzeptierten Staaten wie Bayern und Preußen – und hier in den meisten Provinzen – Städtetage in regelmäßiger Folge, oft gut besucht die Anliegen der Kommunen im Stile eines Städteparlaments artikulierten, während Bürgermeisterkonferenzen als geschlossene, effektiv arbeitende Expertenrunde eine herausragende Rolle wohl augenscheinlich nicht spielten oder nicht einmal existierten.

schlesische Städtetag vom Januar 1890 die Erwartungen nicht erfüllt habe und man eine Neugründung in lockererer Form, *d.h. ohne großen Apparat, Feste, Kosten usw.* plane – eine Bürgermeisterkonferenz?

79 Beckstein, Interessenpolitik (wie Anm. 28), S. 34.

Daß das ursprünglich vermutete, bei der Forschung im Grunde angezielte »Sowohl-Als-Auch« tatsächlich oft ein »Entweder-Oder« war, wirkt im Ergebnis beinahe schockierend. Über die tieferen Ursachen besteht Unklarheit, das Problem ist ja auch gerade erst ans Licht getreten, es bedarf der Klärung. Gewiß haben die Zeitgenossen selbst gute Gründe dafür ins Feld geführt, daß und inwiefern die Bürgermeisterversammlungen effektiver als die Städtetage arbeiten mochten – häufiger einberufbar, intensiver und sachbezogener diskutierend –, doch eine Antwort auf die Frage, warum sich hier eher Städtetage und dort eher Konferenzen der Bürgermeister bewährten, erkannte und versuchte niemand, und auch dies sei als Problem hier zur Diskussion gestellt.

Eine weitere, am Fall Mecklenburgs deutlich gewordene Fragestellung ist die nach institutionalisierten, regelmäßigen Treffen von Stadtbürgermeistern am Rande von Landtagen, Provinziallandtagen und entsprechenden Versammlungen[80]. Sie ist hier bewußt nicht weiter verfolgt worden, da sie ein eigenes Thema darstellt.

2. Vielleicht ist dem einen oder anderen Leser gleich dem Verfasser schon während der Forschung und nun bei der Niederlegung seiner Ergebnisse schmerzlich zum Bewußtsein gekommen, daß das vorgetragene vielfältige Detail sehr viel stärker von organisations- denn sachgeschichtlichen Gesichtspunkten bestimmt gewesen ist. Von den jeweils beteiligten Persönlichkeiten war die Rede, von den in und mit ihnen repräsentierten Städten, von der Häufigkeit und dem äußeren Ablauf der Konferenzen, von deren Schichtung in »Ober-« und »Unterhaus«, von festen oder wechselnden Tagungsorten, von den ständig variierenden oder den festen, sei es durch Anciennität, sei es durch Wahl bestimmten Vorsitzenden, von lockereren oder strafferen Führungsmethoden und Kommunikationsformen, von dem Überwiegen des Fachlichen oder des Kollegial-Gesellschaftlichen, von der Prävalenz der Vorträge oder der Diskussionen, von den Versuchen, auf Gesetzgebungen Einfluß zu nehmen oder anderswie »der Stadt Bestes« zu suchen – von alledem, doch so wenig von den Erfolgen des Tuns in concreto.

Das war kein Zufall. Immer wieder war auf die äußerst ungünstige Quellenlage zu verweisen, die nur zu oft nicht mehr als die Tagesordnungen und Programme, sonst manchmal Beschluß- und ganz selten Verlaufsprotokolle sehr geraffter Art aufweist, kaum je einmal etwas Genaueres, etwas Handfesteres über den Erfolg der Bemühungen, vor allem solcher nach außen hin, etwa der Interventionen und Petitionen aus Anlaß der Gesetzgebungsvorgänge.

Doch auch die andere Seite wurde ebenso schmerzlich bewußt – die Tatsache, daß wir für keinen deutschen Staat im ganzen und nur ausnahmsweise einmal für spezielle Materien über das verfügen, was man mit Fug eine Geschichte der Gesetzgebung nennen könnte. Denn selbstverständlich kann die Bedeutung ermessen und darf die Bewertung einzelner Faktoren bei den Gesetzgebungsprozessen erst dann vorgenommen werden, wenn zumindest einige Bündel von legislatorischen Vorgängen jeweils in ihrer Gänze und in den einzelnen Stadien ihrer Entstehung bekannt geworden sind. Die Untersuchung der Sachen selbst erst ermöglicht im besten Fall die Einschätzung ihrer

80 Siehe hierzu z. B. auch die Berichterstattung über eine Konferenz der Oberbürgermeister im Herrenhaus des Preußischen Landtags, die mit der Vereinbarung engerer Zusammenarbeit der »entschieden liberalen« Oberbürgermeister endete. Deutsche Gemeinde-Zeitung 1895, S. 107.

bedingenden Faktoren – wie zum Beispiel Bürgermeisterkonferenzen oder Städtetage. Hier stehen wir noch nicht einmal am Anfang der Arbeit, und sicher würde eine genauere Erfassung der legislatorischen Prozesse auch für die Institutionengeschichte sehr hilfreich sein.

3. Unbefriedigend ist weiterhin, daß kein Versuch unternommen wurde, bei den von den Bürgermeistern verhandelten Gegenständen eine gewisse Linie aufzuzeigen, das Auftreten und Verschwinden bestimmter Sachkomplexe im Laufe der vierzig, fünfzig Jahre, in denen wir Bürgermeisterkonferenzen beobachten konnten.

Wer sich eingehender mit der Geschichte einzelner deutscher regionaler Städtetage anhand ihrer Verhandlungen beschäftigt hat – wie der Verfasser gelegentlich für die Städtetage von Hessen-Kassel und von Nassau –, der weiß, wie zu bestimmten Zeiten gewisse vorherrschende Tendenzen unverkennbar sind, etwa in den achtziger und neunziger Jahren Probleme der Grundversorgung der Städte (Wasser, Gas, Straßen) im Vordergrund stehen können, im Jahrzehnt vor dem Ersten Weltkrieg die gehobenen Bedürfnisse (Gebäudeschutz, Stadtbild, Kindergärten, Sportstätten, Schulen), während des Weltkriegs Fragen der Lebensmittelversorgung, in den Nachkriegsjahren die der Rückgliederung von Soldaten, der Sorge für Arbeitslose, Kriegsversehrte und Hinterbliebene, des Wohnungsbaus usw., im einzelnen je nach Lage und Entwicklung der Region verschieden und manchmal auch zeitlich verschoben. Auch Engeli[81] hat als der herausragende Kenner der Materie hier einige allgemeine Anmerkungen gemacht. Läßt sich derartiges für die Bürgermeisterkonferenzen feststellen?

Nur mit Vorsicht möchte man hier zustimmend urteilen, obwohl es eigentlich selbstverständlich, ja gar nicht anders möglich ist, als daß die Bürgermeisterkonferenzen im ganzen der gleichen Drift unterlegen haben müssen wie die Städtetage. Tatsächlich kann man dies auch beobachten, aber es verbirgt sich bei jenen noch wesentlich stärker als bei diesen. Es versteckt sich bis hin zur Nichterkennbarkeit hinter der großen Masse der hier, weniger bei den Städtetagen behandelten Probleme diffizilster Art, von denen man ebenso je nach Sichtweise sagen mag, daß sie überzeitlich-omnipräsent oder aber daß sie aktuell-einmalig sind. Sie sind von höchster aktueller Bedeutung für Bürgermeister, aber nicht für Städtetage, für die Pragmatiker, aber nicht für die Programmatiker – alle diese Fragen und Probleme der Pensions- und Versicherungsgesetzgebung für den öffentlichen Dienst, die dienst- und disziplinarrechtlichen Details, Kompetenzen, Konkurrenzen usw. Ein derartiger Tagesordnungspunkt mag eine halbe Konferenz wegfressen – auf jeden Fall ist die Sicht des aus geschichtlicher Ferne Urteilenden auf das große Ganze und seinen Fortgang verstellt.

4. Engeli hat die Frage nach dem mehr oppositionellen oder dem mehr systemstabilisierenden Charakter der Städtetage gestellt und im Sinne des Zweiten beantwortet[82]. Selbstverständlich ist auch von den Bürgermeistern auf ihren Treffen eine Fundamentalkritik am bestehenden politisch-sozialen System nicht geübt worden, wer hätte sie auch erwartet? Aber oft genügt schon der Blick in die (gelegentlich sogar mit kurzen Motivationen versehenen) Tagesordnungen, um zu erkennen, wie hier im mühsamen

81 ENGELI (wie Anm. 6), S. 183.
82 Ebd., S. 179.

Detail Ansprüche auch des Staates zurückgewiesen, Rechte gewahrt werden: *Ob der Amtshauptmann recht hat, wenn er verlangt, daß der Oberbürgermeister …?* oder … *daß die Stadt …?* Dabei mag dann je nach der Art des Falles eine Front der Kommunalpolitiker entsprechend dem Grad der möglichen oder der tatsächlich gegebenen Generalisierbarkeit entstehen oder auch nicht.

Die Beschäftigung mit den bisher noch nie so recht gesehenen Bürgermeisterkonferenzen führt in das Mark der Verfassungs- und Verwaltungsstruktur des Kaiserreichs und regt an, die verbreiteten Raster, mit denen das wilhelminische Deutschland häufig betrachtet wird, zu verfeinern, das Plakative der Farben durch Differenzierung der Realität anzugleichen, um zu lernen, »wie es eigentlich gewesen ist«.

Entstehung, Aufgaben und Bedeutung des Städtetages Baden-Württemberg

VON KURT GEBHARDT

I. Die Entstehung

Baden-Württemberg, der sogenannte Südweststaat, entstand 1952 durch den Zusammenschluß der nach dem Krieg von den Besatzungsmächten geschaffenen Länder Württemberg-Baden, Württemberg-Hohenzollern und Baden. Als eine der ersten bedeutsamen Vereinigungen im neuen Bundesland wurde am 10. Mai 1954 in Baden-Baden der Städteverband Baden-Württemberg gegründet. Dies war der erfolgreiche Abschluß eines intensiven Bemühens um einen einheitlichen Verband der Städte des ganzen Landes. Eine Reihe kleinerer kommunaler Vereinigungen hatte sich schon kurz nach dem Krieg gebildet:

- Am 5. Oktober 1945 fand im Karlsruher Rathaus die konstituierende Sitzung des Württembergisch-Badischen Städteverbandes statt. Dieser Zusammenschluß knüpfte an die Tradition des föderativen kommunalen Verbandswesens vor 1933 an und umfaßte zunächst nur sieben Städte, nämlich Stuttgart, Mannheim, Karlsruhe, Heidelberg, Heilbronn, Ulm und Pforzheim. Um die Jahreswende 1945/46 zählte man bereits 17 Mitgliedsstädte. Den Vorsitz übernahm der Oberbürgermeister von Karlsruhe und nachmalige Wirtschaftsminister Dr. Hermann Veit. Zu den »Männern der ersten Stunde« gehörte unter anderen auch der Stuttgarter Oberbürgermeister Dr. Arnulf Klett, später lange Jahre Präsident des Deutschen Städtetages.
- Am 16. April 1946 wurde auf Initiative des Lahrer Oberbürgermeisters Dr. Waeldin, in der Folgezeit Regierungspräsident von Südbaden, eine kommunale Arbeitsgemeinschaft gebildet, der zunächst sechs südbadische Mittelstädte angehörten, die sich am 3. April 1951 zusammen mit Freiburg, Baden-Baden und Konstanz zum Badischen Städteverband vereinigten.
- Schon zuvor, am 9. Juni 1949, ist in Ladenburg der Nordbadische Städtebund gegründet worden, der 14 kleinere Städte umfaßte.
- Das Pendant dazu bildete der am 20. Mai 1952 in Emmendingen entstandene Südbadische Städtebund, der am 15. Juni 1953 korporativ dem Württembergisch-Badischen Städteverband beitrat.

Am 10. Mai 1954 schlossen sich, wie erwähnt, alle genannten kommunalen Vereinigungen zum Städteverband Baden-Württemberg zusammen, ausgenommen den Badischen Städteverband, der mit einjährigem Abstand folgte und schließlich zum 1. April 1955 seinen Beitritt erklärte. Der Städteverband Baden-Württemberg konstituierte sich als rechtsfähiger Verein. Dem Deutschen Städtetag war er von Anfang an sowohl als korporatives Mitglied als auch durch Einzelmitgliedschaften seiner größeren Städte verbunden. 1971 hat er seinen Namen geändert und heißt seitdem Städtetag Baden-Württemberg, entsprechend dem Deutschen Städtetag und analog zu den beiden anderen Kommunalen Landesverbänden, dem Gemeindetag und dem Landkreistag Baden-Württemberg. Im folgenden sei er lediglich als »Städtetag« benannt. Er umfaßt heute 161 Städte mit rund 5,2 Millionen Einwohnern, mehr als die Hälfte des Landes. Davon sind neun Städte kreisfrei, also Stadtkreise, und 72 Große Kreisstädte.

Es wäre ein Versäumnis, ließe man bei der Entstehungsgeschichte der Kommunalen Landesverbände nicht ein seinerzeit heiß umstrittenes Problem außer Betracht: Denn neben den erwähnten, ursprünglich bestehenden Verbänden gab es, um die Verwirrung vollständig zu machen, noch weitere kommunale Vereinigungen. Auf der Ebene der Gemeinden waren dies

- der Württembergische Gemeindetag (Nordwürttemberg),
- der Verband badischer Gemeinden und
- der Gemeindetag Württemberg-Hohenzollern.

Auf der Ebene der Landkreise

- der Verband Württembergisch-Badischer Landkreise und
- der Verband Badischer Landkreise.

Es lag nahe, diese neun Verbände von Städten, Gemeinden und Landkreisen zu einem Dachverband zusammenzuschließen, um die Belange der kommunalen Selbstverwaltung gegenüber den sich allmählich stabilisierenden Institutionen des Staates wirkungsvoller vertreten zu können. Nach langwierigen Verhandlungen unter der Federführung des Städtetages kam es um die Jahreswende 1951/52 zu einer losen Vereinigung aller Kommunalen Landesverbände.

Am 4. Januar 1952 wurde folgende Entschließung gefaßt: »*In Baden-Baden haben sich heute die Vorsitzenden und Geschäftsführer aller Kommunalen Spitzenverbände der bisherigen Länder Süd-Baden, Württemberg-Baden und Württemberg-Hohenzollern zusammengefunden, um über die künftige gemeinschaftliche Arbeit und die notwendigen organisatorischen Veränderungen zu beraten. Das wichtigste Ergebnis bildet die einstimmig beschlossene Gründung einer Badisch-Württembergischen Gemeindekammer, welcher alle Kommunalen Verbände der drei Länder angehören. Ihr Sitz ist vorläufig Karlsruhe. Die Kammer besteht aus 23 Mitgliedern, welche von den Verbänden zu entsenden sind. Die Gemeindekammer wird sich insbesondere zu befassen haben mit den Problemen der neuen Landesverfassung, der Verwaltungsorganisation des neuen Landes und dem neuen Gemeinde- und Kreisverfassungsrecht.*« Der Vorsitzende dieser Vereinigung, Mannheims Oberbürgermeister Dr. Hermann Heimerich, überreichte im April 1952 den Mitgliedern der Verfassunggebenden Landesversammlung eine eingehend begründete Vorlage mit dem Ziel, neben dem Landtag ein zweites Gesetzgebungsorgan zu schaffen, das – wie beschlossen – als Gemeindekammer bezeichnet werden sollte. Es war an eine gewisse Parallelität zu den legislativen Institutionen des Bundes gedacht, wo bekanntermaßen neben dem Bundestag die besonderen Interessen der Länder durch den Bundesrat vertreten werden.

Die Verfassunggebende Landesversammlung hat sich nach harten Auseinandersetzungen mehrheitlich gegen eine Gemeindekammer als parlamentarisches Organ ausgesprochen. Auch als Dachverband ist sie nur kurze Zeit tätig geworden, aber mit der mittelbaren Wirkung, daß sich die Kommunalen Landesverbände nach der Bildung des neuen Bundeslandes Baden-Württemberg enger zusammenschlossen und zunächst von neun auf vier und seit dem 1. Januar 1973 auf drei reduziert wurden: Gemeindetag, Städtetag und Landkreistag. Auch in landespolitischer Hinsicht blieb der Vorstoß nicht erfolglos: In der Landesverfassung wurde für die Kommunalen Landesverbände, als Trostpflaster sozusagen, ein Anhörungsrecht verankert, das sich in der Folgezeit als recht bedeutungsvoll erwiesen hat. Ich werde an späterer Stelle noch näher darauf eingehen.

II. Die Aufgaben

Doch zunächst zu den Aufgaben des Städtetages. Sie unterscheiden sich grundsätzlich in ihren beiden Stoßrichtungen nach innen und nach außen. Man kann es auf einen kurzen Nenner bringen: Intern geht es neben der Beratung und dem Erfahrungsaustausch der Mitgliedstädte vor allem um die Meinungsbildung zu allgemeinen kommunalen Problemen und speziell zu Gesetzesvorlagen von kommunalpolitischem Belang, um sodann den gewonnenen Standpunkt gegenüber dem Land – also Landtag, Regierung und Staatsverwaltung – zu vertreten und möglichst auch durchzusetzen: Leicht gesagt, nicht ganz so leicht getan. Werfen wir aber zunächst einmal einen Blick auf die Struktur der Städtetages, um uns ein Bild darüber zu verschaffen, wie und mit welchen organisatorischen Instrumentarien die Verbandsarbeit geleistet wird.

Ein Charakteristikum des Städtetages ist, im Gegensatz zu Gemeindetag und Landkreistag, seine inhomogene Zusammensetzung. Er umfaßt Städte in der Größenordnung von 2000 Einwohnern bis zur Landeshauptstadt mit über einer halben Million. Demzufolge gibt es nicht selten recht divergierende Interessenlagen. Ein Musterbeispiel ist der ständig diskutierte und immer wieder novellierte Kommunale Finanzausgleich. Zentralörtliche Funktionen, die von größeren Städten wahrgenommen werden und einem mehr oder weniger ausgedehnten Umland zugute kommen, bedingen höhere Verwaltungskosten, wobei sich natürlich über Nutzen und Kosten trefflich streiten läßt. Die Ausgaben einer Stadt wachsen nicht entsprechend der größeren Einwohnerzahl, sondern überproportional, was sich statistisch unschwer nachweisen läßt, aber jenen, der dafür weniger aus der gemeinsamen Kasse erhält, verständlicherweise schmerzt. Und Divergenzen entstehen natürlich nicht nur wegen der Größe und der zentralörtlichen Vorhaltungen, sondern auch wegen spezieller Funktionen; man denke nur an die besondere Situation von Universitätsstädten, Kurorten oder Garnisonsstädten.

Bei so unterschiedlichen Interessen sind harte Auseinandersetzungen unvermeidlich. Dem Städtetag ist es aber erstaunlicherweise immer wieder gelungen, einen Ausgleich insbesondere zwischen den großen, mittleren und kleineren Städten zu finden und Meinungsverschiedenheiten »im eigenen Haus« statt »auf offenem Markt« oder vor den Institutionen des Landes auszutragen. Es hat sich allenthalben die Einsicht durchgesetzt, daß dies nur eine Schwächung der kommunalen Position zur Folge haben könnte. Das gegenseitige Verständnis, loyales und solidarisches Verhalten sind im Laufe der Jahre gewachsen; Ausnahmen bestätigen die Regel.

Dazu hat auch die Satzung des Städtetages beigetragen, die Erfahrung und Klugheit von Praktikern widerspiegelt. Von erheblicher Bedeutung ist die Bestimmung des § 2 Abs. 2, wo es schlicht heißt: »Der Städtetag ist parteipolitisch neutral.« Theodor Pfizer, der langjährige Oberbürgermeister von Ulm und zeitweilige Vorsitzende des Städtetages, bemerkte dazu[1]: »Das ständige und unangefochtene Streben des Städtetags, über der Parteipolitik zu stehen, ist dessen, auch in seiner Satzung festgelegte, besondere Note.« Und an anderer Stelle: »Der Städtetag und in weitem Umfang seine Mitgliedstädte leisten zur politischen Versachlichung einen greifbaren Beitrag.« Pfizer spricht von einer »Oase der Sachlichkeit«. Und in der Tat, Parteipolitik hat nach meinem Erkenntnisstand, von seltenen Ausnahmen abgesehen, keine Rolle gespielt. Dies gilt sowohl für sachliche als auch für personelle Entscheidungen, vor allem für die durch demokratische Wahlen erfolgenden Besetzungen von Gremien und deren Führungspositionen.

Ganz anders beim Deutschen Städtetag, wo die Sitzvergaben streng nach der Gesamtzahl der von den einzelnen Parteien beziehungsweise Wählervereinigungen in allen Mitgliedstädten errungenen kommunalen Mandate erfolgen; ähnlich auch in den anderen Landesverbänden des Deutschen Städtetages. Dies hängt wohl ein wenig mit der baden-württembergischen Kommunalverfassung zusammen, wonach die Bürgermeister nicht vom Rat, sondern unmittelbar vom Volk gewählt werden und damit relativ unabhängig von parteipolitischen Einflüssen sind. Sie verstehen sich deshalb zumeist auch als überparteiliche Sachwalter ihrer Städte. Als äußerst zweckmäßig hat sich ferner die satzungsmäßige Struktur des Städtetages für das gemeinschaftliche Zusammenwirken und die Effizienz der Verbandsarbeit erwiesen. Da ist zunächst die auf die unterschiedliche Größe und Aufgaben bezogene Gliederung in drei Städtegruppen zu erwähnen, nämlich

- die Städtegruppe A, die die kreisfreien Städte umfaßt,
- die Städtegruppe B, der die kreisangehörigen Städte mit mindestens 15 000 Einwohnern, im wesentlichen also die Großen Kreisstädte, angehören
- und die Städtegruppe C, in der alle übrigen Städte unterhalb dieser Größenordnung zusammengefaßt sind.

Die Städtegruppen B und C kommen regelmäßig, die Städtegruppe A nur selten zu Beratungen in Arbeitstagungen zusammen. Dem Erfahrungsaustausch innerhalb der Städtegruppen B und C dienen vorwiegend Sprengelversammlungen auf der Ebene der Regierungsbezirke.

Die einzelnen Städtegruppen entsenden ihre Repräsentanten – ausschließlich Bürgermeister und Oberbürgermeister als ihre gesetzlichen Vertreter – in das Beschlußorgan des Vorstandes, nämlich – das ist das Entscheidende – je fünf Vertreter aus jeder Städtegruppe. Die Zusammensetzung ist also paritätisch. Keine Gruppe kann die andere beherrschen, insbesondere nicht die Großen die Kleinen, was hin und wieder zu Unrecht behauptet oder befürchtet wird: nicht aus reiner Menschenliebe, sondern weil man aufeinander angewiesen ist und deshalb gegenseitige Rücksichtnahme schon aus Vernunftgründen geboten erscheint.

1 Theodor PFIZER, »Verantwortung für Stadt und Bürger«, 1979, S. 30.

Die Satzung sieht drei Organe vor:
- die Hauptversammlung, das oberste Beschlußorgan, das alle zwei Jahre tagt,
- den Vorstand, von dem eben die Rede war,
- und den Hauptgeschäftsführer mit der Dienstbezeichnung »Geschäftsführendes Vorstandsmitglied«, der dem Vorstand als weiteres Mitglied gleichberechtigt neben den Vertretern der drei Städtegruppen angehört.

Er leitet die Geschäftsstelle, der die laufende Verwaltung sowie die Vorbereitung und der Vollzug dessen obliegen, was in den Gremien beraten und beschlossen wird. – In einer Publikation über die Kommunalen Spitzenverbände[2] wird festgestellt: »Im Vergleich zu anderen Verbänden ist der Städtetag Baden-Württemberg mit einem äußerst geringen Mitarbeiterstab ausgestattet.« Martin knüpft in seiner verwaltungswissenschaftlichen Diplomarbeit[3], einer Organisations- und Funktionsanalyse des Städtetages Baden-Württemberg, an diese Aussage an und führt bezüglich der kleinen Zahl von Mitarbeitern folgendes aus: »Um so erstaunlicher ist ihre Leistung, die sie vollbringen. Die dazu befragten Mitglieder lobten ohne Einschränkung die hervorragende Arbeit der Geschäftsstelle, die auch bei den Ministerien Anerkennung findet« – was natürlich das Herz eines ehemaligen Hauptgeschäftsführers höher schlagen läßt.

Ohne die Fachausschüsse wären aber die Aufgaben des Städtetages kaum zu bewältigen. Es gibt deren sieben, nämlich den Bauausschuß, den Finanzausschuß, den Personal- und Organisationsausschuß, den Rechts- und Verfassungsausschuß, den Schul- und Kulturausschuß, den Sozialausschuß sowie den Wirtschafts- und Werksausschuß. Diese Ausschüsse sind ebenso wie der Vorstand und aus denselben Gründen paritätisch zusammengesetzt, nämlich mit je sechs fachlich besonders qualifizierten Mitgliedern aus jeder Städtegruppe. Sie haben beratende Funktion und dienen hauptsächlich der Entscheidungsfindung des Vorstands, der auf das gebündelte Expertenwissen dieser Gremien dringend angewiesen ist.

Ein beachtlicher Teil der Verbandsarbeit vollzieht sich in Arbeitsgemeinschaften. Davon gibt es eine Vielzahl, beispielsweise für Stadtkämmerer, Stadtplaner, Hauptämter, Archivare, Wirtschaftsförderung, Sozialamtsleiter, Presseamtsleiter, Gesundheitswesen, Neue Medien, um nur einige zu nennen. Die Arbeitsgemeinschaften stehen allen betreffenden Amtsträgern zur Mitwirkung offen. Sie sind wichtig für den kollegialen Erfahrungsaustausch. Darüber hinaus leisten sie Zuarbeit für die Fachausschüsse. – Vielleicht ist diese Darstellung der inneren Organisation des Städtetages etwas zu akribisch geraten. Aber sie dient, wie ich glaube, doch dem besseren Verständnis der nicht ganz einfachen Zusammenhänge und der Einsicht in die vielfältigen Problemfelder, mit denen der Verband befaßt ist.

Doch nun zu den Aufgaben selbst: Ohne auf die kaum noch zu überschauende Zahl von anderen Institutionen und Organisationen einzugehen, in denen der Städtetag vertreten ist und mitwirkt, nicht zuletzt im Deutschen Städtetag, zeigen schon die erwähnten Gremien die ungeheure Fülle der Sachgebiete und Probleme, denen sich der

2 F. GEISSELMANN, Die Kommunalen Spitzenverbände, Interessenvertretung und Verwaltungsreform, Berlin 1975, S. 33.
3 Klaus MARTIN, Die Kommunalen Spitzenverbände in der Verbandsdiskussion – Eine Organisations- und Funktionsanalyse des Städtetages Baden-Württemberg, Konstanz 1979, S. 56.

Verband zu widmen hat. Sie umfassen die ganze Bandbreite der Aufgaben, die sich aus dem menschlichen Zusammenleben in unseren Städten und Gemeinden ergeben. Es ist im Rahmen dieses Referats unmöglich, auf Einzelfragen einzugehen. Wer sich vertieft informieren will, kann sich jederzeit bei der Geschäftsstelle des Städtetages sachkundig machen.

Angesichts des Themas, das ja in engem Zusammenhang mit der Stadtgeschichtsforschung steht, erscheint es sinnvoll, zunächst die Aufbauphase nach 1945 etwas ausführlicher zu behandeln, bevor die weitere Entwicklung und die aktuellen Probleme in den Blickpunkt gerückt werden. Viele, vor allem große Städte, hatten unter den Zerstörungen des Zweiten Weltkriegs besonders gelitten. Trotzdem waren sie die Basis für den Neuaufbau der öffentlichen Verwaltung. In ihnen vollzog sich die Rückkehr zu geordneten Verhältnissen. Zunächst ging es um die Grundbedürfnisse, um Wohnraum und Ernährung, nicht zuletzt für den Strom von Evakuierten und Flüchtlingen, der die Städte zu überfluten drohte – ein Problem, das uns ja auch heute wieder beschäftigt, wenngleich unter sehr verschiedenen äußeren Verhältnissen. Damals mußten zum Beispiel Sanitätsdienste eingerichtet und ein funktionsfähiges Transportwesen organisiert werden. Es waren für die jetzige Generation unvorstellbare Anstrengungen nötig, um mit den katastrophalen Folgen des Krieges fertig zu werden. Die Teilung des Landes und die militärische Besetzung durch die Siegermächte erschwerten die Aufgabe noch mehr.

Die eigentliche kommunale Verbandsarbeit begann zu Anfang des Jahres 1946 mit den Tagungen, »Städtetage« genannt, am 19. Januar in Heidelberg und am 16. Februar in Heilbronn, wo unter anderem auch einige wichtige Fachausschüsse konstituiert wurden. Schon am 2. März 1946 sind den kurz zuvor gebildeten Ministerien die ersten Vorschläge zur Finanz- und Lastenausgleichsregelung zugeleitet worden. In rascher Folge schlossen sich auf zahlreichen anderen Sachgebieten weitere Initiativen an. Nicht nur auf schriftlichem Wege, auch durch viele Verhandlungen und Sitzungen wurden enge Kontakte zu allen Gesprächspartnern des Landes hergestellt.

Einen wichtigen Schritt zur Neugestaltung unserer Städte bildete das Aufbaugesetz von 1947, das freilich nur als eine vorübergehende Lösung gedacht war und verständlicherweise nicht das gesamte Städtebaurecht im heutigen Sinne umfassen konnte. Immerhin war damit die erste Grundlage für ein Planungs-, Bau- und Bodenrecht geschaffen. Der Städtetag hat auf den Inhalt dieser Gesetze wesentlichen Einfluß genommen. Eine Belastung für die kommunale Arbeit bedeutete hingegen die Währungsreform am 21. Juni 1948. Besonders folgenschwer für die Gemeindewirtschaft war das Dritte Gesetz zur Neuordnung des Geldwesens, das sogenannte Umstellungsgesetz vom 26. Juni 1948, das für die Städte den Verlust aller Rücklagen, der baren Kassenbestände und der laufenden Guthaben brachte.

Als ein Problem von besonderer Tragweite stellte sich auch der Mangel an geeigneten Persönlichkeiten heraus, um eine demokratische Verwaltung aufzubauen – ein Problem, das sich auch vier Jahrzehnte später in den neuen Bundesländern als ein großes Hemmnis erwiesen hat. Um so dringender war auch seinerzeit die Heranbildung interessierter, vorwiegend jüngerer Menschen für eine künftige Tätigkeit in den kommunalen Selbstverwaltungsorganen. Dieser Aufgabe widmete sich die Ende der vierziger Jahre unter Mitwirkung des Städtetages gegründete »Selbstverwaltungsschule – Kommunalakademie Ettlingen«, die damit einen wertvollen Beitrag für die Erziehung zu bürgerschaftlicher Verantwortung leistete. Mit der 1954 erfolgten Vereinigung der verschiedenen Zusammenschlüsse zum Städteverband (dem nachmaligen Städtetag) Baden-Württemberg war die schwierige Aufbauphase beendet. Rasch erfaßten die kommunalpolitischen Aktivitäten alle lokalen Lebensbereiche.

Als erstes mußten grundlegende Organisationsgesetze geschaffen werden: die Gemeindeordnung, die Landkreisordnung, das Landesverwaltungsgesetz und das Polizeigesetz, die alle gleichzeitig am 1. April 1956 in Kraft getreten sind. Dabei ging es dem Städtetag entscheidend darum, das kommunale Selbstverwaltungsrecht klar zur Geltung zu bringen und staatliche Eingriffsmöglichkeiten im wesentlichen auf die Rechtsaufsicht zu beschränken.

Auf dem Gebiet des Schulwesens hat der Städtetag schon frühzeitig darauf gedrängt, die komplexen Fragen in ihren großen Zusammenhängen zu sehen, umfassende Schulprogramme aufzustellen, daraus Schulentwicklungspläne herzuleiten und im Rahmen von Schulfinanzierungsplänen den entstehenden einmaligen und laufenden Aufwand darzustellen und seine Deckung zu sichern. Leider konnte der Städtetag nicht verhindern, daß sich bezüglich der Schulträgerschaft die Gewichte mehr und mehr zugunsten des Staates verschoben haben. Der Städtetag hat immer darauf geachtet, daß der gesamte kulturelle Bereich gegenüber den allgemeinen Erfordernissen, wie zum Beispiel im Wohnungsbau oder im Verkehrswesen, nicht zu sehr in den Hintergrund gedrängt wird. Zu erinnern ist unter anderem an den Ausbau der städtischen Büchereien und Archive, an die Errichtung von städtischen Museen, an die Musikpflege, an das Theater oder an die Volkshochschulen, die vielfach von den Städten getragen werden. Nicht vergessen sei auch der Denkmalschutz, an dessen gesetzlicher Regelung der Städtetag wesentlichen Anteil hat. Es ist übrigens für viele Außenstehende verblüffend, wenn sie erfahren, wohin in Deutschland mehr Menschen gehen: auf den Fußballplatz, ins Theater oder in Museen. Professor Rettich, der ehemalige Kunstkoordinator des Landes, hat mir die Zahlen genannt: Jährlich, bezogen auf die letzten sieben Jahre, gehen 10 bis 12 Millionen auf den Fußballplatz, 22 bis 26 Millionen ins Theater und etwa 55 Millionen in Museen. Der Bildungsbürger ist also immer noch eine weitverbreitete und erfreuliche Erscheinung in unserem Land.

Im Sozial- und Gesundheitswesen hat sich in den vergangenen Jahren ein grundsätzlicher Wandel vollzogen: Von der öffentlichen Fürsorge zur Sozialhilfe und speziell zur Jugendhilfe war ein weiter und beschwerlicher Weg. Auch die Sorge um den alten Menschen, um den wachsenden Bedarf an Altenwohnungen, Alten- und Altenpflegeheime sowie um geriatrische Kliniken und Rehabilitationseinrichtungen hat den Städtetag laufend beschäftigt und wird ihn angesichts der demographischen Entwicklung zunehmend beschäftigen. Nicht minder sorgt sich der Städtetag seit jeher um den Ausbau und die Unterhaltung der Krankenhäuser, wobei es nicht nur um eine gesicherte Finanzierung der investiven und der laufenden Kosten geht, sondern in gleicher Weise auch um die Gewinnung von qualifizierten Pflegekräften, damit ein akut drohender Pflegenotstand verhindert werden kann.

Im Bau- und Wohnungswesen hat der Städtetag intensiv an der Gesetzgebung mitgearbeitet. Stichworte sind hier: Bundesbaugesetz, Baunutzungsverordnung und Landesbauordnung. Er hat immer wieder ein zeitgerechtes Bodenrecht gefordert, das Spekulationsgewinne verhindert und eine gesunde Stadtentwicklung ermöglicht. Ansätze dazu finden sich nun im Städtebauförderungsgesetz. Nachhaltig hat er sich auch mit dem Straßenbau und dem öffentlichen Nahverkehr befaßt: Ende 1966 wurde, insbesondere auf Betreiben des Deutschen Städtetages, erreicht, daß den Städten und Gemeinden für diese Zwecke zusätzliche Mittel aus einer Erhöhung der Mineralölsteuer um drei Pfennige pro Liter zur Verfügung gestellt wurden. Die kommunalen Versorgungs- und Verkehrsbetriebe schließlich wurden und werden als wichtige Instrumente der städtebaulichen Entwicklung und der wirtschaftlichen Entfaltung des städtischen Lebensraumes betrachtet. Dabei steht seit langem der Umweltschutz im Mittelpunkt des öffentlichen Interesses. Der Städtetag hat sich insbesondere mit der Abwasser- und Abfallbeseitigung beschäftigt. Er hat auch maßgeblich bei der Entstehung des Wasserhaushaltgesetzes und der Gründung der Sondermüll-GmbH mitgewirkt.

Besondere Bedeutung innerhalb der Arbeit des Städtetages kommt den Finanzfragen zu, denn von der Steuergesetzgebung, dem Finanzausgleich und den zweckgebundenen Finanzzuweisungen hängt es ab, ob sich die Städte auf den einzelnen Sachgebieten wirksam betätigen können oder nicht. Auch für die Kommunen gilt: Ohne Geld geht nichts. Das einzige, was man ohne Geld machen kann, sind bekanntliche Schulden, und das haben alle öffentlichen Hände wirklich mehr als genug. Bei den gemeindlichen Steuereinnahmen wirkte sich die wechselnde konjunkturelle Entwicklung – Wachstum, Stagnation oder Rezession – sehr nachteilig aus. Das Gesetz zur Förderung der Stabilität und des Wachstums der Wirtschaft aus dem Jahre 1967 war symptomatisch für den offenkundigen Trend zu einem System der normativen Steuerung der Verwaltung.

Mit dem Gemeindefinanzierungsgesetz des Bundes wurde die kommunale Finanzwirtschaft seit dem 1. Januar 1970 auf eine neue Basis gestellt. Mit der Ausarbeitung dieses Gesetzes war der Städtetag auf Bundes- und auf Landesebene über mehrere Jahre hin befaßt. Nach langen Auseinandersetzungen ist es schließlich gelungen, zugunsten der Gemeinden die verfassungsmäßige Garantie der Realsteuererträge festzuschreiben. Gleichwohl bedarf es des ständigen Bemühens, damit der Wesensgehalt, insbesondere die Gewerbesteuer, nicht immer weiter ausgehöhlt wird, bis eines Tages die Verfassungsmäßigkeit einer solchen Realsteuer in Frage steht. Seit dieser Steuerneuverteilung haben die Gemeinden 40 Prozent ihrer Gewerbesteuererträge als Umlage an Bund und Länder abzuführen. Als Ausgleich dafür fließt ihnen wiederum ein Anteil an der Lohn- und veranlagten Einkommensteuer zu, so daß sie, was ihre hauptsächlichen Einnahmequellen betrifft, numehr »auf zwei Beinen« stehen.

Ein weites Feld ständiger Auseinandersetzungen bildet der Finanzausgleich zwischen dem Land und den Gemeinden. In immer kürzeren Zeitabständen wurde das Kommunale Finanzausgleichsgesetz novelliert. Dabei sind die Neuregelungen weitgehend durch Verhandlungen zwischen dem Finanzministerium und den Kommunalen Landesverbänden bestimmt worden; in Anbetracht der unterschiedlichen Interessenlagen auch innerhalb der Städtegruppen waren – wie eingangs erwähnt – Kompromisse unvermeidbar. Der nivellierende Effekt des Finanzausgleichsgesetzes kam zwar auch manchen steuerschwachen Städten, im wesentlichen aber doch den kleineren Gemeinden zugute, deren Nachholbedarf an benötigter Infrastruktur weitgehend abgebaut werden konnte. Die zweckgebundenen Finanzzuweisungen werden von den Kommunen als »Goldener Zügel« betrachtet, mit dem der Staat in die Selbstverwaltungskompetenz hineinwirkt und die Gemeinden zu seinen Kostgängern macht. Der Städtetag hat immer wieder zum Ausdruck gebracht, daß im Interesse der kommunalen Selbstverwaltung die eigene Steuerkraft der Gemeinden gestärkt werden muß und daß es erst in zweiter Linie um die Erhöhung der schlüsselmäßigen Finanzzuweisungen und nur zuletzt um zweckgebundene Zuweisungen gehen kann, über die der Staat nach eigenem Ermessen verfügt und nach seinem Willen Prioritäten setzt. Es hat langjähriger Bemühungen bedurft, bis es schließlich gelungen ist, die sogenannte »Töpfchenwirtschaft« – wenn auch nicht vollständig, so doch wenigstens in Teilbereichen – abzubauen.

Neben diesen, wenn man so will, »klassischen Aufgaben« haben sich für den Städtetag im Laufe der Jahre immer weitere Tätigkeitsfelder ergeben. Ich will nur wenige stichwortartig erwähnen:

- Zunächst die sich als ständig notwendiger erweisende Fort- und Weiterbildung unter anderem durch Seminare für Amtsleiter und durch Führungsseminare für Bürgermeister und Oberbürgermeister.
- Dann die elektronische Datenverarbeitung, wofür eigens eine verbandsübergreifende kommunale Arbeitsgemeinschaft gegründet wurde.
- Ferner das ganze Gebiet der Öffentlichkeitsarbeit, wobei die professionelle, medienwirksame Verbreitung kommunaler Anliegen gegenüber Publikationen herkömmlicher Art immer mehr Gewicht erlangt.
- Das Problem der in unser Land hereinströmenden Aussiedler, Übersiedler und Asylanten gewinnt allmählich eine Dimension, die die Kommunen und damit auch den Städtetag vor fast unlösbare Aufgaben stellt.
- Mit großer Intensität hat sich der Städtetag auch mit den Folgen der deutschen Vereinigung zu widmen. Er wirkt mit Rat und Tat beim Aufbau der Kommunalverwaltungen und des kommunalen Verbandswesens in den neuen Bundesländern mit, wobei er sich, der Partnerschaft des Landes Baden-Württemberg folgend, auf den Freistaat Sachsen konzentriert.

Freilich geht alles nicht so reibungslos, wie man sich es vorgestellt hat. Die grundlegenden politischen Veränderungen haben natürlich auch die Städte völlig unvorbereitet getroffen. Die Geschwindigkeit des Wandels nahm ja allen Beteiligten zuweilen fast den Atem. Ich habe kürzlich den Vortrag eines Historikers gehört, der eine prägnante Formulierung gefunden hat: »Geschichte«, sagte er, »vollzieht sich zur Zeit so rasch, daß man am Anfang seiner Ausführungen befürchten muß, sie könnten am Schluß schon veraltet sein.«

III. Die Bedeutung

Abschließend sei die Frage erörtert, welche Bedeutung dem Städtetag beizumessen ist. Nach der Bedeutung für die Kommunen selbst zu fragen, wäre natürlich zu kurz gegriffen; sie ist offenkundig. Nahezu jede größere Stadt und eine Vielzahl kleinerer Städte sind, soweit sie nicht ausschließlich dem Gemeindetag angehören, Mitglieder des Städtetages, freiwillige Mitglieder wohlgemerkt. Die gebotenen Leistungen – Erfahrungsaustausch, Beratung und die Wahrnehmung ihrer öffentlichen Interessen – sind ihnen demnach die Verbandsumlage wert.

Die Kernfrage bezieht sich selbstverständlich auf die politischen Einfluß- und Gestaltungsmöglichkeiten des Städtetages. Rechtlich sind diese vor allem in Artikel 71 Abs. 4 der Verfassung des Landes Baden-Württemberg normiert. Dort heißt es: »Bevor durch Gesetz oder Verordnung allgemeine Fragen geregelt werden, welche die Gemeinden und Gemeindeverbände berühren, sind diese oder ihre Zusammenschlüsse rechtzeitig zu hören.« Hier hat der Verfassungsgeber den Kommunen also ein Anhörungsrecht eingeräumt, das es – zumindest institutionalisiert – in den anderen Bundesländern nicht gibt.

Nur ein Anhörungsrecht, wird sich mancher fragen? Sind die Gemeinden und ihre Zusammenschlüsse, also die Kommunalen Landesverbände, damit nicht zahlreichen anderen Interessenverbänden, etwa denen der freien Wirtschaft, gleichgestellt, die ja üblicherweise auch des öfteren Gelegenheit erhalten, ihre Anliegen im Rahmen von Hearings den Institutionen des Landes gegenüber vorzutragen? Eine solche Frage ist eindeutig zu verneinen, und zwar in doppelter Hinsicht:

- Erstens vertreten die Kommunalen Landesverbände, im Gegensatz zu Wirtschaftsverbänden, keine partiellen Interessen, sondern die Interessen aller Bürger, die ja mit den Bürgern des Landes identisch sind.
- Zweitens besteht ein weiterer grundsätzlicher Unterschied darin, daß Hearings in Einzelfällen möglich, aber keineswegs obligatorisch sind, während das verfassungsmäßige Anhörungsrecht als eine Form der kommunalen Mitwirkung bei der Gesetzgebung zwingend vorgeschrieben ist. Ein Gesetz oder eine Verordnung, die kommunale Belange berühren – und das sind rund zwei Drittel –, sind mit einem Rechtsfehler behaftet und können mit Rechtsmitteln angefochten werden, wenn vor deren Erlaß keine Anhörung stattgefunden hat, und zwar rechtzeitig, wie ausdrücklich bestimmt wird, damit die Kommunen ausreichend Gelegenheit zu einer fundierten Meinungsbildung haben.

Nun mag man kritisch einwenden, anhören sei unverbindlich, eine formale Pflichtübung vielleicht, aber für die anstehende Entscheidung des Gesetzgebers belanglos. Ja und Nein: Sie bindet zwar den Gesetzgeber nicht, aber sie ist, wie die Erfahrung zeigt, auch keineswegs belanglos, jedenfalls nicht in der überwiegenden Mehrzahl aller Fälle. Des öfteren spielt sich nämlich die Anhörung so ab, daß die federführenden Ministerien bei Gesetzesvorhaben schon in einem frühen Entwurfsstadium Vertreter der Kommunalen Landesverbände hinzuziehen, zumeist auf Referentenebene. Hierbei darf man die löbliche Absicht unterstellen, möglichst Einvernehmen zu erzielen und damit eventuelle Hürden auf dem Wege der Gesetzgebung von vornherein beiseite zu räumen. Ein solches Procedere entspricht jedenfalls der Idealvorstellung; leider kommt es auch hin und wieder vor, daß das Anhörungsrecht überhaupt unbeachtet bleibt oder Fristen für die Abgabe von Stellungnahmen viel zu kurz bemessen sind, um sie mit der erforderlichen Sorgfalt erarbeiten zu können. Das führt regelmäßig zu unnötigem Ärger und Komplikationen, woran niemand gelegen sein kann.

Im allgemeinen werden die offiziellen Stellungnahmen schriftlich abgegeben und dann auch wortgetreu in den amtlichen Landtagsdrucksachen veröffentlicht. In besonders wichtigen Angelegenheiten erhalten die Repräsentanten der Kommunalen Landesverbände die Möglichkeit, ihre Auffassungen dem Ministerpräsidenten, dem betreffenden Ressortminister, seinem Vertreter oder den zuständigen Ausschüssen des Landtags persönlich vorzutragen.

Generell darf mit Befriedigung festgestellt werden: Man entscheidet nur ungern gegen nachdrückliche Wünsche oder Forderungen der Kommunen, insbesondere wenn alle drei Landesverbände gleicher Meinung sind und nicht mit verschiedenen Zungen reden, was sich aus sachlichen Gründen nicht immer vermeiden läßt. Dem Land ist natürlich bewußt, daß hinter den Kommunalen Landesverbänden sämtliche Gemeinden, Städte und Landkreise stehen, damit auch alle deren Organe und Repräsentanten, und letztlich die Gesamtheit der Bürger – ein politisches Gewicht, das im parlamentarischen Raum nicht unberücksichtigt bleiben kann. Zum anderen wird vom Land durchaus gesehen und anerkannt, daß die Kommunalen Landesverbände auf der dritten Ebene des Staates die schwierige Funktion wahrnehmen, divergierende Interessen zwischen den Kommunen, nicht selten auch zwischen Staat und Kommunen, auszugleichen, was sich ohne Zweifel stabilisierend auf Staat und Gesellschaft auswirkt. Deshalb werden die Kommunalen Landesverbände zunehmend als Partner des Landes, nicht nur als dessen Gesprächspartner oder nur als Sprachrohr der Kommunen verstanden.

Trotz allem wird auch weiterhin ein natürliches Spannungsverhältnis zwischen dem Staat und dem Städtetag, wie auch den beiden anderen Kommunalen Landesverbänden, bestehen bleiben. Deshalb kann sich auch in Zukunft an der wichtigsten Aufgabe des Städtetages, an seiner steten Pflicht, aber auch an seiner eigentlichen Bedeutung nichts ändern: Er ist und bleibt Hüter und Wahrer der Kommunalen Selbstverwaltung – streitbar und mit aller Härte, wenn es sein muß, aber immer auch eingedenk dessen, nicht das Unmögliche zu verlangen, um das Mögliche zu erreichen, damit man nicht Gefahr läuft, daß auch das Mögliche unmöglich wird.

Diskussionsbeiträge zu den einzelnen Referaten

DISKUSSION ZUM VORTRAG VOGLER

Ehbrecht: Es ist in den letzten Jahren sehr viel getan worden, um etwa am Beispiel des hansischen Raumes durch vergleichende Untersuchungen von Städtebünden gemeinsame Strukturmerkmale zu erarbeiten. Dabei ging es auch um die Frage, inwieweit innerhalb einer Städtegruppe zum einen eine »hierarchische« Ordnung erkennbar ist, andererseits, in welchem Maße ein gemeinsames Bewußtsein ausgeprägt ist. Es hat sich als hilfreich erwiesen, zwischen interterritorialen Städtebünden, landständischen Einungen von Städten, die im Territorium korporativ dem Fürsten gegenüber treten, und zwischen mehrständischen Landfrieden (Adel, Städte etc.) zu unterscheiden. In der Dekapolis scheinen mir alle drei Typen zusammenzufallen. Können Sie bestätigen, daß die Zehnstädte tatsächlich als Städtebund und als eine Art Landstand innerhalb der Landvogtei sowie – mindestens für die Gründungsphase aus der Sicht des Kaisers – auch als Landfriedensbund zu verstehen sind? Diesen raumkonstituierenden Faktoren ist selbstverständlich die Frage nach den interregionalen verfassungspolitischen Verbindungen an die Seite zu stellen.

Ein zweiter Punkt: In den Städtebünden, die ich übersehe, haben immer zwei oder vier Städte eine Vorrangfunktion (Hamburg-Lübeck, Dortmund-Münster-Soest-Osnabrück, Braunschweig-Magdeburg, Thüringer »Dreistädte« usw.). Sie sagen: »Die zehn sind eigentlich alle gleich, auch wenn bei Hagenau so etwas wie ein Direktorium bestand.« Hier ist auch Straßburg einzubeziehen. Handelt es sich um eine landständische Einung, dann fällt Straßburg heraus, andererseits wird man die »Politik« der Zehn nicht ohne Rücksicht auf den tatsächlichen Vorort des Landes bestimmen können. Damit steht Ihr Blick auf die Schweizer Eidgenossenschaft in Zusammenhang, die – wenn ich Sie recht verstanden habe – eine gewisse Vorbildfunktion gehabt haben könnte. Tatsächlich lassen räumliche Nachbarschaft und gemeinsame Interessen in den Kämpfen mit den Habsburgern einen solchen Schluß wahrscheinlich werden. Wichtiger ist mir aber, darauf zu verweisen, daß wir hier in den »coniurationes« ein allgemeines mittelalterliches Verfassungsmodell besitzen, wie dann auch Städtebünde im ganzen Reich verbreitet waren. Aber auch die Form der »Confoederatio Helvetica«, die Schweizer Eidgenossenschaft von Tälern, Landesgemeinden und Städten, war, wenn man Blickles Forschungen (HZ, Beiheft 13) rezipiert, verbreiteter als bisher im Anschluß an Aubins Vergleich der Landesgemeinden in den Alpentälern und den Nordseeküstenlandschaften angenommen. – Ein Feld, das Sie ausgeklammert haben, sind die wirtschaftlichen Funktionen von Städtebünden. Im Falle der Zehnstädte interessiert natürlich auch diese Frage, wobei unter dem Aspekt des Wirtschaftskontaktes wieder die freie Stadt Straßburg anzusprechen ist. Erinnert sei aber auch an den Bäckerstreik der Colmarer Bäcker.

Vogler: Das ist eine ganze Reihe von Fragen. Was die Typen anbelangt, so kann man sagen, daß diese zehn Städte innerhalb des Elsaß eine feste Struktur bildeten. Es gab sowohl generalelsässische Landstände – die Dekapolis ist immer als solche aufgetreten –, es gab aber auch oberelsässische, freilich relativ wenige wegen der Habsburger; weiterhin unterelsässische Landstände, und da ist die Dekapolis als solche – sagen wir für jene, die im Unterelsaß lagen – eben aufgetreten. Auch gegenüber dem Kaiser und besonders an den Reichstagen war die Dekapolis immer als solche mit Bestimmtheit aufgetreten.

Ich fürchte fast, ich habe mich bezüglich der Eidgenossen falsch ausgedrückt. In den Akten erscheint manchmal der Ausdruck »Eidgenossen«; man hatte aber in Wirklichkeit relativ wenig Kontakt mit der Schweiz. Nur in wirtschaftlicher Hinsicht und beim gemeinsamen Kampf gegen

Karl den Kühnen gab es eine politische und militärische Zusammenarbeit, besonders am Ende des 15. Jahrhunderts. Als Mülhausen zu den Kantonen überging, haben die Kontake natürlich abgenommen. Dies um so mehr, als am Ende des Jahrhunderts im Krieg zwischen Maximilian und den Schweizern die Elsässer dem Kaiser treu blieben. Man darf nicht vergessen, daß in diesen Kämpfen sehr viele Elsässer umgekommen sind, so daß man sagen kann, daß die Kontakte während mehrerer Jahrzehnte abgebrochen waren.

Straßburg nahm eine Art Sonderstelle, eine komplexe Position im Hinblick darauf ein, daß die Stadt einesteils als ländliches Territorium mehrere Ämter hatte, aber anderenteils relativ selten an den elsässischen Gesamtlandtagen teilgenommen hat, denn die Straßburger fühlten sich nicht wirklich als Elsässer, sondern in erster Linie als Straßburger. Dieser Tage ist im Elsaß ein Buch erschienen, in dem ausgeführt wird, daß es heute im Elsaß in historischer Sicht – und das hat sich bis heute erhalten – noch drei Elsaß gibt: 1. die Stadt Straßburg, die noch etwas eigenes ist; 2. die Stadt Mülhausen, hier bleibt auch von der schweizerischen Periode aus drei Jahrhunderten etwas Spezifisches übrig, und 3. das übrige Elsaß. Zur französischen Zeit, als Straßburg 1681 annektiert wurde, meinten die Straßburger, sie würden zwar geographisch im Elsaß liegen, gehörten aber eigentlich nicht hierzu. Das hat sich sehr lange gehalten, und auch in der Mentalitätsgeschichte ist das von sehr eigener Art. – Was die wirtschaftlichen Kontakte angeht, so ist zu sagen, daß in Handelsdingen und dem Gebiet der Münze es eine sehr aktive Zusammenarbeit zwischen diesen Städten gab. Dies gilt um so mehr, als in diesen Städten der Handel eine erhebliche Rolle spielte. Besonders für das 16. Jahrhundert darf man nicht vergessen, daß ein guter Teil dieser Städte im Weinland lag; damals war der Weinhandel der gewinnbringendste Handel im ganzen Elsaß.

Schmidt: Meine Frage zielt in dieselbe Richtung wie diejenige von Herrn Ehbrecht, auf das Verhältnis zwischen der Stadt Straßburg und der Dekapolis. Meines Erachtens beurteilen wir die mittelalterliche Entstehungsgeschichte bestimmter Institutionen oder Organisationen zu sehr nach dem Vorbild der »geronnenen« Zustände in der frühen Neuzeit. Während in den Kommunen der Dekapolis die elsässischen Landvögte wichtige Rechte besaßen und behaupteten, hatte sich das mächtige Straßburg von seinem bischöflichen Stadtherrn befreit. Straßburg ist zwar nie Mitglied, dennoch aber so etwas wie der informelle Vorort der Dekapolis gewesen. Dies beweist auch die intensive Korrespondenz insbesondere mit Colmar und Hagenau, den beiden Vororten der Dekapolis, sowie die Tatsache, daß die Versammlungen des elsässischen Städtebündnisses meist in Straßburg stattfanden – unter anderem auch deswegen, weil hier der Landvogt keinen Druck ausüben konnte. Kommunen wie Hagenau oder Oberehenheim haben meines Erachtens vor 1500 eine Art Zwischenstellung inne zwischen der Reichsstadt der Frühen Neuzeit und einer privilegierten, aber eben auch noch von einer Herrschaft abhängigen Stadt. Mit Blick auf das Reich möchte ich noch anfügen, daß nach der Wormser Romzugmatrikel von 1521 Schlettstadt und nicht, wie bei den internen Anlagen, Colmar und Hagenau den größten Anteil zu entrichten hatte.

Vogler: Ich danke Ihnen für diese Informationen. Ich möchte nur kurz darauf hinweisen, daß man im allgemeinen immer wieder feststellt, daß die Städte sich bemühten, die Rolle des Landvogtes so niedrig wie möglich zu halten. Das kann man besonders gut in der zweiten Hälfte des 16. Jahrhunderts gegenüber den Habsburgern erkennen, denn da war es für diese Städte eine Lebensfrage in dem Maße, als die Habsburger als Landvögte fast das ganze Oberelsaß schon als Territorium innehatten.

Richter: Sie haben erwähnt, daß noch nicht einmal eine gemeinsame Kasse bestanden hat und die Strukturen der Verwaltung insgesamt sehr schwach ausgebildet gewesen sind. Wie hat man dies denn in den Griff bekommen, um zu sehen, wer gezahlt hat und wie das Geld weitergeleitet worden ist?

Vogler: Im allgemeinen wurde jedes Jahr der Anteil der verschiedenen Städte eruiert und dann haben die Delegierten auf der Tagung das Geld von jeder Stadt mitgebracht; von Hagenau aus ist es dann weitergeleitet worden. Die Angelegenheit wurde also, wie Sie sehen, sehr pragmatisch gehandhabt, und es existierte auch eine gewisse Zuversicht im Verhältnis der verschiedenen Städte zueinander. Von einer etwaigen Kontrolle, die ausgeübt worden sein soll, ist mir nichts bekannt.

Kirchgässner: Ich möchte eine Zusatzfrage stellen: Wie funktionierte eigentlich das Ganze? Nehmen wir einmal den Fall auftretender Fehden – es muß doch irgend jemanden gegeben haben, der handlungsfähig und handlungswillig war, wenn auf die Städte plötzlich insbesondere finanzielle Probleme zukamen. Im Grunde genommen ist es doch immer wieder die gleiche Geschichte: Man beschließt einen Haushalt – ich darf jetzt einmal den modernen Terminus verwenden –, und dann, in einer völlig neuen Situation mit den jeweiligen Kostenanforderungen, die plötzlich auftreten, funktioniert dieses System nicht mehr. Man konnte doch wohl kaum warten, bis alle Städte ihre Vertreter geschickt hatten, um das erst einmal zu beraten, und dann wieder zu den Städten zurückzukehren, um die Genehmigung einzuholen und schlußendlich – falls diese erfolgte – die finanziellen Mittel zur Verfügung zu stellen. Gerade bei militärischen Aktionen mußte doch eine – wie Sie ausführten – erfolgreiche Handlungsfähigkeit sichergestellt sein. Das braucht ja alles seine Zeit, selbst wenn die Entfernungen von Stadt zu Stadt relativ klein sind. Einblenden darf ich hier übrigens, daß – wenn ich mich nicht täusche – auch die Bündnispartner der innerschwäbischen Münzkonventionen des 15. Jahrhunderts, wie auch diejenigen des Bodensee-Städtebundes, sich als »Eidgenossen« bezeichnet haben. Das war nichts Außergewöhnliches und mindestens bis zur Mitte des 15. Jahrhunderts keineswegs auf die schweizerische Eidgenossenschaft beschränkt.

Vogler: Für das Funktionieren im Falle von schneller Entscheidung in kurzer Zeit habe ich leider im Moment keine Antwort.

Naujoks: Aus den gedruckten und ungedruckten Akten der Reformationszeit kennt man die vielen Korrespondenzen wie etwa mit Bucer und daß in Straßburg starke protestantische Kräfte gerade aus der Handwerkerschaft gekommen sind. So stellt sich die Frage: Wie weit hat dieses starke konfessionelle Engagement, wenn man so sagen darf, damals den Kurs der Stadt, ihr Streben nach mehr Macht oder nach Neutralität, beeinflußt? Ist bekannt, inwieweit diese deutlichen protestantischen Regungen in der Bürgerschaft für die Entwicklung der Stadt selbst und der Dekapolis eine Rolle gespielt haben?

Vogler: Soviel man weiß, ist in den vier Städten, die ich erwähnt habe (Landau, Weißenburg, Münster und Colmar) die Reformation im allgemeinen vom bürgerlichen Mittelstand, das heißt von den Zünften, durchgesetzt worden. Colmar stellt insofern einen Sonderfall dar, als dort die Reformation erst viel später einsetzte (1575). Dort war es eher die Oberschicht, die die Reformation eingeführt hat, denn Colmar ist von den vier Städten die einzige, wo nur die obere und die Mittelschicht zur Reformation übergegangen sind, während das Kleinbürgertum, die Unterschicht, dem Katholizismus treu geblieben ist, so daß Colmar eine konfessionell gemischte Stadt wurde. Soviel aus den Akten hervorgeht, wurde der Stadtmagistrat erstens demokratischer besetzt, denn durch die Reformation sind die Zünfte politisch wieder sehr erstarkt, aber anderenteils hat auch der Stadtmagistrat, wie übrigens in allen evangelischen Territorien (seien es Städte, oder seien es Fürstentümer), eine viel stärkere soziale und religiöse Kontrolle der Bevölkerung durch die Kirchenordnungen bzw. durch die Polizeiordnung ausgeübt. Besonders gut kann man das sehen in der Kirchenordnung von Münster aus dem Jahre 1570, die erhalten geblieben ist. Die Kontakte mit den katholischen Städten funktionierten in dem wichtigen Jahr 1577, wovon ich gesprochen habe. Schließlich ist darauf hinzuweisen, daß zu Anfang des 17. Jahrhunderts der Stadtrat von Schlettstadt gedroht hat, aus dem Bund auszutreten, wenn die evangelischen Städte dabei blieben. So kam auf katholischer Seite die konfessionelle Leidenschaft etliche Male zum Vorschein.

Aber was ich noch besonders erwähnen möchte, ist, daß in dem Bewußtsein der elsässischen Grafen und Ritter, gefördert durch die Zusammenarbeit in den gesamtelsässischen Landtagen, jetzt die Dekapolis zu den Grundstützen des Elsaß gehörte. Wenn es auch keine politische Einheit gab, so existierte doch immerhin ein sehr starkes Bewußtsein von der »Gegend Elsaß« als solche, und man kann sagen, die Dekapolis hat sich durch ihre lange Dauer vom 14. Jahrhundert an auch bei den anderen, den Konkurrenten durchgesetzt als etwas, das zum Bestand des Elsaß gehört, so daß sich niemand getraut hätte, wirklich an diese Städte heranzutreten, sieht man einmal von der Affäre um Mülhausen ab. Von jenem Zeitpunkt an, wo Mülhausen zur Schweiz gehörte, getrauten sich auch die Habsburger nicht mehr an diese Stadt. Selbst als zu Beginn des Dreißigjährigen Krieges in den zwanziger Jahren die Habsburger auf der Höhe ihrer Macht standen, haben sie sich nie an die Stadt Mülhausen gewagt, und sogar Ludwig XIV., obwohl er die Stadt Straßburg annektierte, hat sich nie gegen die Stadt Mülhausen gewendet.

Schmidt: Herr Kirchgässner hat mich mit seinem Diskussionsbeitrag auf die folgende Frage gebracht: Das Generalthema der Tagung lautet: »Vom Städtebund zum Zweckverband«. Der »Zweckverband« ist also offensichtlich kein Städtebund mehr. Die Dekapolis hat sich nicht so sehr gegen einen oder mehrere Fürsten gerichtet, sondern sollte dazu dienen, gemeinsam die bedrohten Vorrechte, Privilegien und überhaupt die städtische Position in diesem Raum zu wahren. Es fehlt der Passus einer verpflichtenden militärischen Hilfe bei Übergriffen auf eine Mitgliedsstadt. Insofern nahm die Dekapolis Züge der korporativen städtischen Politik in der frühen Neuzeit vorweg - man könnte sie schon als Zweckverband bezeichnen. Kam es zu Übergriffen auf ein Mitglied – etwa des Grafen von Lupfen auf Türkheim –, berieten die Delegierten zuerst über Gegenmaßnahmen: Der Beschluß zur militärischen Intervention war dabei eher die Ausnahme, denn die Städte wußten, daß sie sich gegen die Fürsten in der offenen Feldschlacht nicht mehr behaupten konnten. Korporative Politik heißt im Gegensatz zum Städtebund: keine vorher normierten Abläufe bis hin zu bewaffneten Interventionen. Dies und die Verfestigung der Verfassungsverhältnisse im Reich um 1500 erklären meines Erachtens den langen Bestand und die erfolgreiche Politik der Dekapolis.

Vogler: Ich stimme Ihrer Analyse völlig zu. Tatsächlich gab es nie die Präzisierung, daß im Falle eines Angriffs auf eine Stadt jede der anderen Truppen zu stellen hätte, aber das erklärt sich auch aus der elsässischen Mentalität, die immer sehr pragmatisch eingestellt war und ist. Man will nicht alles zuvor ideologisch festlegen, sondern wenn ein Fall eintritt, dann versucht man ihn konkret zu regeln und sich nicht auf ein papierenes Engagement zu stützen. Man vertraute freilich auch darauf, daß die neun anderen Städte einen nicht im Stich ließen.

Kirchgässner: Noch einmal eine Frage zur Münze: Gab es bestimmte Vertragsverhältnisse über Colmar zum Rappenmünzbund?

Vogler: Ja, die gab es. Ich habe jedoch keine präzisen Informationen parat.

Kirchgässner: Ich darf mit aufrichtigem Dank die Diskussion beschließen. Ihr lebhafter Verlauf mag Herrn Vogler zeigen, daß er ein wichtiges und interessantes Kapitel städtischer Geschichte vorgetragen hat.

DISKUSSION ZUM VORTRAG SCHMIDT

Kirchgässner: Die Ausführungen des Referenten bieten in gewisser Weise eine Gegenposition zum Vortrag des heutigen Morgens. Es ist ein dankenswertes, wenn auch schwieriges Unterfangen, das sehr komplexe Leben des Alten Reiches in einer vorgegebenen Zeit, wenn auch auf einen solchen Sektor eingeschränkt, darzustellen. Herr Kollege Schmidt hat dies hervorragend geleistet, und dafür gilt ihm unser Dank. Ich möchte ein brennendes Problem vorab anschneiden: Je weiter die Konfessionalisierung und die Identifizierung mit dem Landesherrn vorangeschritten ist, um so mehr stellte sich doch für die Städte auf Dauer die Frage, wie man die Spaltung der konfessionellen Lager innerhalb des städtischen Corpus überwinden konnte. Welche Rolle spielte dies gegen Ende des Alten Reiches? Oder war hier die Interessenidentität zwischen städtischen und kommunalen Instanzen mit den eigenen Bürgern nicht doch schon stärker?

Schmidt: Die Konfessionalisierung ist ein in der Frühneuzeitforschung derzeit heftig diskutiertes Thema. Die Freien und Reichsstädte haben frühzeitig dafür gesorgt, daß aus ihrem religiösen Dissens keine politische Blockade wurde. Nachdem durch den energischen Widerspruch Augsburgs 1524/25 verhindert worden war, das Städtecorpus im evangelischen Sinne auszurichten, blieb die Religionsfrage ausgeklammert, um ansonsten handlungsfähig zu sein. Die Behauptung, die gemeinsame Politik der Freien und Reichsstädte sei an der Religionsfrage zerbrochen und dies sei der Grund für ihren Positionsverlust auf den Reichstagen, ist aus den Quellen nicht zu belegen.

Im Zeitalter der Konfessionalisierung waren die Freien und Reichsstädte allerdings gezwungen, ihre eigene Politik immer stärker an derjenigen der jeweiligen regionalen Vormacht zu orientieren. Für Reutlingen, Eßlingen, Heilbronn etc. bedeutete dies eine Anlehnung an die lutherisch geprägte Stuttgarter Politik. Das geistige Zentrum Tübingen wirkte ebenfalls in diese Richtung. Daß – wie der kaiserliche Gesandte vom Immerwährenden Reichstag berichtete – die Freien und Reichsstädte im 18. Jahrhundert zum corpus evangelicorum gehörten, weil sie ständig mit diesem stimmten, mag ja sein, doch dies war eher unwichtig. Die Städtekurie, oft ohnehin nur aus vier oder fünf Regensburger Bürger bestehend, spielte auf dem späten Reichstag eine untergeordnete Rolle, und die Städte waren infolgedessen auch kein wichtiger und schon gar kein ausschlaggebender Teil des corpus evangelicorum.

Vogler: Wie schätzen Sie die Rolle von Jakob Sturm bei diesen Städtetagen ein?

Schmidt: Jacob Sturm war die dominante Figur der reichsstädtischen Reichspolitik in der Reformationszeit, aufgrund seiner Persönlichkeit und – nicht zuletzt – weil er als wohlhabender Junggeselle in der Lage war, die vielen Städte-, Kreis- und Reichstage, aber auch die Versammlungen des Schmalkaldischen Bundes zu besuchen. Er schreibt einmal, daß er ein dreiviertel Jahr ununterbrochen im Dienste seiner Heimatstadt unterwegs gewesen sei.

Wesoly: Sie haben auf den Bedeutungsverlust der Reichsstädte hingewiesen. Begründet haben Sie das unter anderem damit, daß die Territorialgewalten – die Fürsten also – erstarkt sind. Ich meine aber, daß das nur die eine Seite der Medaille ist. Die andere, die allerdings damit zusammenhängt, ist die Uneinigkeit der Städte. Darauf müßte man wohl stärker hinweisen. Sie hatten den Kampf gegen die geschenkten Handwerke angeführt. Gerade daran kann man zeigen, wie sehr der erklärte Wille der Städte vom tatsächlichen Verhalten abweicht. Auf den Reichstagen und den Städteversammlungen befürwortete man selbstverständlich eine harte Haltung gegenüber der ungeliebten Gewohnheit des Schenkens; lief eine Stadt jedoch Gefahr, daß die Handwerksgesellen ihre Zuwanderung wegen des Schenkverbots einstellten, sieht die Situation ganz anders aus. Dann erkundigte man sich ängstlich, ob sich tatsächlich alle Städte der Region an den Reichsabschied hielten. Im Stadtarchiv Frankfurt gibt es eine ganze Reihe derartiger Anfragen an die mittelrheinischen Nachbarn. Obwohl die Mainstadt offensichtlich ernsthaft darum bemüht gewesen ist, das Schenken abzustellen, mußte sie es letztlich wieder zulassen, als klar wurde, daß Speyer und Worms sich längst nicht mehr an die einheitliche Linie hielten und die Schenkgewohnheit dort wieder aufgelebt war. Auch in vielen anderen Fragen haben die Städte nie mit einer Stimme gesprochen. Man hat sich zwar gelegentlich eigens regional getroffen, um die größten Dissonanzen schon vor den allgemeinen Versammlungen auszuräumen. Nimmt man aber Einblick in die Protokolle solcher Treffen am Mittelrhein und in die vorher und nachher übersandten Briefe, in denen man – je nach Adressat – ganz unterschiedliche Meinungen vertrat, so nimmt es nicht wunder, daß die Reichsstädte ihre Vorstellungen immer weniger durchsetzen konnten und ihre Bedeutung sank.

Schmidt: Selbstverständlich haben die Städte versucht, diese Probleme in den Griff zu bekommen. Doch – nehmen wir das Beispiel der »geschenkten« Handwerke – die Beschlüsse der Städtetage wurden nicht durchgesetzt, weil man die benachbarten Landstädte nicht mehr zwingen konnte, sich diesen Regelungen anzuschließen. Die Freien und Reichsstädte mußten das Abwandern der betreffenden Handwerke in die benachbarten Territorialstädte befürchten. Noch in der ersten Hälfte des 16. Jahrhunderts war dies – wegen der dort meist schlechteren Infrastruktur – so ohne weiteres nicht denkbar gewesen. Die Freien und Reichsstädte hatten um 1550 ihre Führungsrolle auf dem Gebiet der wirtschaftspolitischen Regelungen eingebüßt. Dies zeigt sich bei den bekannten Streiks des 18. Jahrhunderts: Augsburg war nur noch im Verbund mit zahlreichen Landstädten handlungsfähig.

Richter: Ich habe drei Fragen: Die erste betrifft das Verhältnis Reichsstadt/Landständische Stadt. Sie haben davon gesprochen, daß die Unterschiede geringer werden, und haben auf München und auf Stuttgart verwiesen. Das ist vermutlich richtig, nur muß man fragen, weshalb die Gewichtung dieser Städte größer geworden ist: weil sie Städte waren oder weil sie innerhalb eines Territoriums diese herausragende Rolle zugebilligt bekommen haben? Sie erwähnten, die Universitäten seien bis auf wenige Ausnahmen nicht in den Reichsstädten, sondern sie seien in den Landstädten entstanden, aber das sind ja keine städtischen, sondern territorialstaatliche Gründungen. Wenn man also jetzt von der Stadt ausgeht, würde ich nicht die Städte allein vergleichen, sondern eben auch das Territorium mit hinzunehmen. Nun zum zweiten Punkt: Ich bin der Meinung, daß man die Rolle der Städte im Reich nicht isoliert betrachten sollte, sondern auch Virilstimmeninhaber im Reichsfürstenrat daneben stellen müßte, wenn es sich um kleine Territorien handelt, oder wenn es so ist wie beispielsweise bei den Ernestinern, bei den wettinischen Ernestinern in Thüringen, wo vier Territorialstaaten sich in eine Virilstimme teilen, oder, wie es ja gar nicht selten ist, wo sich kleinere Territorien mit einem einzigen Reichstagsgesandten begnügten, was nicht gerade die Gewichtigkeit der einzelnen Virilstimmeninhaber zum Ausdruck bringt. Schließlich eine weitere Frage: Sie haben ganz undifferenziert von den höheren Ständen und deren Befugnissen gesprochen, auch deren Taktik, lieber die Frage offen zu lassen, wenn sie sich nicht einig werden konnten. Was ist denn eigentlich auf einem Reichstag noch Wichtiges beim Immerwährenden Reichstag beschlossen worden? Es hat ja Beurteilungen gegeben, daß der Reichstag lediglich noch ein Rudiment gewesen sei, auf dem die Rangfolge der Gesandten während des Siebenjährigen Krieges eine wichtigere Rolle gespielt habe als das Thema, und der König von Preußen, als Reichsstand, sich gar nicht darum geschert habe, was andere Reichsstände dazu sagten. Auch die Rolle des Kaisers als Schutzherr, den die Reichsstädte, wie Sie zutreffend ausführten, in Anspruch genommen haben, gilt natürlich auch für Territorialstaaten, da der Kaiser als Schiedsherr die kaiserlichen Kommissionen eingesetzt hat, nicht nur wenn reichsstädtische Belange zur Sprache kamen, sondern auch wenn es sich um territorialstaatliche Belange handelte. Ich möchte also den Blick auf die Verhältnisse in den sogenannten Territorialstaaten ausweiten.

Schmidt: Erstens: Es geht nicht um das politische Gewicht dieser oder jener Landstadt, sondern um ihren Rückhalt bei einem mächtigen Fürsten. Der Fürstenstaat gewann – das ist meine These – im Zeitalter der Konfessionalisierung eindeutig das politische Übergewicht, und er unterstützte seine Landstädte im Kampf mit der zunächst noch überlegenen Konkurrenz der Freien und Reichsstädte. Die kleineren von ihnen konnten da nicht mehr mithalten, selbst Eßlingen und Reutlingen mußten sich in den württembergischen Wirtschaftsraum einordnen, wurden damit ökonomisch zu Quasi-Landstädten. Nur die großen Städte wie Frankfurt oder Augsburg behaupteten sich.

Zweitens: Nicht die Inhaber der Virilstimmen dominierten den Reichstag, sondern die Kurfürsten und die mächtigen Fürsten. Daß die beiden Gruppen meist identisch sind, steht auf einem anderen Blatt. Doch in der Fürstenkurie saßen auch Grafen und Prälaten, die nur über Kuriatstimmen verfügten. Wenn Sie, Herr Richter, vom viergeteilten ernestinischen Territorialstaat sprechen, dann reden wir ein wenig aneinander vorbei: Als Staaten möchte ich diese kleinen und kleinsten Herrschaftsgebilde nicht bezeichnen, weil sonst der Begriff zu sehr ausgehöhlt wird.

Drittens: Wenn Sie die Bedeutung des Immerwährenden Reichstags insgesamt relativieren, so stimme ich Ihnen zu. Dabei darf nur nicht übersehen werden, daß die Regensburger Versammlung mit dafür sorgte, daß das Reich auch nach 1648 noch funktionierte. Sie war die »Clearing-Stelle« für Konflikte der Stände untereinander und mit dem Kaiser. Hier konnte man sich erstaunlich oft auf einen Minimalkonsens verständigen, und von hier wirkte der Kaiser ins Reich, weil er an einem Punkt wenigstens die wichtigsten Reichsstände erreichte. Speziell die Freien und Reichsstädte blieben bis zum Ende des Alten Reiches auf den Kaiser als Gegengewicht zu den benachbarten

Fürsten angewiesen. Der verfassungspolitische Status der Reichsunmittelbarkeit garantierte ihnen ihre relative Selbständigkeit, während selbst die einst so mächtigen und unabhängigen Hansestädte sich der landesfürstlichen Gewalt beugen mußten.

Wunder: Die Frustration, die einen bei diesem Thema befällt, ist ja auch eine Sache der Akten oder der Aktenmassen, die die Reichsstädte hinterlassen haben. Ich will nicht der Aussage widersprechen, daß die Bedeutung der Reichsstädte in der Neuzeit sehr viel geringer geworden ist, aber das muß man – Sie haben es eben betont – im Zusammenhang mit der schwindenden Bedeutung des Reichstages sehen. Es sind ja nicht nur die Reichsstädte, die keine Gesandten mehr an den Reichstag schicken, sondern auch die kleinen Fürsten. Selbst ein Herzogtum wie Württemberg, das nicht ganz so klein war, war lange nicht oder nur durch einen Agenten vertreten, der gleichzeitig fünf und mehr Fürsten vertrat. Man muß also die schwindende Bedeutung des Reichstages in dieser Relation sehen, und diese trifft dann auch für die Reichsstädte zu. Hinsichtlich der Wirtschaftspolitik haben Sie sicher recht, wenn Sie sagen, daß eine gegen die Fürsten gerichtete Politik nicht mehr möglich war. Aber dann müßte man auch fragen: War eine Wirtschaftspolitik mit den Fürsten möglich? Gibt es gemeinsame Interessen, sei es auch nur mit dem Kaiser, gegen die Reichsfürsten, bei deren Durchsetzung die Reichsstädte von Einfluß waren? Wenn ich daran denke, welche Bedeutung die Reichsstädte noch nach 1648 bei den Diskussionen über die Novellierung der Reichspolizeiordnung hatten, dann scheint mir ihre Bedeutung nicht so gering gewesen zu sein. Wenn man nicht auf der Ebene des Reichstages bleibt, sondern auch die Kreise berücksichtigt, die hier im Süden noch relativ stark waren, dann fällt für das 18. Jahrhundert auf, daß – wenn wirtschaftspolitische Fragen angesprochen waren – vom Zuchthaus bis zum Straßenbau zunächst die Reichsstädte beziehungsweise die Städte gefragt wurden, die in den entsprechenden Deputationen vertreten waren, ein Gutachten vorlegten; und auf dieser Grundlage wurden dann Entscheidungen gefällt. Ganz so gering kann der Einfluß der Reichsstädte auf die Wirtschaftspolitik demnach nicht gewesen sein. Wir sind stets von der Erforschung und der Aktenlage des Merkantilismus beeindruckt, aber dessen Bedeutung muß doch sehr viel geringer veranschlagt werden. Es wurden viele Akten angelegt, aber doch nur sehr wenig verwirklicht. Es ist nicht von ungefähr, daß die größten Handelsstädte der Mittelstaaten in der napoleonischen Zeit, ob es nun Augsburg und Nürnberg in Bayern oder Ulm und Heilbronn in Württemberg waren, im Vormärz die bedeutendsten Städte dieser Territorien gewesen sind. Nur Mannheim in Baden stellt eine Ausnahme dar. Ganz so bedeutungslos war die wirtschaftliche Bedeutung dieser Städte also nicht. Allerdings gilt dies nicht für Zell am Harmersbach. Man muß zwischen den großen und den kleinen Städten unterscheiden: Nur die größeren hatten, wie ich meine, weiterhin eine gewisse Bedeutung, vor allem wenn es um die Interessen des gesamten Reiches ging wie zum Beispiel bei Zöllen oder Monopolien. Hier gingen sie mit dem Kaiser konform.

Ein Punkt, der nicht zu gering gewertet werden darf, ist – Sie haben es vorhin noch einmal betont – die Tatsache, daß die Souveränität der Reichsstädte erhalten worden ist. Während Städte mit einem unklaren Status wie Münster, Erfurt usw. noch nach 1648 mediatisiert worden sind, blieben die Reichsstädte vor diesem Schicksal bewahrt. Dies bedeutete – und sei es nur für eine korrupte kleine Oberschicht, die Honoratioren – einen größeren Gestaltungsraum, sagen wir mehr Selbstverwaltung, als sie die Landstädte hatten. Wenn man die Entwicklung unter diesem Gesichtspunkt betrachtet, hat das versteinerte Forum des Reichstages den Reichsstädten, vor allem einigen von ihnen hier im Südwesten, doch wirtschaftliche und kulturelle Möglichkeiten eröffnet, die sie als landesherrliche Städte nicht gehabt hätten.

Schmidt: Ob es das Forum des Reichstags war, Herr Wunder, das den Freien und Reichsstädten größere wirtschaftliche und kulturelle Chancen verschaffte, bezweifle ich. Ansonsten stimme ich Ihren Ausführungen aber zu. Allerdings – im Schwäbischen Kreis funktionierte die korporative Politik der Städte im Unterschied zum Reich auch noch im 18. Jahrhundert. In Regensburg bestand die Städtekurie oft nur aus Bürgern der Stadt Regensburg, während sich im Schwäbischen Kreis auch noch um 1800 Delegierte der Freien und Reichsstädte regelmäßig trafen, um eine gemeinsame Politik abzustimmen.

Mit dem Begriff »Souveränität« sollte man vorsichtig umgehen: Er paßt nicht in die Staatenwelt des Alten Reiches mit seiner doppelten Staatlichkeit – Reich und Territorien. Die genannten Städte wie Erfurt und Münster waren zwar relativ selbständige Kommunen, gehörten aber nicht zum Städtecorpus und damit auch nicht zum Kreis der Freien und Reichsstädte. Ihre Hilfeersuchen sind von den Städtetagen nach 1648 regelmäßig zurückgewiesen worden.

Klein: Ich wollte Sie fragen – nachdem denn das Wort nun einmal gefallen ist –, wer im Heiligen Römischen Reich überhaupt »souverän« war, und ich möchte Sie zweitens darauf aufmerksam machen, nach intensiven Studien zur Sache, daß sich die thüringischen Staaten in nichts von sehr sehr vielen deutschen Staaten unterscheiden. Es sind echte Staaten oder eben Noch-nicht-Staaten. »Souverän« ist aber nichts im Heiligen Römischen Reich.

Schmidt: Noch einmal: Es gibt keine souveränen Staaten im Heiligen Römischen Reich deutscher Nation – vielleicht mit Ausnahme der europäischen Großmächte Österreich und Brandenburg-Preußen im 18. Jahrhundert. Weder Württemberg noch Bayern oder irgendein anderes Fürstentum konnte und wollte auf den Rahmen des Reichs verzichten. Dies galt noch stärker für die Herrschaftssysteme der kleineren Stände, die alleine nicht einmal territorialstaatliche Qualität erreichten und sich deswegen wie die Städte, die Ritter, die Prälaten oder auch die Grafen zu Korporationen zusammenfanden.

Klein: Ich kam vor allem deswegen darauf zu sprechen, weil diese Gebiete, die Herr Richter angesprochen hat, so leicht aus dem Gedächtnis und aus dem Bewußtsein geraten. Es sind natürlich die Wetterauer Grafen mit Sachsen-Weimar-Eisenach und mit Sachsen-Coburg und Gotha gar nicht zu vergleichen.

Kirchgässner: Wir kommen damit wieder auf die alte Gegenüberstellung: Verfassungsrecht versus Verfassungswirklichkeit zurück. Beide Bereiche können natürlich weit auseinanderklaffen, und man hat den Anspruch natürlich auch oft dort noch um des Anspruches selbst willen aufrechterhalten, wo er mit der Realität nicht mehr übereinstimmte. Doch eine Frage aus der Sicht des Wirtschaftshistorikers zur allgemeinen Einordnung der Dinge: Politik setzt bekanntlich Geld voraus, und zwar viel Geld. Wenn ich die Dinge recht sehe, dann verfügten viele Mittelstädte im 15. Jahrhundert über reichlich flüssige Mittel oder zumindest über die Möglichkeit, als Stadt in Notzeiten am Kapitalmarkt erhebliche Summen aufzubringen. Diesen Verhältnissen entwachsen mit zunehmender Verfestigung des Frühkapitalismus Städte wie Augsburg, Nürnberg oder Frankfurt. Nach dem Schmalkaldischen Krieg ist, wenn ich das wiederum richtig sehe, bei den Mittelstädten von solchen Möglichkeiten keine Rede mehr; der Kapitalmarkt konzentriert sich auf einige wenige Städte, während er im 15. Jahrhundert – übrigens auch in landständischen Städten – noch erhebliche Gelder mobil machen konnte. Darüber hinaus hat die – zumindest in Reichsstädten – blühende aufwendige barocke Kultur wiederum erhebliche Mittel beansprucht. Gab es dort nicht auch vielfach den »reichen Bürger« und den »armen Staat«, wenn man hier einmal die modernen Termini verwenden will?

Schließlich muß man sehen, daß die Entwicklung hin zum frühmodernen Staat und seiner Wirtschaftspolitik keineswegs so einförmig verlaufen ist, wie das die allgemeine Geschichte gelegentlich annimmt. In der Auseinandersetzung zwischen Württemberg und Ulm etwa hat die Reichsstadt im 17. Jahrhundert noch durchaus die Vorherrschaft, und auch nach dem Dreißigjährigen Krieg ist sie es, die zum Beispiel die wirtschaftlichen Maßstäbe in der Leinen- und Barchentweberei setzt. Württemberg hat bei dem Versuch, etwa in Urach das Textilgewerbe nachhaltig zu fördern, den Ulmer Standard kopiert, was in der Reichsstadt natürlich erheblichen Ärger verursachte. Mittlere Städte kommen hier freilich nicht mehr mit, die Entwicklung beschränkt sich auf ganz wenige bedeutende urbane Zentren, die sich dann schlußendlich fragen, warum gerade sie immer in finanziellen Dingen herhalten sollen.

Schmidt: Ihre Frage möchte ich mit dem Hinweis auf einen Aufsatz von Herrn Bernhardt über Eßlingen beantworten. Er hat nachgewiesen, daß es – wie Sie auch gesagt haben – nach dem Schmalkaldischen Krieg mit den städtischen Finanzen sehr stark bergab ging. Davon haben sich offensichtlich die kleineren und mittleren Kommunen nie mehr erholt. Jede weitere Krise – hohe Reichssteuern, Kriege oder Teuerungen – hat diese Schuldenlast weiter erhöht. Die in der Hungerkrise der Jahre 1770–1772 gemachten Schulden haben die Kommunen bis zum Ende des Alten Reiches vor sich her geschoben. Die »Großstädte« wie Augsburg und Ulm konnten sich aufgrund ihrer größeren Ressourcen etwas besser behaupten.

Lassen Sie mich nun noch einmal an die Ausführungen von Herrn Ehbrecht zu Beginn der Diskussion anknüpfen: Es fehlt ein Vortrag zur Übergangszeit um 1800. Wenn ich von Bedeutungsverlust der Städte spreche, beziehe ich mich auf die Freien und Reichsstädte, und das schließt keineswegs aus, daß es um 1800 auch in Deutschland die eine oder andere florierende Kommune gab. Zu untersuchen wäre, wie tief die Zäsur um 1800 vor dem neuerlichen Aufschwung der Städte im 19. Jahrhundert eigentlich gewesen ist.

Zum Schluß möchte ich noch einmal auf den Begriff »Städtetag« zurückkommen, der sich natürlich auch im Laufe der Zeit gewandelt hat. Im Alten Reich ist damit eine Konferenz städtischer Delegierter gemeint, die mit einem imperativen Mandat versehen sind. Dies würde in etwa der Oberbürgermeister-Konferenz entsprechen. Der moderne Städtetag ist dagegen eine nach den Wahlergebnissen ermittelte repräsentative Versammlung.

Kirchgässner: Was für die neuere Wirtschaftsgeschichte zu einer Präzisierung der Vorstellungen sehr fehlt, sind Quellen für die Zurzacher Messen. Es wird immer wieder darauf hingewiesen, daß die Städte des deutschen Südwestens in erheblichem Umfange Erzeugnisse aus ihrer Textilproduktion über Zurzach abgesetzt hätten, doch fehlen hier eben einfach quellenmäßige Belege. Bozen ist meines Wissens noch nicht aufgearbeitet, und Linz müßte man noch einmal genauer unter die Lupe nehmen; auch dessen Messen seien für Calw ein wichtiger Absatzort für billige schwarze Tuchsorten – insbesondere für den oberitalienischen Klerus – gewesen.

Vorsichtig sollte man bezüglich der alleinigen Heranziehung von Vermögen und Schulden sein. Wenn sich in hundert Jahren einmal jemand die Schulden unserer Städte betrachtet, wird man allein aus diesen schwierigen Finanzverhältnissen ganz gewiß nicht auf den heutigen Lebensstandard breiter Massen schließen können. Aus eben diesem Grunde wird über die Stellung der Städte im Alten Reich, ihre Wirksamkeit und insbesondere ihre kulturelle Aktivität noch manches aufzuarbeiten sein. Dieses Referat hat jedoch die Vielfalt urbanen Lebens in all seiner Mannigfaltigkeit vor Augen geführt, und hierfür sind wir dem Referenten dankbar. Ich darf mit diesen Überlegungen Referat und Sitzung schließen.

DISKUSSION ZUM VORTRAG BECHT

Kirchgässner: Wir danken Herrn Becht dafür, daß er trotz persönlicher Bedrängnis dieses schwierige Feld aufgearbeitet hat. Daß hier manche Fragen noch offenstehen, weiß er als Referent sicher noch mehr als wir. Insgesamt ist ein ungemein facettenreiches Bild entstanden, zu dem sicherlich so manche Einzelheit ergänzend hinzuzufügen ist.

So scheint zum Beispiel in der Frage des Einflusses der 1848er-Bewegung auf die Parteienstruktur noch Erklärungsbedarf zu bestehen, insbesondere was die Hinneigung des bisher mitunter deutlich distanzierten Bürgertums und vor allem seiner Honoratiorenschicht zu den Nationalliberalen betrifft. Es gibt ja eine Fülle von Beispielen, welche die soziologische Theorie untermauern, daß die enttäuschten Hoffnungen nach der gescheiterten Revolution von 1848 das Bürgertum verstärkt in die wirtschaftliche Aktivität hineingetrieben haben, nachdem die politischen Entwicklungen ja völlig anders verlaufen sind, als man sich dies vorgestellt hatte. In den führenden Schichten bedeutender Wirtschaftsunternehmen des deutschen Südwestens stößt man jedenfalls auf eine ganze Reihe von Persönlichkeiten, die sehr rasch auf die Linie Bismarcks eingeschwenkt sind – auch jene, die sich noch kurz zuvor durchaus als »linke« Liberale verstanden haben. Des weiteren bedarf der Präzisierung, inwiefern ein ganz bestimmtes Wahlrecht das Zentrum begünstigt oder benachteiligt hat. Sie führten aus, daß Ihrer Meinung nach die Vertretung ländlicher Interessen das Zentrum gestärkt habe; doch das scheint noch ein wenig ergänzungsbedürftig zu sein. Es ist wohl kaum zufällig, daß das Zentrum nach der Reichsgründung seine große

Zeit erlebt hat und auch in erheblichem Umfange Stimmen auf sich zu ziehen vermochte. Erst recht gilt dies für die Zeit nach 1905 im Großherzogtum, wo das allgemeine Wahlrecht eingeführt wurde. Hier zeigt sich die tatsächliche Potenz der Wählerschichten, auf die sich das Zentrum stützen konnte, und da muß manches aus den Städten gekommen sein. Nachzutragen ist hier natürlich, daß aufgrund des Zölibats der Nachwuchs der prädestinierten Führer, der niederen katholischen Geistlichkeit also, hauptsächlich aus dem ländlichen Raum gekommen ist.

Ein anderes Problem, das rasante Erstarken des Nationalsozialismus in der Weltwirtschaftskrise, scheint doch nahezulegen, die Arbeitslosenzahl mit heranzuziehen. Sie haben ausgeführt, daß dieses Wachstum der äußersten Rechten aufgrund einer Mobilisierung der Nichtwähler zustande gekommen sei. Hier stellt sich aber sofort die Frage, wo diese denn zu suchen sind. Das Abbröckeln sowohl der sozialistischen oder der Linksparteien wie auch des Zentrums bewegt sich ja in relativ moderaten Grenzen. Hier mußte die NSDAP doch, wie manche Untersuchungen belegen, auch in der Arbeiterschaft erhebliche Resonanz gefunden haben. Das ist freilich weniger erstaunlich, wenn man die verzweifelte Situation der damaligen Massen in Erwägung zieht; allein die Selbstmordraten sind erschreckend angewachsen. Ich denke, wir können das heute etwas nüchterner und unvoreingenommener als noch vor ein paar Jahren sehen, wo man sich gegen derartige Überlegungen geradezu allergisch gewehrt hat. Mir selbst sind aus meiner Kinderzeit noch die Schlangen vor den Suppenküchen in Erinnerung. Die Leute haben Sorgen gehabt, die im wesentlichen auf die Erhaltung der Existenz als solcher zielten.

Becht: Ihre erste Frage bezog sich auf die Wirkung von 1848, also auf die Folgen der gescheiterten Revolution, und ich bin froh, daß Sie danach gefragt haben. Das ist nämlich ein Thema, auf das ich bei der Schlußredaktion dieses Vortrages schweren Herzens verzichtet habe. Das Scheitern der Revolution ist, das hat auch bereits Lothar Gall festgestellt, eine entscheidende Voraussetzung für die Formierung der Nationalliberalen Partei, und zwar insofern – hier bezogen auf Baden –, als nach dem Scheitern der Revolution die von Ihnen angesprochene Enttäuschung vor allem auf die bisherige Führungsgruppe der Opposition besonders zutrifft; diese Leute zogen sich, zum Teil auch aus Altersgründen, zurück, und Nachfolger waren einstweilen nicht in Sicht. Das klingt eher nach einem Rückschlag, war es aber nicht, denn dadurch wurden die lokalen Aktionsausschüsse der Liberalen eminent aufgewertet. Die Handlungsautonomie dieser lokalen liberalen Gruppen wurde wesentlich größer, das zeigte sich bereits mit der Formierung des Liberalismus 1859/60 über den Nationalverein und andere Organisationen, als innerhalb weniger Wochen zum Teil ganze Hundertschaften von Mitgliedern für den Nationalverein rekrutiert werden konnten und für diesen auch tätig wurden. Die gleichen Personengruppen gaben dann für gewöhnlich späterhin auch die Basis der Nationalliberalen Partei ab.

Das war ohne Frage ein Honoratiorenzirkel, aber dieser sehr kurzfristige Erfolg zeigt, was sich in den fünfziger Jahren, in der als Reaktionszeit diffamierten Periode, politisch auf lokaler Ebene alles getan hat. Landespolitisch geschah in der Tat nicht viel, das ist richtig; der Radikalismus verschwand von der Bildfläche, aber für den gemäßigten Liberalismus, den späteren Nationalliberalismus, war diese Phase unbedingt konstitutiv. – Ihre zweite Frage bezog sich auf das Zentrum und den Anteil der Städte daran. Natürlich hatten die Städte ihren Anteil. Ich habe von Milieus gesprochen, mich allerdings aus Zeitgründen vor allem auf die dominanten Milieus konzentriert. Ich sagte bereits, daß in etlichen Städten – auch Großstädten oder besser: größeren Städten, denn echte Großstädte gab es in Baden nicht – natürlich zum Teil recht hohe Zentrumsstimmenanteile vorhanden waren. In all diesen Städten dominierte jedoch, mit Ausnahme von Freiburg, der Liberalismus, und ich habe – um das Ganze in einen einfacheren logischen Zusammenhang zu bringen – die dominanten sozialen Milieus hier in den Vordergrund gestellt. Selbstverständlich gab es widerstreitende Milieus vor Ort, selbstverständlich gab es einzelne städtische Wahlkreise, die äußerst umstritten waren, das sind dann allerdings vor allem die Mittelstädte, in denen beispielsweise auch die Interessenlagen nicht so eindeutig in gewerblich/industriell einerseits und agrarisch andererseits separiert werden können. Im Falle Lörrachs hat man beispielsweise eine Industriestadt vor sich, ohne Frage; nur eine Industriestadt, in der ein Großteil der Bevölkerung eben immer noch direkt oder indirekt mit der Landwirtschaft in Verbindung steht. Aus diesem Grunde habe ich nur jene Städte hier in die Tabellen aufgenommen, die ganz eindeutig diesen Interessengegensatz widerspiegeln, weil das Ganze ansonsten von der Auswertung her schwieriger gewesen wäre. – Als drittes sprachen Sie das Problem der Zahlen an. Die Erhebung statistischer Zahlen ist natürlich das entscheidende. Zum einen ist festzuhalten, daß wir aus dieser Zeit nicht über das Material verfügen, das uns heute eine verhältnismäßig exakte Wahlforschung ermöglicht, nämlich demoskopische Basisdaten, die über Jahrzehnte hinweg gewonnen wurden und es heute zulassen, zwei, drei Tage vor einer Bundestagswahl bis ungefähr auf ein Prozent genau das Ergebnis vorherzusagen. Die Hochrechnungen, die Sie aus Wahlsendungen in ARD und ZDF kennen, sind bereits eine halbe Stunde nach Schließung der Wahllokale sehr nah am Endergebnis. Solche Daten fehlen natürlich für diese Zeit. Hinzu kommt als Folgeproblem die generelle Schwierigkeit jeder Statistik, nämlich daß das Instrumentarium zum Teil noch hinterfragt werden muß; man kann mit diesen Daten relativ viel, aber durchaus nicht immer auch das Richtige »beweisen«. Das angesprochene Problem der Arbeitslosen läßt sich auf Grund von Zahlen beweisen, die einzelne Stadtviertel berücksichtigen, aus denen wir dann das Wahlverhalten rekonstruieren können, ein Wahlverhalten, das die Tendenz zum Linksradikalismus so signifikant zeigt, daß man eigentlich an diesem Befund nicht zweifeln kann. Einen Punkt haben Sie noch angesprochen, die Nichtwähler: Ich habe nicht gesagt, daß die Nichtwähler den Aufstieg der NSDAP zu verantworten hätten. Um es einmal so zu formulieren: Die Nichtwähler haben lediglich dafür gesorgt, daß die Wahlbeteiligung insgesamt angestiegen ist, und zwar überaus rasant. Dadurch hat sich der relative Stimmenanteil der Linksparteien kontinuierlich vermindert, während er in absoluten Zahlen aber eben nahezu konstant geblieben ist. Das war es, was ich verdeutlichen wollte. Es war durchaus nicht so gemeint, daß die Nichtwähler, besser: die Mobilisierung von Nichtwählern den Aufstieg der NSDAP überhaupt erst ermöglicht hätten; hier gilt im wesentlichen der vielsagend nichtssagende Satz, daß die NSDAP Wähler aus allen Schichten, Klassen etc. angesprochen hat, zuallererst aber diejenigen, bei denen sich das zugehörige Milieu aufgelöst hat.

Kirchgässner: Ich darf noch einmal meine Unwissenheit kundtun: Was für ein Wahlrecht gab es eigentlich in Baden? Es müßte ja wohl das Mehrheitswahlrecht gewesen sein?

Becht: Nach 1918 ein reines Verhältniswahlrecht. Aber vielleicht noch ein Wort zu den Graphiken. Ich habe jeweils zwischen Reichstags- und Landtagswahl unterschieden. Die Schwankungen zwischen beiden Wahlen ergeben sich aus der jeweils unterschiedlichen Zahl der Wahlberechtigten. Bei den Reichstagswahlen waren natürlich alle Reichsbürger wahlberechtigt, egal wo sie wohnten, zum Beispiel in Mannheim, bei den Landtagswahlen dagegen waren nur diejenigen mit der badischen Staatsangehörigkeit wahlberechtigt. Dadurch sind die immer wieder deutlich sichtbaren Einbrüche bei den Wahlen verursacht, die mit »L« bezeichnet sind. Daraus läßt sich jedoch nicht eine Änderung – gleich in welcher Richtung – ableiten.

Beckstein: Sie haben am Ende Ihres Vortrages und auch in Ihren Antworten das Milieukonzept erfreulicherweise schon einigermaßen problematisiert und somit einiges meiner Argumentation vorweggenommen. Trotzdem möchte ich noch einmal auf dieses sehr grundsätzliche Problem kommen: ob dem Liberalismus überhaupt Milieuqualität zuzurechnen ist. Ich gebe auch gleich die Antwort: Ich halte es mit den Ausführungen von Ritter, ich glaube es nicht.

Es ist eine prinzipielle Frage, ob man das Milieukonzept auf den Liberalismus anwenden will. Dieses Konzept des Kommunalliberalismus scheint in der Tat eine wesentlich bessere Erklärung auf städtischer Ebene zu liefern, weil sich relativ früh, und zwar schon in den 1860er/1870er Jahren hier etwas anbahnt, was nach meiner bisherigen Kenntnis der Quellen – das müßte man überprüfen – fast bis 1933 hält: eine Kooperation auf kommunaler Ebene zwischen sozialreformerischen Kommunalliberalen, reformistischen Sozialdemokraten und von aus der Arbeiterbewegung kommenden Zentrumsleuten. Diese Koalition hat in verschiedenen Städten – Nürnberg ist ein Beispiel – weit in die Weimarer Republik hinein gehalten. Dieser Konsens beginnt eigentlich mit der rapiden Industrialisierung im Kaiserreich. Von daher erscheint mir eben dieses Konzept des Kommunalliberalismus, das auf Konsens zielt, wesentlich sinnvoller. Eine weitere Bemerkung zum Katholizismus: Es mag sich in Baden so verhalten haben – ich kenne mich in diesem Bereich weniger aus –, daß der Katholizismus sozusagen als Gegenpol zum Liberalismus aufgebaut wurde und sozioökonomische Differenzierungen in politische übergingen, das heißt, dieser Gegensatz spiegelt den Gegensatz zwischen Stadt und Land auf der einen Seite wider, zwischen Gewerbe und Industrie auf der anderen. In Preußen ist es ein bißchen komplizierter, und dahin zielt meine nächste Frage: Ist es nicht auch in Baden so, daß das Zentrum letztlich immer in dem Zielkonflikt stand, es entweder seiner städtisch-gewerblichen oder der agrarisch-ländlichen Klientel recht zu machen? Das war ja die große Zerreißprobe, die im übrigen das feste katholische Zentrumsmilieu immer aushalten mußte und seltsamerweise immer aushält, denn das Zentrum ist ja nun unbestritten bis zum Ende der Weimarer Republik die stabile Kraft; insofern halte ich die Milieutheorie hier auch am ehesten für angebracht.

Becht: Ich möchte mit Ihrer letzten Frage beginnen, nicht weil ich die anderen vergessen habe, sondern weil die Reihenfolge eigentlich vom Detail zum übergeordneten Sachverhalt geht, und ihre erste Frage war wohl die generellste. Zunächst zur Bedeutung der städtischen Klientel für das Zentrum: Sie war in Preußen natürlich sehr viel größer, vor allem wegen der Wählerschaft im Rheinland. In Baden gestalteten sich die Verhältnisse so, daß die hohen Stimmenzahlen des Zentrums in der Zeit des reinen Mehrheitswahlrechts keine Rolle spielten, da ging es nur um Wahlkreise. Bei den Reichstagswahlen kam aber der weitaus größte Teil des Zentrumswählerpotentials immer noch aus Landgebieten. Die Zahlen liegen um 90 bis 95 Prozent; der Rest sind städtische Wähler, eingerechnet natürlich kleinere Städte, die im wesentlichen noch in die ländliche Produktionsweisen eingebunden sind. Die Handlungsweise des Zentrums entspricht einer agrarisch orientierten Partei, die hier nicht mit einer agrarischen Interessenpartei gleichgesetzt werden soll. Ich möchte deshalb noch einmal ausdrücklich betonen, daß ich mir im klaren darüber bin, daß die Repräsentativität der badischen Verhältnisse für die Bewertung des Milieukonzeptes meines Erachtens nur sehr bedingt gegeben ist und daß die Überprüfung anderer Beispiele durchaus erforderlich ist. Das zweite Problem, das ich sehe, und damit komme ich zu Ihrer ersten Frage: Ich spreche dem Liberalismus als solchem keine Milieuqualität zu, mit Sicherheit nicht. Der Liberalismus ist eine politische Lehre, falls man es so bezeichnen will, aber eben niemals ein Milieu. Das Milieu als solches steht in einem Verhältnis zum Liberalismus, ist durch ihn mit einer gewissen Identifikation und mit einigem mehr versehen. Das Milieu definiert sich aber nicht aus dem Liberalismus, sondern aus Strukturmerkmalen, die ihrerseits das Milieu definieren und dann wiederum seine politische Nähe zum Liberalismus bestimmen. Die Auffächerung des Liberalismus seit 1848 kann ich ganz und gar nicht erkennen, im Gegenteil: Durch das Wegfallen des Linksliberalismus fächerte es sich allenfalls e i n, weil es faktisch nur noch eine Richtung gab und selbst diese eigentlich über zu wenig Betätigungsbasis verfügte, als daß sich eine Differenzierung hätte herausbilden können. Die Alternative: großdeutsch oder kleindeutsch bedeutete zunächst einmal eine Scheidung des Liberalismus in »rechts« und »links«, die sich dann bei verschiedenen anderen parteipolitischen Problemen in vielfältiger Weise wiederholte und auch in ständig neuer Form stattfand. Zunächst einmal gilt auch hier: Der Liberalismus hat als solcher mit dem Milieu zu tun, ist aber nicht mit ihm identisch. Der Liberalismus wäre demnach der Aktionsausschuß des liberalen Milieus, das durchaus liberal sein kann, ohne daß es nun überall die gleichen Strukturmerkmale aufwiese. Das katholische Milieu bediente sich, analog dazu, des Katholizismus als einer teilweisen Identifikationsbasis; es erschöpft sich aber nicht darin, katholisch zu sein. Aus diesem Grunde wollte ich besonders darauf abheben, daß eine Pluralität von Milieus zu unterscheiden ist, die regionale Besonderheiten an wesentlicher Stelle mit berücksichtigt.

Ihr Urteil über den Gemeindeliberalismus teile ich durchaus; ich halte dieses Konzept für sehr erfolgversprechend. Die Ansätze, die Nolte erarbeitet hat, sind sehr beachtlich, und auch die Ergebnisse, die Lothar Gall neuerdings in seinem Band über das liberale Milieu vorgelegt hat, weisen in diese Richtung. Ich möchte allerdings davor warnen, die grundsätzliche Bedeutung von temporären oder auch dauerhaften politischen Bündnissen zwischen einzelnen Parteien überzubetonen. Wir sprechen von den sechziger und siebziger Jahren als einer Zeit, die Sie sehr zu Recht als Ursprungszeit bezeichneten. Damals bestanden diese Parteien, und das gilt insbesondere für den Liberalismus, vor allem aus Einzelpersonen, handelten als Personenverbände und nicht als Organisationen. Deshalb darf man aus dieser Kooperation nicht unbedingt ableiten, daß die Parteien als solche kooperierten; es waren Personen, die kooperierten. Ich darf in diesem

Zusammenhang vielleicht das Beispiel der badischen Sozialdemokratie anführen. Der badischen Sozialdemokratie wurde die »Hofgängerei« vorgeworfen, weil sie sich beim Großherzog einladen ließ. Die Großherzogin soll sogar zur Frau eines badischen Sozialdemokraten ans Krankenbett geeilt sein, man hat sich mit Orden auszeichnen lassen und vieles andere. Der Vorwurf des Revisionismus war noch fast das Harmloseste daran. Diese Dinge spielten sich in einem kleinen Land und in bewährten Politikmustern auf persönlicher Ebene ab. Die Großblockpolitik geht wesentlich auf diese Politikmuster zurück, wie sie seit den sechziger Jahren eingeübt worden sind, nämlich in der Verständigung auf der persönlichen Basis über Parteigrenzen hinweg. Dafür war dieses Gremium immer noch klein genug. Das gilt in dieser Form natürlich nicht für den Reichstag oder auch für Vertretungskörperschaften gleicher Art mit ihren beträchtlich größeren Dimensionen.

Rauh-Kühne: Ich kenne das ganze Problem mehr aus lokaler Perspektive, aber gerade deshalb möchte ich doch manches hinterfragen, was zum Teil auch schon angesprochen wurde. Zunächst zu Ihrer Charakterisierung des Zentrums als Bauernpartei: Das scheint mir sehr mit der großstädtischen Brille gesehen. Sie haben das zwar zum Teil relativiert, aber wenn man sich den Anteil der Großstädte in Baden betrachtet, wird sofort deutlich, welch großen Anteil andererseits die Kleinstädte ausmachen. Und dann darf man nach meinem Dafürhalten auch den langen Zeitraum, den Sie jetzt behandelt haben, nicht nur unter sozio-ökonomischen Aspekten betrachten. Es finden ja in diesem Zeitraum der Industrialisierung ungeheuere demographische Veränderungen statt, die eine Umwälzung auch der konfessionellen Struktur der Städte mit sich bringen, und als Folge Ihrer, wie ich finde, etwas überzeichneten Charakterisierung des Zentrums als Bauernpartei überschätzen Sie meiner Meinung nach die rein sozio-ökonomischen Konflikte zwischen den Milieus und lassen konfessionelle, also genuin lebensweltlich-religiöse Konflikte damit weitgehend außen vor. Und schließlich als ein dritter Punkt: Die Begründung Ihrer Kritik am Milieukonzept halte ich für wenig überzeugend. Sie führen an, daß jedes Individuum in mehreren »intermediären Instanzen« als Rollenträger auftrete und daß das Milieukonzept deswegen nicht trage. Ich räume ein, daß es problematisch ist, von einem liberalen Milieu zu sprechen, weil der Liberalismus als gesellschaftliche Kraft eben gerade dadurch gekennzeichnet war, daß er sich nicht auf ein spezifisch liberales Vereins- und Organisationswesen stützte. Aber beim Arbeitermilieu und beim Katholizismus liegen die Verhältnisse doch ganz anders. Wo es ein intaktes sozialdemokratisches oder katholisches Milieu gab, gehörte der einzelne mit seinen sehr differenzierten Rollen sehr vielen Instanzen – Vereinen etc. – an, aber diese Instanzen formierten das Milieu und befanden sich nicht etwa außerhalb. Institutionen wie die Schule oder das Militär mochten milieuspezifische Einflüsse zwar konterkarrieren, aber ich halte es für unbegründet, deswegen das Milieukonzept zu verwerfen.

Becht: Ich danke Frau Kühne für diese Anregung. Zunächst einmal: Die Charakterisierung als Bauernpartei war nicht so gemeint, als ob diese Interessenscheidung zwischen Stadt und Land tatsächlich der einzige Faktor wäre, der politisch sinnstiftend ist oder der diese Partei mit politischen Inhalten versieht. Das ist sicher nicht der Fall. Es geht hier eher darum, eine Konflikttendenz dingfest zu machen, und mehr nicht. Daß sich gerade auf kleinstädtischer Ebene die politischen Diskussionen als außerordentlich vielschichtig herausstellen, ist klar; ich kenne natürlich Ihre Arbeit und ich kenne insbesondere diesen Aspekt Ihrer Untersuchung. Nur: In dem Moment, wo ich versuche, ein Erklärungsmodell für diese Ebene zu finden, halte ich es doch für legitim, diesen Konfliktaspekt mit herauszuarbeiten; daß die religiösen Konflikte mit im Spiel waren, die ich durchaus nicht unterschätze, sei nur am Rande erwähnt. Ich bin auf diese Konflikte nicht weiter eingegangen, weil ich ihre Bedeutung für selbstverständlich gehalten habe; sie sind für ein katholisches Milieu konstitutiv, auch das ist offenkundig. Die Problematik der Zugehörigkeit zu mehreren intermediären Gruppen sehe ich auch im Falle des sozialistischen Milieus, wobei da natürlich auch wieder für meine Begriffe die lokalen Verhältnisse eine nicht unwichtige Rolle spielen, denn man muß auch bei diesem Milieu demographische Strukturen und manches andere berücksichtigen. Die Arbeiterschaft in den verschiedenen Städten mußte nicht unbedingt gleichartig strukturiert sein; Karlsruhe und Mannheim sind in dieser Hinsicht nur bedingt miteinander zu vergleichen. Ich meine jedoch, daß ein methodisches Problem darin besteht, daß man die Dominanz des Loyalitätsanspruches eines Milieus begründen, ableiten und letztlich beweisen muß. Das scheint mir durch die Einschränkung, die Sie nicht zu Unrecht machen, aber nicht unbedingt geleistet zu sein.

Wunder: Daß das Milieu Einfluß auf das Wahlverhalten hat, wird niemand bestreiten. Die Frage ist nur, ob man diesen Begriff undifferenziert auf das 19. Jahrhundert übertragen darf beziehungsweise eine Entwicklung über 150 Jahre nach den gleichen Kriterien untersuchen kann. Ich möchte zwei Punkte aufgreifen: Herr Kirchgässner hat schon darauf hingewiesen, daß dem Wahlzensus, also dem Wahlrecht, eine ganz entscheidende Rolle zukommt. Wenn das allgemeine, gleiche Wahlrecht eingeführt wird, hat dies doch große Veränderungen im Wahlkörper zur Folge und entsprechend auch auf die Möglichkeiten sozialer Gruppen, sich zu artikulieren. Zugespitzt ausgedrückt: Das Zerbrechen des liberalen Milieus ist viel eher eine Folge des allgemeinen Wahlrechts als von sozio-ökonomischen Veränderungen. Zum zweiten Punkt, auf den Sie eben hingewiesen haben: Von Parteien als Organisationen kann man in Baden allenfalls seit Mitte der sechziger Jahre sprechen. Das Problem der Unabhängigen ist dabei der entscheidende Punkt. Ihre politische Haltung kann man nur am Abstimmungsverhalten im Landtag fassen, und da verhält es sich so, daß die Abgeordneten ihr »Parteiverhalten« häufig ändern. Zum einen sind Rotteck und Welcker die Führer des Landtages, und dann stehen sie wieder allein oder bilden mit Itzstein eine Dreiergruppe, dies während ein und desselben Landtages. Die Fraktionen waren damals noch nicht geschlossen. Auch die Basis von Parteiorganisationen stellt vor 1900 eine problematische Angelegenheit dar, solange das Versammlungsrecht so eingeschränkt war wie im Kaiserreich. Wenn in der frühen Zeit Rotteck mehrfach im Schwarzwald und in der Rheinebene gewählt wurde oder Hecker 1848 im Südschwarzwald, dann wurden sie als Männer der Opposition gewählt. Es herrschte noch die alte Frontstellung vor: hie Regierung und hie Opposition, Halbe oder Ganze, Volksfreunde oder Korrumpierte. Dies entsprach der liberalen Doktrin des Dualismus. Man verteidigte die Volksrechte gegen die Regierung. Dies wurde allerdings dann zum Problem, wenn der Liberalismus zur regierenden Partei avancierte. Dies sind, wie mir scheint, Gesichtspunkte, die nicht ohne weiteres mit dem Begriff des Milieus zusammenfallen.

Becht: Hinsichtlich der Fraktionsgeschlossenheit muß man zeitlich differenzieren. Die Fraktion als lockerer und letztlich unverbindlicher Zusammenschluß ist im Baden des 19. Jahrhunderts ein Phänomen der dreißiger Jahre, in den vierziger Jahren wird dies im Gefolge der Politik Blittersdorffs gänzlich anders: Der Zusammenhalt der Fraktionen nimmt ganz beträchtlich zu, wenngleich ein »Fraktionszwang« im modernen Sinne noch nicht existiert. Die Frage, ob die Wahlen Persönlichkeitswahlen oder im engeren Sinne »politische« Wahlen waren, steht damit in engem Zusammenhang: Schon in den dreißiger Jahren gab es »politische« Wahlkämpfe, die Persönlichkeitswahl stand jedoch noch im Vordergrund. Blittersdorffs Konfrontationspolitik sorgte dann aber dafür, daß »parteilose« Kandidaten kaum noch eine Chance besaßen; der »politische« Wahlkampf wurde binnen weniger Jahre landesweit zum Regelfall. Das bedeutet nun aber auch, daß eine erfolgversprechende Kandidatur ohne die Unterstützung der einen oder anderen Partei kaum noch möglich war; der Kandidat mußte sich offen zu einer der beiden Seiten bekennen, und sein späteres parlamentarisches Handeln wurde an diesem Bekenntnis gemessen. Damit erhielten die Parteien respektive die Fraktionen im Parlament ein wirksames Instrument zur Herstellung der »Fraktionsdisziplin«: Wer in wesentlichen Fragen öfter gegen seine Fraktion stimmte, hatte zu gewärtigen, daß er bei der nächsten Wahl keine Unterstützung mehr erhielt. Dessen ungeachtet mußte jedoch der Kandidat bestimmte persönliche Eigenschaften aufweisen können: Die städtischen Wähler legten generell großen Wert darauf, von einem der Ihren im Landtag vertreten zu sein, daneben verlangten die meisten Wahlkreise von ihrem Vertreter, daß dieser der Mehrheitskonfession des Wahlkreises angehörte. Bezeichnenderweise verloren diese persönlichen Merkmale in den vierziger Jahren zugunsten der Parteizugehörigkeit immer mehr an Gewicht.

Für die Fraktionsdisziplin gab es während des Vormärz im übrigen eine Grenze, die von dem allgemein anerkannten Prinzip des freien Mandats markiert wird: Eine Fraktion, die »wie ein

Mann« handelte, hätte ihr Votum kaum noch als am »Gemeinwohl« orientiert darstellen können. Vor allem die profilierteren Parlamentarier, die angesichts ihrer Prominenz um ihre Wiederwahl kaum fürchten mußten, stimmten manches Mal gegen ihre politischen Freunde. Bei Grundsatzentscheidungen hielten die Fraktionen in den vierziger Jahren jedoch in aller Regel zusammen.

Zur Frage des Wahlrechts: Die Wahlrechtsänderungen haben selbstverständlich ihre Spuren im politischen wie im Parteiensystem hinterlassen; der Aufstieg der Sozialdemokratie und des Zentrums wäre beispielsweise ohne die Wahlrechtsänderung von 1904 unmöglich gewesen. Natürlich erweiterte sich im Zuge der Wahlrechtsänderungen auch die »politische Öffentlichkeit«. Für das liberale Milieu, um das es in der Zeit vor 1870 vorwiegend und vor 1848/49 ausschließlich geht, zeigt sich hier jedoch eine bemerkenswerte Kontinuität; die liberalen Milieus in den badischen Städten änderten bis weit ins Kaiserreich hinein kaum ihr Profil; die Führungsgruppen von 1840, 1860 und 1880 unterschieden sich in ihren Merkmalen nicht nennenswert.

Zoche: Ein Punkt wurde in dieser Diskussion bisher noch nicht berücksichtigt: Zwischen Gesetzesvorlagen, die 1866 noch unter der Regierung Lamey im Landtag eingebracht und auch teilweise behandelt wurden, und den entsprechenden Gesetzen, wie sie die Regierung Jolly durchsetzte, bestehen teilweise erhebliche Unterschiede. Dies betrifft vor allem die Gesetzgebung zu den Bereichen Gemeinde, Schule und Soziales. War dies vielleicht die Folge des Rückzugs von Personen aus dem großdeutsch/österreichischen Lager, die gleichzeitig die speziell badische Ausprägung des Liberalismus gegenüber dem später vorherrschenden Nationalliberalismus vertraten? Und noch eine Anmerkung: Es wurde zwar auf die jeweilige Auswirkung von Mehrheitswahlrecht und Verhältniswahlrecht eingegangen, eine wichtigere Rolle für die Dominanz der Liberalen spielte in Baden aber, so glaube ich, das ungerechte Wahlverfahren, sei es nun für den Landtag, sei es für die Kommunen.

Becht: Der Bruch von 1866 besitzt für die innere Entwicklung des Großherzogtums Baden mehrere Dimensionen. Ganz vordergründig markiert das Jahr 1866 natürlich eine außenpolitische Zäsur, zugleich aber besiegelte diese außenpolitische Zäsur das Scheitern der »Neuen Ära« und das vorläufige Ende der »pseudoparlamentarischen« Regierungsweise in Baden. Nach 1866 amtierte in Baden noch immer eine Regierung von Liberalen, sie war aber nicht mehr die Regierung des Liberalismus. Das zeigte sich vor allem daran, daß erneut eine grundsätzliche Frontstellung zwischen Regierung und Parlament die badische Politik bestimmte. Wie schon zuvor in vergleichbarer Situation entwickelte sich auch hier das Parteiensystem entscheidend weiter, in rascher Folge formierten sich die Parteien des politischen Katholizismus, des Linksliberalismus und des Rechtsliberalismus. Die Konfrontation zwischen Regierung und Parlament erweist sich ganz analog zum Vormärz auch im Vorfeld der Reichsgründung als der entscheidende Katalysator für die Entwicklung des Parteiensystems.

Zwischen dem indirekten Wahlrecht und der Ausbildung städtischer liberaler Funktionseliten würde ich einen deutlichen, aber keinesfalls ausschließlichen Zusammenhang sehen. Ich möchte hier insbesondere auch auf die kommunalen und regionalen Repräsentativkörperschaften, Stadt-/Gemeinderäte, Bürgerausschüsse, Bezirksräte, Kreisausschüsse und Kreisversammlungen verweisen. Da hier die unmittelbaren Belange der Kommune sehr viel direkter beeinflußt wurden als im badischen Landtag, würde ich diesen Gremien eine größere Bedeutung für die Entstehung einer liberalen Führungsschicht zuweisen. Als Grundlage für die Organisation der liberalen »Partei« im engeren Sinne halte ich die fünfziger Jahre für entscheidend: Nach der gescheiterten Revolution traten die Führer des badischen Liberalismus von der politischen Bühne ab; damit fiel auch die zentrale Steuerung der Landtagswahlen und Landtagskandidaturen weg. In den Städten lag die Rekrutierung von Kandidaten damit wieder bei der lokalen Führungsschicht, die Bindung der Mandatsträger an den Wahlkreis und an die Wähler wurde damit erheblich verstärkt. 1859/60 existierte jedenfalls eine relativ breite liberale Führungsschicht, wie die beeindruckend starke Beitrittswelle zum Deutschen Nationalverein – nach einer ersten Werbeaktion traten beispielsweise 160 der einflußreichsten Bürger der rund 14000 Einwohner zählenden Stadt Pforzheim dem Verein bei – deutlich macht; für diese beträchtliche Verbreiterung der städtischen liberalen Führungsschichten liefert die politische Entwicklung der fünfziger Jahre die einzig plausible Erklärung.

Benl: Ich darf zum Abschluß noch auf eine demnächst im Druck zur Verfügung stehende Quelle hinweisen, die das alles sehr schön beleuchtet: Das Stadtarchiv Heidelberg stellt Ende dieses Monats die Lebenserinnerungen des Oberbürgermeisters Prof. Ernst Walz vor. Walz war über 40 Jahre lang im Dienst der Stadt Heidelberg; als Erster Bürgermeister und dann noch einmal für 14 Jahre als Oberbürgermeister. Er kommt aus einem großdeutsch gesinnten, liberalen Elternhaus, hat 1866 bei der Niederlage Österreichs nach eigenem Bekunden Tränen vergossen, war dann nationalliberal wie fast alle badischen Staatsdiener oder kommunalen Diener, und zwar zum rechten Flügel der Nationalliberalen gehörig, wie er selbst in seinen Erinnerungen schreibt, war in der Weimarer Republik bei der DDP und zeigt sich dann in seinen Lebenserinnerungen im Alter wieder ganz als Nationaler und als Monarchist. Hier haben Sie also in ein langes badisches Leben in seiner ganzen Spanne, und ich möchte auf die Lebenserinnerungen, die demnächst käuflich zu erwerben sind, nachdrücklich hinweisen.

Kirchgässner: Vielen Dank für dieses wichtige biographische Ergänzungsmaterial. Hier wäre übrigens für die wiederholt angesprochenen Fragen des katholischen Milieus auch der »Volksverein für das katholische Deutschland« zu erwähnen, der in seiner Blütezeit während des Kaiserreichs über 550000 Mitglieder hatte und in der Tat milieubildend wirkte. Ich habe jedoch Bedenken, ob man die NSDAP als erste wirklich milieuübergreifende Partei ansehen darf, denn beim Zentrum ist eine Verklammerung zumindest zwischen der Arbeiterschaft einerseits, dem kleinen und mittleren Bürgertum auf der anderen Seite Wirklichkeit geworden.

Eine offenstehende Frage, die wir freilich wohl nie ganz ausleuchten können, ist der enge Zusammenhang zwischen nationalliberaler Partei und Freimaurerei. Vielfach sind die gleichen Leute in führender Stellung in beiden Bewegungen aktiv, doch stößt die archivalische Arbeit und historische Neugier hier auf Mauern, die kaum zu überwinden sind.

Wir danken noch einmal Herrn Becht; er mag in der lebhaften Diskussion gespürt haben, wie viel an persönlichen Einstellungen hier berührt worden ist, und das ist ja wohl der schönste Lohn für einen jeden Referenten. Wir haben insbesondere in seiner Formulierungskunst erkennen können, wie man einer doch sehr spröden Materie vielerlei Facetten abgewinnen kann.

DISKUSSION ZUM VORTRAG KLEIN

Schadt: Dies war in der Tat eine Reise im Intercity-Tempo durch das Deutsche Reich, und wir haben herzlich zu danken für die Beschreibung von Domänen, die bislang in der Forschung so noch nicht behandelt worden sind. Aus archivarischer Sicht möchte ich sagen, daß es mich sehr gefreut hat, daß Sie auf die Überlieferung eingegangen sind. Ich weiß aus meiner eigenen Forschung bei der Edition der Lebenserinnerungen eines der Gründer des Verbandes der mittleren Städte Badens, des Eberbacher Bürgermeisters John Gustav Weiß, daß die Registraturen der kommunalen Verbände in Baden vor 1933 verlorengegangen sind, daß aber gerade in den Stadtarchiven der Mitgliedsstädte eine überreiche Fülle von Material vorhanden ist, was ja auch in Ihrem Vortrag zum Ausdruck gekommen ist. Ich glaube, daß sich von diesem Material her noch weiter fragen läßt, und ich könnte mir vorstellen, daß die Zuhörer weitergehende Fragen und auch Ergänzungen haben.

Felger: Eine Amtsbezeichnung ist seit etwa zwei Generationen verschwunden: die des Stadtschultheißen. Die Stuttgarter Stadtschultheißen wurden im allgemeinen vom Landesherrn zum Oberbürgermeister ernannt. Es gab aber m. W. eine Ausnahme, und das war der Stadtschultheiß Gutbrod; es hat geheißen, weil sein Vater, ich sage es in Gänsefüßchen, »nur« Metzgermeister war. Meine Frage: Ist der Begriff »Stadtschultheiß« einer größeren Stadt kongruent, oder gibt es da gewisse Nuancen?

Klein: Ich glaube mich aus den Akten von Göppingen zu erinnern, daß die Bezeichnungen »Stadtschultheiß« und gelegentlich die Benennung »Oberbürgermeister« nebeneinander aufgetaucht sind, aber ich habe darauf im einzelnen nicht so stark geachtet.

Vogler: Ich habe keine Fragen, sondern zwei Bemerkungen. Die erste: Soweit ich mich erinnere, fand im Frühjahr 1914, in Straßburg durch Schwander organisiert, eine Oberbürgermeister-Konferenz von den großen Städten Deutschlands statt, und bei dieser Gelegenheit führte er seinen Kollegen die soziale Politik der Stadt Straßburg vor; sie soll damals durch die anderen Bürgermeister sehr hoch geschätzt worden sein. Zweitens gibt es für die spätere Zeit im Elsaß wie in Frankreich in der Republik eine »Association des Maires«, also eine Versammlung der Bürgermeister, aber nicht nur für die Städte, sondern jedes Mal auf departementaler Ebene. Dann existierte ein nationaler Verband, der spielt schon seit mehreren Jahrzehnten auf der regionalen wie auf der nationalen Ebene eine gewisse Rolle.

Klein: Die herausragende Rolle Straßburgs bei der sozialpolitischen Gestaltung von Großstädten der wilhelminischen Zeit ist bekannt. Die Oberbürgermeister Back und Schwander sind vorbildlich gewesen in dieser Hinsicht und haben ein großes Echo gehabt. Für den zweiten Hinweis bin ich Ihnen dankbar, ich weiß nicht, wie ich das aufgreifen soll, vielleicht darf ich noch einmal auf Sie zukommen.

Naujoks: Ich habe eine Frage, die sich thematisch anschließt. Wir haben eine Fülle von geplanten und stattgefundenen Versammlungen oder Konferenzen vorgeführt bekommen. Wer hat dies in Deutschland überhaupt in Bewegung gebracht, und wer hat diesen Prozeß geleitet? Man merkt, daß das zusammengehört, es müssen also auch Kräfte gewirkt haben, die diesen Motor in Betrieb gehalten und gesteuert haben. Ist dies in irgendeiner Weise erkennbar?

Klein: Leider kann ich dazu nichts weiter sagen. Wir hören, daß Städtetage immer wieder als nicht arbeitsfähig bezeichnet werden. Auch das lasse ich dahingestellt; das ist aber die Meinung kompetenter Bürgermeister, das muß ich ganz klar sagen. Aber es ist wohl auch etwas daran, daß Städtetage zu umständlich sind, um eine sehr starke, immer stärker notwendige Absprache zwischen den Städten zu gewährleisten. Die Gründe werden uns genannt: Es ist die Notwendigkeit, sich immer öfter zu versammeln, und das geht mit Städtetagen vielleicht nicht wie gewünscht oder erforderlich. Es wird aber z.B. gelegentlich auch gesagt, die in Hessen und Nassau haben interessante Vortragsprogramme bei ihren Städtetagen gehabt; warum das nun in Baden nicht gemacht worden ist, weiß ich nicht. Interessant ist, und ich möchte es einmal ganz klar so sagen, die Beobachtung, daß am stärksten in dem Teil Deutschlands, der doch den Liberalismus als allgemeinen Hintergrund gehabt hat, wie wir eben gehört haben und in dem die gesellschaftlichen Verhältnisse sehr weit fortgeschritten gewesen sind, seit den neunziger Jahren einige Städtetage augenscheinlich nicht mehr funktioniert haben, nach einem gewissen guten Anlauf, und daß die Bürgermeisterkonferenzen dafür eingetreten sind, daß aber andererseits die Staaten, die im Grunde als die großen autoritären Staaten gelten mit entsprechend disziplinierter Bevölkerung, so wird es immer gesagt, nämlich Preußen und Bayern, daß die anscheinend gut funktionierende, jedenfalls regelmäßig funktionierende Städtetage gehabt haben und keine an ihre Stelle getretenen Oberbürgermeisterkonferenzen. Das wäre vielleicht eine Frage, die man vergleichend erörtern müßte. Das ist bisher nicht erfolgt, man hat es wohl noch nicht bemerkt, ich weiß nicht warum.

Beckstein: Es gibt natürlich zu diesem Thema viel zu sagen; ich will mich auf drei Sachen beschränken. Erstens die systematische Frage: Wenn man Oberbürgermeister-Konferenzen von Städtetagen scheidet, muß man sich klar machen, was man denn begrifflich damit eigentlich meint. Wenn man den Städtetag als eine Versammlung begreift, an der Vertreter von Städten zusammenkommen, dann ist diese Unterscheidung für meine Begriffe sehr eingängig. Wenn man den Städtetag im Sinne eines Städteverbands begreift, dann wird es schwieriger. Es wäre im übrigen zu klären, warum es keine Oberbürgermeister-Konferenzen in Bayern und Preußen gab: Dort bestanden bereits vor 1914 festgefügte Verbände, die über ein bestimmtes Organisationspotential mit einer Geschäftsstelle usw. verfügten und die natürlich eine ganz andere Interessenpolitik betreiben konnten, insofern sich das Schwergewicht innerverbandlich auf kleinere Einheiten verschob. Der Städtetag als Versammlung, an dem sich Delegierte von Städten treffen, ist in der Tat zu sinnvoller Arbeit in der Regel unfähig, weil ganz einfach zu viele Leute zusammenkommen;

diese begriffliche Differenzierung muß getroffen werden. Ich sehe weniger, daß man in diesem Prozeß der städtischen Selbstorganisation genau unterscheiden kann, wo im einzelnen der Übergang von einer Vereinigung von einzelnen Personen über einen lockeren Verband oder einen Städtetag in diesem ursprünglichen Sinne hin zu einem Verband mit festgefügten Organisationsstrukturen stattfand. Das dürfte im Einzelfall schwer zu unterscheiden sein.

Der zweite Punkt hängt eng damit zusammen; ich versuche, Ihre vielen Informationen zusammenzufassen. Bei Ihren Ausführungen klang oft an, als bevorzugten Sie es, wenn ein Städtetag sozusagen ein bißchen parlamentarischer wäre; das bürgerschaftliche Element müßte stärker vertreten sein. Das widerspricht aber dem konstitutiven Prinzip eines Städtetags, denn dieser beruht auf der Vertretung einer Stadt, und der Vertreter einer Stadt ist in der Regel der Bürgermeister. Es mag in manchen Städten so gewesen sein, daß zu diesen Verbandsversammlungen immer nur eine Person abgeordnet wurde. In der Regel war es so, daß jede Stadt mindestens über zwei Delegiertenstimmen verfügte und man es in den Städten auch so aufgefaßt hat, daß zuerst natürlich der Bürgermeister die Stadt vertritt und dann noch jemand, der das ehrenamtliche Element verkörpert. Zusammenfassend sollte nicht so sehr zwischen Bürgermeister-Konferenzen und Städtetagen unterschieden werden, sondern man sollte eher die Zusammenhänge sehen. Zwei kleine Anmerkungen noch zu Sachsen und zur Rheinprovinz: In Sachsen gab es deswegen keinen Städtetag, weil sich relativ früh ein Gemeindetag konstituierte, in dem alle Kommunen – ich spreche vom Königreich – integriert waren, von den großen bis zu den kleinen; damit erübrigt sich die Frage nach dem Städtetag. In der Rheinprovinz verhielt es sich so, daß die Oberbürgermeister-Konferenzen bereits in den sechziger Jahren des 19. Jahrhunderts entstanden und hierdurch die Gründung eines Städtetages überflüssig war. Mit Ihrer Theorie, daß die Städtetage nicht funktionierten und deswegen Oberbürgermeister-Konferenzen ins Leben gerufen wurden, stimme ich nicht voll überein, denn eines muß man sich vor Augen führen: Dieses personale Organisationsprinzip war gerade in Zeiten, in denen vor allem staatliche Behörden einige Angst vor der kommunalen Autokratie hatten, eine Form der Vereinigung, die auch weniger von staatlicher Repression bedroht war und flexibler auf Herausforderungen reagieren konnte. Die gleichen Phänomene gibt es auch nach 1945, da treffen sich auch zuerst die Oberbürgermeister.

Klein: Das war eine Menge von Material, alles habe ich nicht behalten. Ich kann nur sagen, daß ich von der klaren Sprache der Quellen ausgegangen bin, und das sind diese ganz eindeutigen Erklärungen der Oberbürgermeister an ihren Kollegen in Straßburg. Das ist nicht von mir erfunden worden, das ist nicht meine »Theorie«, sondern das sind klare Bekundungen und deswegen ist für mich der Teilnehmerkreis das entscheidende Kriterium in diesem Zusammenhang; an Übergängen ist höchstens zu beobachten, daß man die Beigeordneten zuläßt, aber manchmal noch nicht einmal sie. Das Kriterium eines Städtetages ist für mich, wenn Stadtverordnete und/oder Stadtverordneten-Vorsteher usw. hinzukommen, wenn Quoten für Städte festgelegt werden, wenn Verhandlungen öffentlich sind; das ist ein großer Sprung, und deswegen sehe ich auch gar nicht so viele Übergänge. Sie finden sich, ich habe es selber angedeutet, vielleicht im rheinischen Städtebund, und es ist unbestreitbar, daß wir noch zu wenig wissen, weil so wenig Material bisher aufgetan worden ist, aber in der Regel verhalten sich die Dinge eindeutig. Es ist auch eine Frage der dichten Folge der Bürgermeisterversammlungen, man kann nicht alle acht Wochen einen Städtetag einberufen, aber, und das scheint mir ganz klar zu sein, man will auch nicht immer diese Leute dabei haben. Die Zeitgenossen jedenfalls haben gewußt, daß dies ein Unterschied ist.

Beckstein: Ich weiß nur aus Quellen, daß zum Beispiel Versammlungen als Städtetag bezeichnet wurden, die tatsächlich eine Zusammenkunft von einigen Beigeordneten für das technische Verkehrswesen war; sie trafen sich anläßlich einer elektrotechnischen Ausstellung 1907, wenn ich es richtig in Erinnerung habe, in Frankfurt, und das firmierte als Städtetag. Was ich damit meine: Man muß mit den Begriffen, die man den Quellen entnimmt, vorsichtig sein und in typologischer Weise versuchen, sie einzuordnen und einem bestimmten Bereich zuzuordnen.

Klein: Es wird gesprochen von Städtetagen im eigentlichen Sinne und von den Bürgermeister-Konferenzen, die es nicht sind, und dann wird das alles genauestens beschrieben. Das empirische

Material ist eindeutig, ich fühle mich da auch gar nicht dadurch verunsichert, das muß ich offen sagen. Vielleicht kann man irgendein Zusammentreffen als Städtetag bezeichnen, das ist schon möglich, etwa eine Bürgermeister-Konferenz, aber nicht einen Städtetag als Bürgermeister-Konferenz; das sind von der Sache her verschiedene Dinge.

Zoche: Konnten Sie feststellen, ob die verschiedenen Gemeindeverfassungen, die ja auch den Oberbürgermeistern und den Bürgermeistern unterschiedliche Stellungen zuweisen, hinsichtlich der Teilnahme von Gemeinderäten oder Stadtverordneten an diesen Konferenzen eine Rolle spielen oder ob die Kommunalverfassung hierauf keinen Einfluß hat?

Nun eine Anmerkung zur Entwicklung in Sachsen: Bei meiner Beschäftigung mit dem badischen Kommunalwesen stieß ich auf einen Hinweis, daß dort offenbar zu Anfang der 1870er Jahre Ähnliches vorging, wie in Baden im Zusammenhang mit der Reform der Gemeindegesetzgebung schon seit den späten sechziger Jahren. Hier hatten sich zunächst ganz informell Vertreter – im breitesten Sinne – vor allem der größeren, aber auch einiger kleiner Städte zusammengefunden, um Gesetzgebungsvorhaben, die sich in irgendeiner Form auf die Gemeinden auswirken konnten, zu diskutieren. Hauptsächlich ging es dabei natürlich um die Gemeindeordnung im eigentlichen Sinn, es wurden aber auch Probleme der Armengesetzgebung und vor allen Dingen Fragen der Besteuerung beziehungsweise des städtischen Haushalts besprochen. Die Städte waren damals schon in recht schwieriger Situation, und in Baden galt es eben, im Zusammenhang mit der Beratung einer Städteordnung einen neuen Rahmen für die Finanzierung der städtischen Haushalte zu finden. Es scheint doch so gewesen zu sein, daß die frühesten Zusammenkünfte in Baden jeweils zu ganz bestimmten Gesetzesvorhaben stattfanden, um möglichst Einfluß darauf zu nehmen. Anfangs ist dies nur selten gelungen; aus den Quellen gewinnt man beinahe den Eindruck einer Verschwörung. Anscheinend wurden von Leuten mit Zugang zu den Ministerien Unterlagen in den Kreis der Bürgermeister und Gemeindevertreter gebracht. Die daraufhin abgegebenen Stellungnahmen dienten der Regierung wiederum bei der Gesetzesberatung. Nach 1905 ändert sich die Situation in Baden ja grundlegend, indem von den Verbänden der größeren und der mittleren Städte je ein Vertreter in die Erste Kammer kam.

Klein: Ob die Stadtverfassungen, also die Städteordnungen, Einfluß darauf gehabt haben konnten, ist mir nicht bekannt. Ich muß natürlich zugeben, daß es eine Fülle von Fragen gibt, da man die ganzen Phänomene, die übrig bleiben, noch nie gesehen hat. Ich habe sicherlich sehr viel Arbeit übrig gelassen, und ich gedenke auch nicht, diese ad infinitum weiterzuführen, das kann also zunächst so bleiben. Ich habe es nicht bemerkt, daß zwischen den Wandlungen des badischen Städtetages zur Bürgermeister-Konferenz oder entsprechenden Vorgängen im Großherzogtum Hessen irgendwelche Veränderungen der Städteordnungen eingetreten sind. Das ist eher nicht der Fall, das verkümmert aus anderen Gründen. Ob es doch so ist, müssen weitere Forschungen zeigen.

Die andere Frage zu den sechziger und siebziger Jahren: Da ist nun einiges bei meinem Ritt über den Bodensee sozusagen noch nicht herausgekommen. Es ist zum Beispiel in Sachsen eine tiefe Schicht da, die in die sechziger Jahre zurückführt. Nun war aber mein Thema das wilhelminische Deutschland. Ich werde in der nächsten Zeit noch einmal die Deutsche Gemeindezeitung konsultieren. Es ist sehr interessant, daß Ziebill alle seine Kenntnisse mehr oder weniger auch nur immer aus dieser Deutschen Gemeindezeitung zieht, die sehr viel Informationen für regionale Gesichtspunkte zu enthalten scheint. Danach ist, das habe ich, glaube ich, angedeutet, im Falle von Altenburg eine solche frühe Schicht anzunehmen. Als jene 1916 ihrer Bürgermeister-Versammlung eine feste Struktur geben wollen, sagen sie: Das machen wir seit über 50 Jahren – doch ich habe nichts in den Archiven gefunden. Das deutet aber genau auf die sechziger Jahre hin.

Vielleicht waren dies noch echte Städtetage in dem von mir definierten Sinn, die dann aber durch den gesamtthüringischen Städtetag überlagert wurden, der schließlich sogar Preußisch-Thüringen einbezog. Es mag auch sein, daß dieser Thüringische Städtetag, der sich ja über Städte in acht Staaten und Preußen hin erstreckte, letztlich doch nur wenig konkrete, situations- und problembezogene Arbeit leisten konnte und damit wiederum die von mir beobachteten einzelstaatlichen Bürgermeisterversammlungen nötig machte. Wie es im Detail war, weiß ich nicht, das bliebe zu erforschen, denn »irgendwie« muß man 1916 auf »über 50 Jahre« gekommen sein. Auch wie es sich in Sachsen in der ganzen Zeit verhalten haben mag, bis es zu den verschiedenen Bürgermeisterversammlungen gekommen ist, bleibt noch offen; hier liegen die Anfänge, wie von Ziebill beobachtet, ebenfalls in den sechziger Jahren. Auch in Baden – ich sagte es – muß schon zu Anfang der siebziger Jahre »etwas« gewesen sein. Ich habe in meinem Referat nur die mancherorts zu beobachtende Krise der Städtetage und ihrer zugrunde liegenden »Idee« zum Ausgangspunkt genommen und die sich anschließenden Bürgermeisterversammlungen in ihrer Mehrschichtigkeit zu untersuchen beabsichtigt. Die zwei Typen Städtetag und Bürgermeisterkonferenz hat aber die Zeit selbst als solche erkannt und einander gegenübergestellt, davon kann wohl heute auch die Wissenschaft ausgehen.

Schadt: Zur Fertigstellung ihres Manuskriptes haben Sie etwas Zeit, um noch einige Fragen, die gestellt, aber noch offengeblieben sind, weiter zu vertiefen und zu verfolgen. Im übrigen wird das morgige Referat das Thema weiterführen und vielleicht die Frage der Interessenvertretung behandeln. Wir haben jetzt hauptsächlich über den Informationsaustausch zwischen den Kommunen gesprochen. Für heute glaube ich, können wir es damit bewenden lassen.

DISKUSSION ZUM VORTRAG GEBHARDT

Kirchgässner: Die kompetente Darstellung betrifft 45 Jahre unserer eigenen Geschichte und belegt zugleich, wie ich mit großem Vergnügen feststelle, ein Herauswachsen aus der »Traditio«, der Weitergabe also all dessen, was Generationen vor uns an Verständnis von Kommune, kommunaler Verfassung und kommunaler Wirklichkeit herausgearbeitet und oft genug auch hart erkämpft haben. Gegen Ende des Vortrages ist mir die Vorstellung lebendig geworden, wie Verfassungsrecht und Verfassungswirklichkeit in diesem Bereich eigentlich korreliert haben: daß das Verfassungsrecht relativ bescheiden ist, die Verfassungswirklichkeit aber offensichtlich sehr viel intensiver die Probleme zum Tragen bringt.

Eine zweite und relativ bittere Wirklichkeit freilich bedeutet es, daß seit rund zwei Jahrhunderten der Staat, dann das Land und heut auch der Bund die großen Visionen entwickeln, die Kommunen diese jedoch bezahlen sollen. Wir sind in die Werkstatt des Kommunalpolitikers hineingeführt worden, denn es war ja nicht nur der Verband als solcher, sondern auch seine Mitglieder, die hier in lebendiger Weise vor Augen geführt worden sind. Ganz nebenbei soll auch auf die bedeutende Rolle der Kommunen beim Aufbau in den Ländern der früheren DDR hingewiesen werden; hier sind in der Tat Dimensionen in all der Nüchternheit hochgewachsen, wie sie auch den eben gehörten Vortrag auszeichnen.

Ehbrecht: Zwei Fragen zur Verbandsorganisation und zur Kulturarbeit als Aufgabe der kommunalen Verbände. Erstens: Mich interessiert das Verhältnis des Baden-Württembergischen Städtetags zum Deutschen Städtetag, und zwar genau unter dem Aspekt, inwieweit das regionale Moment in der gesamten Verbandsarbeit des Deutschen Städtetags eine Rolle spielt: Kann man von Interessengleichheit und Interessenkollisionen sprechen, etwa zwischen regionalem Verband und Zentrale, aber auch zwischen den verschiedenen regionalen Verbänden untereinander (Baden-Württemberg/Nordrhein-Westfalen)? Pressemeldungen des Deutschen Städtetages lassen dies außerhalb der Verbandspublikationen kaum erkennen. Im Hinblick auf die unterschiedlichen Interessen von großen und kleinen Städten scheinen mir auch verschiedene Formen der Vertretung zu bestehen. Wenn ich recht verstanden habe, gibt es in Baden-Württemberg Städtetag, Landkreistag und Gemeindetag, in Nordrhein-Westfalen dagegen der Städtetag für die größeren Städte, Landkreistag und Städte- und Gemeindebund für die kleineren Städte.

Zweitens: Auch im Interesse dieses Arbeitskreises ist zu fragen, welche Erwartungen seitens der kommunalen Spitzenverbände an Einrichtungen dieser Art gestellt werden. Zwar ist die Zeit vorbei, in der die Geschichtswissenschaft unter dauernden Legitimationszwängen stand, aber für die Stadtgeschichtsforschung ist unbestreitbar, daß sie sich ein Stück weit unter dem Spannungsfeld von Forschung und Kommunalpolitik ereignet. Ich frage das, weil mir immer ganz unwohl ist, mit welchem Arbeitsaufwand etwa Wissenschaftler über längere Zeit in einer Kommission des Kulturausschusses des Städtetages über die »Geschichte in der Kulturarbeit der Städte« arbeiten, anstatt ihren »eigentlichen« wissenschaftlichen Verpflichtungen (und Neigungen) nachzugehen. (2. Aufl. DST-Beiträge zur Bildungs- und Kulturpolitik, Reihe C, Heft 19, Köln 1992, bearbeitet von Helmut Lange). Wie sollen wir als beteiligte Wissenschaftler uns gegen die Vorwürfe der Kollegen wehren, daß wir dort nur unsere Zeit vertun, wenn wir nicht erfahren, ob solche Schriften in den Kommunen überhaupt eine Resonanz finden, und das ist mehr als die »Auslage« solcher Schriften in einzelnen Dezernentenzimmern (oder anderswo?) Das Echo, etwa in der Übersendung lokalgeschichtlicher Schriften an die dort genannten einschlägigen Institute, könnte durchaus besser sein, um nicht gleich auf die ideelle und materielle Förderung von wissenschaftlichen Projekten in diesen Instituten zu sprechen zu kommen.

Gebhardt: Zunächst einige Worte zur Klarstellung, weil immer wieder nicht ganz korrekt unterschieden wird: Wenn von Kommunalen Spitzenverbänden die Rede ist, so sind darunter die Zusammenschlüsse auf Bundesebene zu verstehen, also der Deutsche Städtetag, der Deutsche Landkreistag und der Deutsche Städte- und Gemeindebund. Auf Landesebene spricht man von Kommunalen Landesverbänden.

Zur ersten Frage bezüglich der Verbandsorganisation: Hier gibt es in der Tat einen beachtlichen Unterschied. Der Deutsche Städtetag ist, anders als die beiden anderen Kommunalen Spitzenverbände, keine Dachorganisation, das heißt, er setzt sich nicht ausschließlich aus Landesverbänden zusammen, aus historischen Gründen. Ursprünglich gehörten dem Deutschen Städtetag nur die großen Städte an, also im wesentlichen jene, die wir in Baden-Württemberg Stadtkreise nennen. Diese unmittelbaren Mitglieder gibt es auch heute noch, wenngleich sich der Kreis inzwischen erheblich erweitert hat. Neben diesen Einzelmitgliedschaften sind auch Landesverbände Mitglieder des Deutschen Städtetages. Der Städtetag Baden-Württemberg vermittelt den Städten, die nicht unmittelbar dem Deutschen Städtetag angehören, die Mitgliedschaft im Deutschen Städtetag. Es gibt also unmittelbare und mittelbare Mitglieder des Deutschen Städtetages. Der Einfluß der Kommunalen Landesverbände ist dadurch geringer als bei den reinen Dachverbänden. Natürlich hängt der Einfluß auch von der Zahl der Mitgliedsstädte ab beziehungsweise von der Zahl der Ratsmitglieder, die jeweils unter parteipolitischen Gesichtspunkten nach Gruppen zusammengefaßt werden – ein ziemlich kompliziertes Verfahren, das ich an dieser Stelle nicht näher erläutern will.

In Nordrhein-Westfalen, das Sie angesprochen haben, gehören in der Tat nur die großen Städte dem Deutschen Städtetag an, während die kleinen im Deutschen Städte- und Gemeindebund organisiert sind. In Baden-Württemberg gehören, wie gesagt, alle Stadtkreise, alle Großen Kreisstädte (zur Zeit noch mit einer Ausnahme) und 73 kleinere Städte bis herunter auf ca. 2000 Einwohner dem Städtetag Baden-Württemberg an. Allerdings, auch dies ist wieder eine Besonderheit, sind einige dieser kleineren Städte Doppelmitglieder, sie gehören sowohl dem Städtetag als auch dem Gemeindetag Baden-Württemberg an.

Nun zu Ihrer zweiten Frage, welche Erwartungen ich an die Stadtgeschichtsforschung knüpfe. Natürlich nimmt die Tagesarbeit mit ihren wachsenden aktuellen Problemen einen breiten Raum ein. Die Kommunen und die Kommunalen Landesverbände sind damit personell, arbeitsmäßig und finanziell voll ausgelastet. Ich verkenne nicht die Gefahr, daß dadurch manches, gerade im kulturellen Bereich, in den Hintergrund gedrängt wird. Aber ich habe es bereits angesprochen, daß der Städtetag Stadtgeschichtsforschung als eine wichtige Aufgabe betrachtet. Während meiner Amtszeit als Geschäftsführendes Vorstandsmitglied war ich immer bemüht, und dies nicht ohne Erfolg, geschichtliche Entwicklungen, speziell über Kommunalpolitik und das kommunale Verbandswesen, schriftlich festzuhalten. Dabei ging es vor allem um den Wiederaufbau nach dem Kriege, wo von »Kommunalpolitikern der ersten Stunde« wertvolle Überlieferungen eruiert werden konnten, die sonst wohl in Vergessenheit geraten wären. Dieselbe Bedeutung messe ich aber auch der älteren Stadtgeschichte und deren Erforschung bei. Was auf diesem Gebiet geleistet wird, wird durchaus als besonders verdienstvoll anerkannt.

Becht: Ich sehe im Prozeß der kommunalen Einflußnahme auf politische Entscheidungen im wesentlichen zwei Ebenen, auf denen sich diese Einflußnahme vollziehen kann, nämlich einmal die gewissermaßen formelle Ebene, das wären die kommunalen Landes- oder Bundesverbände; zum anderen sehe ich aber die informelle Ebene: Informelle Einflußnahmen könnten etwa über Ämterhäufungen – beispielsweise den Oberbürgermeister mit Sitz im Landtag oder im Parteivorstand – möglich sein, ebenso natürlich durch kommunale Repräsentanten und Organisationen jedweder Art. Denkbar wäre aber schließlich auch, was man im föderativen System, im Verhältnis der Länder zum Bund, als »Politikverflechtung« bezeichnet. Gewiß ist das Verhältnis zwischen Bund und Ländern ein anderes als das Verhältnis zwischen Land und Gemeinde, dennoch könnte ich mir aber solche Modelle der Einflußnahme, der Interessenvertretung und letztlich eben auch der effizienten Interessendurchsetzung ohne weiteres vorstellen.

Gauss: Gerne gehe ich auf die gestellte Frage ein: Die Politikverflechtung scheint bei dem System, das Herr Gebhardt geschildert hat, dahin zu gehen, daß im Grunde die Bindung des Kommunalverantwortlichen vor Ort durch die örtlichen Aufgaben sehr stark ist. Doppelfunktionen sind möglich, aber nicht sehr effektiv. Es gibt wenige Kommunalpolitiker, die über ihre eigene Stadt hinaus politisches Profil gewinnen und die dann, in Baden-Württemberg möchte ich einschränkend sagen, auch in der Parteipolitik Gewicht gewinnen. Ausnahmen bestätigen die Regel.

Es war ja vorhin die Frage, was eigentlich der Beitrag der Stadtgeschichte sein kann. Ich darf sie vielleicht so stellen: Was kann der Beitrag von Stadthistorikern für die Gegenwart sein? Ich halte es für außerordentlich interessant, im Blick auf das zukünftige Europa zu vergleichen, welchen Einfluß etwa die Kommunalpolitiker Frankreichs in der nationalen Politik haben im Vergleich zu dem, was Kommunalpolitik in der Bundesrepublik Deutschland national zu bewirken vermag. Warum diese Frage? Weil eben in Frankreich eine personelle Verflechtung besteht, so daß der Bürgermeister oft gleichzeitig auch auf allen anderen Ebenen eine Funktion ausfüllt. Wir aber sind den anderen Weg gegangen; Herr Gebhardt sprach davon. In der Nachkriegszeit waren es noch relativ viele Bürgermeister, die auch in Land und Bund Funktionen übernommen haben, jetzt sind es nur noch wenige. Es wäre an der Zeit, diese beiden Systeme zu untersuchen und festzustellen, welchen Einfluß man von der lokalen Ebene auf die darüber liegenden Ebenen gewinnen kann und muß. Unser gemeinsames Interesse besteht darin, möglichst viel von kommunaler Selbstverwaltung in Europa wirksam werden zu lassen. Dabei können wir sicherlich von der östlichen Seite des Rheins ein konstitutionell starkes System mit einbringen. Personell, das heißt in der Politikverflechtung, um die gestellte Frage wieder aufzunehmen, ist in Frankreich der Einfluß von unten nach oben viel stärker.

Vogler: Als Franzose möchte ich zu diesem Problem einiges beisteuern. Es ist wirklich bei uns seit Jahren der Fall, daß die Oberbürgermeister im allgemeinen Abgeordnete oder Senatoren in Paris und dann auch noch im Generalrat auf Departemental-Ebene waren, aber zur Zeit ändert sich hier die Lage. Zuerst durch ein Gesetz im Jahre 1988, das jetzt die Kumulation von Mandaten auf zwei beschränkt. Man stellte fest, daß viele Oberbürgermeister lieber auf ihr nationales Mandat, zum Beispiel Carignon in Grenoble, verzichten, um auf der regionalen und departementalen Ebene aktiv zu bleiben. Und umgekehrt stellte man fest, daß im Bas-Rhin der Bürgermeister von Zabern, Herr Zeller, jetzt keine regionale Funktion mehr hat und feststellen muß, daß es für ihn ein großer Nachteil ist (aber nach den Regionalwahlen von 1992 hat er auf das europäische Mandat verzichtet, um wieder in der Region tätig zu sein).

Kirchgässner: Ich glaube, man wird hier bedenken müssen, daß die Stellung des deutschen Oberbürgermeisters wesentlich stärker ist als etwa diejenige des französischen Maire, wenn dieser nicht über besonders gute Verbindungen nach Paris verfügt. Soweit ich Einblick habe, liegen die französischen Bürgermeister sehr viel stärker an der Kette der zentralen Verwaltung in Paris, als dies für einen deutschen Oberbürgermeister etwa gegenüber dem Land oder gar dem Bund der Fall ist.

Gebhardt: Mir fallen im Moment zwei französische Bürgermeister ein, mit denen ich es in meiner Eigenschaft als Oberbürgermeister beziehungsweise später als Geschäftsführendes Vorstandsmitglied des Städtetages zu tun gehabt habe: Beide waren Senatoren, der eine saß als

Bürgermeister unserer Partnerstadt Mayenne lange Jahre im Senat in Paris. Und der andere, mit dem ich dann über den Deutschen Städtetag und vor allem auch über die Kommunalkonferenz des Europarates in Straßburg in Kontakt kam, war Pflimlin, eine herausragende Persönlichkeit, die den umgekehrten Weg gegangen ist. Er war zuerst Minister in Paris und dann Bürgermeister in Straßburg. Aus dieser Position heraus hat er Großartiges für die Freundschaft zwischen unseren beiden Völkern und für das Zusammenwachsen von Europa geleistet.

Zoche: Sie sind in Ihrem Referat auf die Rolle eingegangen, die der Staat bei der Ausstattung der Kommunen mit Finanzmitteln spielt und welchen Einfluß er damit ausübt. Mich würde nun interessieren, ob es innerhalb des Städtetags eine Art Fraktionierung gibt zwischen sogenannten reichen Städten, also solchen, die durch Industrieansiedlung gut ausgestattet sind, und jenen, die in dieser Hinsicht weniger begünstigt sind. Außerdem wüßte ich gerne, ob innerhalb des Städtetags Instrumente oder Strategien ausgearbeitet wurden, um etwaigen Ansprüchen der Industrie bei der Ansiedlung entgegenzutreten und zu vermeiden, daß Kommunen gegeneinander ausgespielt werden. Ich meine, das gibt es heute ebenso, wie es das früher gab; ich erinnere nur an das bekannte Beispiel der geplanten Ansiedlung der BASF in Mannheim.

Gebhardt: Eine »Fraktionierung«, also irgendeine Art von Interessengemeinschaft wohlhabender und finanziell schlechter ausgestatteter Städte, existiert nicht. Die verschiedene Interessenlage kommt besonders deutlich bei den ständig wiederkehrenden Diskussionen um den Kommunalen Finanzausgleich zum Ausdruck. Hier sind letztlich, wie bereits ausgeführt, in den Gremien des Städtetages immer wieder Kompromisse gefunden worden, ohne daß die Problematik jemals zu einer Zerreißprobe des Verbandes geworden wäre.

Spezielle Instrumente oder Strategien, um die Konkurrenz von Städten bei der Ansiedlung von neuen Gewerbe- oder Industriebetrieben zu verhindern, gibt es ebenfalls nicht. Ich halte etwas Derartiges auch nicht für erforderlich. Voraussetzung ist natürlich, daß sich die betreffenden Städte an die rechtlichen Rahmenbestimmungen halten. Ich denke hier zum Beispiel an die Einräumung von steuerlichen oder anderen Vorteilen, die mit der Gesetzeslage nicht in Einklang stehen. Zur Unterbringung solcher Verstöße ist die Rechtsaufsichtsbehörde zuständig.

Kirchgässner: Wer sich mit Finanzgeschichte der Kommunen befaßt hat, wird natürlich die Frage aufwerfen, wie die Arbeit des Städtetags finanziert wird, insbesondere wie sich die Gewichtung und die entsprechenden Stimmverhältnisse zwischen großen und kleinen Kommunen aufteilen. Gibt es hier aufgrund der faktischen Verhältnisse ein Übergewicht der großen Kommunen? Ich würde auch gerne wissen, wer nun von den Städten wirklich delegiert wird – haben Stadträte hier noch ein Mitspracherecht, oder entscheiden das die Oberbürgermeister und die Beigeordneten allein? Schließlich interessiert den Stadthistoriker wie den Zeitgenossen auch die »Chrono-Logik« der Nachkriegsverhältnisse: Wie entwickelte sich das Verhältnis zu den Besatzungsmächten, die ja jede derartige Verbandsbildung ex officio mit Mißtrauen beobachtet haben? Ein Letztes: Wie war das Verhältnis des Städtetages zu der heftig umstrittenen Kommunalreform beschaffen? Manchmal hat man als interessierter Laie heute fast den Eindruck, es wolle niemand mehr so recht zu dieser Sache stehen. Insofern wäre wichtig zu wissen, welchen Einfluß der Städtetag auf derartig fundamentale Entscheidungen nehmen kann, sei es de jure oder de facto.

Gebhardt: Die Verbandsumlage wird von der Hauptversammlung im Rahmen des Haushaltsplanes festgelegt. Es ist ein Pfennig-Betrag, der mit der Einwohnerzahl jeder einzelnen Mitgliedsstadt multipliziert wird. Die paritätische Zusammensetzung der Beschlußgremien durch die drei Städtegruppen verhindert ein Übergewicht derer, die einen höheren Verbandsbeitrag leisten.

Im Vorstand und in den Städtegruppen sitzen die gesetzlichen Vertreter der Städte, also die Bürgermeister und die Oberbürgermeister; in den Fachausschüssen Personen mit besonderer Sachkunde, teils Bürgermeister, teils andere leitende Mitarbeiter aus den Stadtverwaltungen, in den Arbeitsgemeinschaften (ohne zahlenmäßige Beschränkung) Amtsleiter. Lediglich in der Hauptversammlung, dem höchsten Organ, sind auch Stadträte als Delegierte vertreten. Ihre Anzahl richtet sich nach der Größe der jeweiligen Mitgliedstadt.

Das Verhältnis zu den damaligen Besatzungsmächten war weitgehend von den Persönlichkeiten bestimmt, die die Städte repräsentierten. Da möchte ich nochmals zwei Männer herausgreifen: Klett in Stuttgart und Kalbfell in Reutlingen, der eine in der amerikanischen, der andere in der französischen Besatzungszone. Beide haben nach meiner Einschätzung unter schwierigsten Verhältnissen Großes geleistet, durch ihre Überzeugungskraft, aber auch durch ihre Glaubwürdigkeit, die ja in dem begründet war, was sie vordem getan hatten.

Was die Gemeindereform anbetrifft, so muß ich gestehen, daß der Städtetag nicht grundsätzlich dagegen war. Man muß sich ja vergegenwärtigen, daß es in Baden-Württemberg zuvor 1111 Gemeinden gab, darunter viele Zwerggemeinden, die nicht genügend Verwaltungs- und Finanzkraft hatten, um den gewachsenen Ansprüchen der Bürger gerecht werden zu können. Es ging also letztlich um die Herstellung zwar nicht gleicher, aber doch gleichwertiger Lebensverhältnisse im ganzen Land. Nachträglich betrachtet, ist man in vielen Dingen über das Ziel hinausgeschossen. Historische Wurzeln wurden nicht genügend berücksichtigt. Dies gilt unter anderem für Ortsnamen, die umbenannt oder, was Ortsteile anbetrifft, einfach durchnumeriert worden sind. Es mag sein, daß man hier gelegentlich wieder Korrekturen vornimmt. Aber es ist mitunter nicht nur zuviel des Guten, sondern auch zu wenig getan worden. Für die Landeshauptstadt Stuttgart und den Mittleren Neckarraum beispielsweise ist nicht genügend geschehen. Jetzt versucht man unter großen Mühen mit Verbandslösungen die Basis für notwendiges gemeinsames Handeln zu schaffen, wobei fraglich bleibt, ob damit das Ziel erreicht werden kann, Planung, Durchführung und Finanzierung von regionalen Projekten »in einer Hand« zu vereinigen.

Der Städtetag konnte bei diesem sehr bedeutungsvollen Reformwerk durchaus Einfluß ausüben, sowohl de jure im Wege des Anhörungsrechts als auch de facto dadurch, daß er sich in der vom Land eingesetzten Kommission für die Gemeindereform, ebenso wie die beiden anderen kommunalen Landesverbände, sachkundig und hochrangig vertreten ließ.

Baer: Ohne die Diskussion in die Länge ziehen zu wollen, möchte ich darauf hinweisen – ich komme aus Bayern –, daß es auch im Nachbarland ganz ähnliche Probleme gibt. Gerade in Bayern ist ja die kommunale Selbstverwaltung eine heilige Kuh, wie Sie sicherlich wissen, und in diesem Zusammenhang ist es immer besonders interessant, wenn der Vorsitzende des Bayerischen Städtetages, der Landshuter Oberbürgermeister Dr. Deimer, der derselben Partei wie die Bayerische Staatsregierung angehört, ständig wider den Stachel löckt und sich – gerade was die Finanzzuweisungen des Staates an die Kommunen anbelangt – ständig mit der Bayerischen Staatsregierung anlegt. Dies als kleiner Hinweis aus dem Nachbarland Baden-Württembergs.

Gebhardt: Die Bayern haben mit dem Senat als zweiter Kammer etwas Ähnliches erreicht, was wir mit einer Gemeindekammer angestrebt, aber nicht geschafft haben. Ich kenne Herrn Dr. Deimer. Als derzeitiger Vorsitzender des Bayerischen Städtetages hat er kraft Amtes einen Sitz im Senat. Daß er mit der Bayerischen Staatsregierung im Clinch liegt, spricht nicht gegen ihn.

Kirchgässner: Es soll auch in Baden-Württemberg Oberbürgermeister geben, die gelegentlich auf Konfrontationskurs zu ihrer Parteizentrale in Bonn gehen! Im übrigen darf man gerade für dieses Bundesland darauf hinweisen, daß es gelegentlich mancher Kommune nicht einmal schlecht bekommen ist, wenn der Oberbürgermeister »von der einen Seite« war und der Stadtrat »von der anderen«. Im kommunalen Leben ist es wichtiger, daß der städtische Alltag funktioniert, weniger, daß große Politik gemacht wird. Daß freilich jetzt Aufgaben auf die Kommunen in Dimensionen zukommen, mit denen man noch vor wenigen Jahren gar nicht rechnen konnte, soll nicht verschwiegen werden. Ob es dann prinzipiell noch möglich ist, über den eigenen Kirchturm hinauszuschauen, ist eine ganz andere Frage.

Wir danken jedenfalls allen Beteiligten herzlich für diese lebendige Darstellung von Zeitgeschichte, für die engagierte und doch nüchterne Darstellung dessen, was Städteverbandsarbeit bedeuten kann und bedeutet. Allzu leicht ist man ja geneigt, aus Satzungen die Verfassungswirklichkeit herauszukristallisieren – daß gerade dieser Arbeitskreis sich bemüht, der Wirklichkeit des Alltags gerecht zu werden, hat diese Tagung wieder einmal deutlich unter Beweis gestellt.

SCHLUSSDISKUSSION

Ehbrecht: Ohne die Versammelten zu lange festzuhalten, möchte ich im Rahmen der Schlußdiskussion zwei Desiderate dieser Tagung beschreiben, die mir für weitere Überlegungen in dieser Thematik wichtig sind. Der eine Bereich tat sich gestern ganz deutlich im Anschluß an das Referat von Herrn Schmidt auf: der zunehmende Bedeutungsverlust der Städte, der – ich verweise auf Jean Pauls Reichsflecken Kuhschnappel – die Argumentation durchzog, wurde von der Diskussion bereitwillig aufgenommen. Hält man aber dagegen, welche Rolle die Idee der kommunalen Selbstverwaltung im 19. Jahrhundert spielte, gerade auch in Baden, so ist doch nach den Brücken und Brüchen, nach Kontinuitäten und Diskontinuitäten zwischen dem Zustand und Bewußtsein der Städte am Ende des Alten Reiches und im Vormärz zu fragen. Auf welchen Schienen gelangen Bedeutung von Autonomie, Selbstverwaltung der Kommunen, Aufgaben der Daseinsvorsorge usw. in das 19. Jahrhundert?

Eine ähnliche Zäsur wie für den Beginn des 19. Jahrhunderts gilt es auch für die Zeit nach 1918/19 zu untersuchen: Wir haben zwar einiges über die Parteienentwicklung in der Weimarer Republik gehört, aber die Frage nach dem kommunalen Bewußtsein und der Bedeutung der Selbstverwaltung ist mir viel zu kurz gekommen. Wieder ist es die Brücke zu den Ausführungen von Herrn Klein über Städtetage und Bürgermeisterkonferenzen in der wilhelminischen Zeit, die wir bauen und begehen müssen. Wir wissen alle, daß die Verbandsorganisationen der Städtetage entscheidend von Weimar geprägt sind, aber wie haben sie auf Weimar und schließlich über die NS-Zeit hinaus gewirkt? Es gab ja wohl mindestens in Städtetagskreisen das Modell von den drei Säulen, der Republik, den Ländern und den Kommunen, ein Modell, das in dem Referat zu den Verhältnissen in Baden-Württemberg mit der Gemeindekammer noch einmal in Erinnerung gekommen ist; ein Modell auch, das in dieser Art in das Grundgesetz nicht übernommen wurde. Also bleibt es unsere Aufgabe, herauszuarbeiten, warum sich dieses »Drei-Säulen-Modell«, das sich in Weimar abzuzeichnen schien, nicht durchgesetzt hat. Schließt sich daran nicht auch die Frage an, welche Chancen es heute besitzen könnte, oder anders gesprochen, reicht die garantierte Verbandsvertretung für das Bewußtsein der Städte und Einwohner heute und morgen aus?

Becht: Das politische Gewicht der Gemeinden in der Landespolitik der Weimarer Republik ist deutlich geringer als in der Zeit der Monarchie. Die rechtlich bevorzugte Position der großen Städte ist nach 1918 wesentlich geschwächt, darüber hinaus bilden die Städte auch keine eigenen Landtagswahlkreise mehr. Die lokalen Parteiorganisationen verlieren damit zugunsten der Landespartei erheblich an Bedeutung, und das prägt auch die politische Szenerie in den einzelnen Gemeinden. Die Gemeinden unterliegen sehr viel stärker, als das vorher der Fall war, den Gesetzmäßigkeiten der landespolitischen Parteienkonkurrenz; die lokalpolitische Komponente tritt dahinter vielfach zurück. Von besonderem Gewicht sind demgegenüber die Kommunen und ihre Interessen auch noch nach 1918 in den Kreis- und Bezirksräten. Ansonsten ist jedoch der Zusammenhang zwischen Landes- und Kommunalpolitik, verglichen mit der Praxis zur Zeit des Kaiserreiches, eher gering.

Kirchgässner: Der Wirtschaftshistoriker ist natürlich geneigt, vieles – wenn nicht sogar alles – auf ökonomische Fragen zurückzuführen. Aber hängen die Ausführungen der letzten Tage nicht auch wieder damit zusammen, daß viele Gemeinden durch die Währungsreform von 1923 völlig verarmt waren? Städte wie Wiesbaden oder Freiburg, um nur zwei Beispiele zu nennen, waren vor dem Ersten Weltkrieg reich, während die Erzbergersche Finanzreform wegen der Not nach dem Ersten Weltkrieg vieles auf den Kopf gestellt hat und die städtischen Vermögen vielfach ins Nichts zerrinnen ließ.

Mindestens andeutungsweise sind hier auch die großen bürgerlichen Stiftungen zu erwähnen, die den Kommunen vor dem Ersten Weltkrieg viele Aufgaben abgenommen hatten, die seitdem in den städtischen Bereich fallen, und deren Stiftungsvermögen vielfach ebenso wertlos geworden war. So manches Krankenhaus, das auf einer Stiftung beruhte, belastete dann gezwungenermaßen den städtischen Haushalt; die Kommune mußte die Aufgaben übernehmen, wenn die Stiftung verloren war. Ohne daß man dieses Problem verallgemeinern sollte, stellen sich die kommunalen

Finanzen nach der Erzbergerschen Finanzreform eben doch völlig anders als in der Zeit vor 1914, und Politik kostete nachgerade Geld, das man vielfach nicht mehr hatte. Wer etwa die Kommunen wegen ihrer Verschuldung in den zwanziger Jahren kritisiert, sollte dies bedenken.

Becht: Der ökonomische Aspekt besitzt in der Tat große Bedeutung; ich hatte die von mir gestellten Fragen vor allem auf die Parteienszenerie bezogen. Baden war bis weit in die Zeit des Dritten Reiches hinein wirtschaftliches Notstandsgebiet, und die großen Kommunen haben, soweit ihnen das möglich war, auf politischem Wege versucht, ihre wirtschaftliche Situation zu verbessern. Ob die badischen Städte gemeinsam entsprechende Vorstöße unternahmen, kann ich nicht sagen. Die mir bekannten Initiativen zur Wirtschaftsförderung gingen von einzelnen Städten aus, zielten etwa auf den Erhalt von Rüstungsaufträgen, die normalerweise nicht in grenznahe Gebiete vergeben wurden. Soweit ich sehe, waren die Kommunen weitgehend auf sich allein gestellt, was die Ansiedlung neuer Unternehmen, neuer Wirtschaftszweige anbelangt.

Kirchgässner: Ich möchte daran erinnern, daß Baden alle Mühe hatte, in das Notstandsprogramm der Weimarer Zeit überhaupt einbezogen zu werden. Gebiete wie Oberschlesien oder das Saarland hatten hier einfach höhere Prioritäten.

Schmidt: Ich knüpfe daran an, was Herr Ehbrecht am Beginn der Diskussion thematisiert und als ein gewisses Manko angesehen hat. Mir ist auch aufgefallen, daß das missing link der Vorträge, die Zeit um 1800 also, etwas zu kurz gekommen ist, und ich glaube, daß einige Probleme bei der Diskussion vor allem der beiden Vorträge am gestrigen Nachmittag daher rühren. Wenn hier von einem Bedeutungsverlust der Städte gesprochen wird, und das mit Bezug auf mein Referat, so möchte ich noch einmal darauf hinweisen: Ich habe lediglich über die Freien und Reichsstädte gesprochen. Und diese Gruppe ist in Südwestdeutschland zwar sehr stark konzentriert, es gibt relativ wenige in anderen Gebieten des Reiches; das schließt aber nicht aus, daß andere Städte diesen Bedeutungsverlust insgesamt nicht erlitten haben, und selbst für die Freien und Reichsstädte ist dieser Bedeutungsverlust nur im Hinblick auf die Reichspolitik ausgesprochen worden, im Hinblick auf ihre Stellung gegenüber den erstarkten – wie ich weiterhin behaupten würde – Fürstenstaaten. Ich wehre mich dagegen, den Bedeutungsverlust der Stadt vor 1800 schlechthin zu konstatieren. Ich denke an die Städte, die um 1800 durchaus florierten und die keine Reichsstädte waren, also etwa Krefeld, die auch gar keine Tradition in dieser Richtung hatten, aber um 1800 noch florierten. Angesichts dessen müssen wir uns fragen, wie diese Ebene um 1800 ausgesehen hat; ob es ein völliger Abbruch dessen ist, was im alten Reich war, ob am Anfang – wie Nipperdey gesagt hat – wirklich Napoleon war und es von daher eine neue Entwicklung gab, die im 19. Jahrhundert die Städte wieder zu sehr bedeutenden Kommunen werden ließ – auch alte Städte, wie Nürnberg oder Reutlingen, die am Ende des 18. Jahrhunderts ja nicht sonderlich prosperiert haben, dann aber im 19. Jahrhundert zu ganz wichtigen Industriestädten herangewachsen sind? Das ist der erste Punkt: Über diese Zeit um 1800 hätte referiert werden müssen, um die Verwirrung aufzulösen.

Die zweite Frage bezieht sich hierauf: Was ist eigentlich ein Städtetag? Wir haben viel über korporative städtische Politik gesprochen, aber nicht darauf geachtet, daß sich ein Begriff wie »Städtetag« im Laufe der Jahrhunderte natürlich wandelt. Wenn ich den Begriff benutzte für die Zeit des späten Mittelalters und die frühe Neuzeit, dann meinte ich selbstverständlich eine Delegiertenkonferenz, die in etwa der Oberbürgermeister-Konferenz entsprechen könnte. Es sind die Vertreter der sich als Obrigkeit fühlenden städtischen Magistrate, die sich zu diesem Anlaß treffen, die – mit einer Art imperativem Mandat versehen – bestimmte Punkte diskutieren und als »Clearing-Stelle« wirken, um die reichsstädtische Reichspolitik in irgendeiner Weise vertreten zu können. Sodann kommt die Zeit um 1800, wo – wenn wir jetzt eine Ebene tiefer gehen – Landstände, landständische Städte überleben mit ständischer Vertretung und diesen Ständen neuer Art im 19. Jahrhundert sozusagen jetzt eine liberale Perspektive unterschoben wird. Dann tritt der Wandel ein, der uns heute morgen vorgeführt worden ist: der deutsche Städtetag als eine exakt auf Grund der Wahlergebnisse ermittelte Vertretung, die nicht mehr eine Oberbürgermeisterkonferenz ist; in der wilhelminischen Zeit existierte offensichtlich beides nebeneinander. Die Frage, die sich uns stellt, lautet: Sind beide Versammlungen korporative städtische Vertretungen, oder muß man strikt unterscheiden zwischen Oberbürgermeister-Konferenzen und den nach Wahlproporz zusammengesetzten Versammlungen, die sich Städtetag nennen?

Kirchgässner: Unsere Tagungen sind stets mit dem Problem konfrontiert, daß man in der gebotenen Kürze nur paradigmatisch Denkanstöße geben kann; das liegt in der Natur der Sache. Wir vermissen schmerzlich den unvergeßlichen Wolfgang Leiser, der uns in der Mannheimer Tagung über kommunale Selbstverwaltung deren Idee und ihre Wirklichkeit in den Mittelpunkt unserer Diskussion gestellt hatte, was jetzt durch mehrere Referate neu aufgerollt worden ist. Dabei darf man nicht vergessen, daß es, zumindest in Baden, eine »verordnete« kommunale Selbstverwaltung war, soweit sie die hohe Obrigkeit eben zugelassen und gewollt hat. Auf der gleichen Tagung hat uns übrigens seinerzeit Herr Hess eindrucksvoll dargestellt, wie in »Bayern links des Rheines«, in der Pfalz also, die französische Kommunalverfassung bis in die 1890er Jahre mit Erfolg praktiziert worden ist.

Zoche: Wenn ich mir den Titel unserer Tagung ansehe, so habe ich in ihrem Verlauf den Begriff beziehungsweise das Institut des Zweckverbandes eigentlich etwas vermißt. Im Zusammenhang des heutigen Vortrags wurde ja die Kommunalreform angesprochen. Da stellt sich doch die Frage, ob in jedem Fall die Zusammenlegung mehrerer Gemeinden zu einer Kommune nötig war, ober ob nicht viele Aufgaben auch mit dem Instrument des Zweckverbandes lösbar gewesen wären. Ich möchte jedenfalls anregen, bei einer künftigen Veranstaltung den Zweckverband noch einmal zu thematisieren.

Kirchgässner: Ich darf diese Anregung im Raum stehen lassen. Die Auswahl von Tagungsort und Tagungsthema hängt immer davon ab, welche Stadt uns ihre Gastfreundschaft gewährt und welche Referenten wir zu welchen Themen gewinnen können. Sodann stoßen wir für Tagung und Tagungsband mit der Finanzierung regelmäßig an Grenzen, die zu berücksichtigen sind. Daß das manche Zufälligkeiten mit sich bringt, soll nicht geleugnet werden.

Die Frage der Gemeindereform sollten wir meines Erachtens nicht mehr in das Streitfeld unserer Diskussion hineinnehmen. Wer historisch interessiert ist, wird sicherlich bedauern, daß viele Zusammenhänge zerrissen worden sind; in nicht wenigen Fällen klagen die Bürger, daß man nach der Reform viel weitere Wege in Kauf nehmen muß, um zu den jeweiligen Behörden zu kommen, als vordem. Ob das alles im Sinne dessen war, was man eigentlich angestrebt hat, ist natürlich eine offene Frage.

Für wesentlich gravierender halte ich es allerdings, daß man in den neuen Bundesländern vielfach nicht die Oberbürgermeisterverfassung eingeführt hat. Das ist meiner Ansicht nach ein bedauerlicher Rückschritt, denn in so manchem alten Bundesland überlegt man sich jetzt gerade, ob man nicht wieder zu der Oberbürgermeisterverfassung zurückkehren soll. Die gegenseitige Blockade von Oberbürgermeister und dem Stadtdirektor bekommt manchen Städten nicht sonderlich gut, soweit man das von außen beurteilen kann oder auch von manchen Kollegen in den Stadtverwaltungen entsprechend hört. Es hat schon seinen Vorteil, wenn derjenige, der an der Spitze steht, auch die Entscheidungen und vor allem die Verantwortung dafür übernehmen muß.

Reuter: In Hessen hat es vor 1874 keine Städteordnung gegeben. Es hat natürlich vorher Städte gegeben. Aber mit der Städteordnung haben diese Kommunen eine neue Qualität gewonnen. Damals ist der Berufs-Bürgermeister eingeführt worden. Man mußte also einen festangestellten Bürgermeister haben, der nicht nebenher noch einen anderen Beruf ausüben durfte, wie es vorher durchaus der Fall gewesen ist. In Hessen hat es die fünf »großen« Städte gegeben, nämlich Darmstadt, Mainz, Offenbach, Worms und Gießen. Sie haben sich miteinander unterhalten. Sie haben auch einmal mit einer Stadt außerhalb des Landes Hessen Kontakt aufgenommen. Aber sie hatten – jedenfalls nach meinem Eindruck – kaum Beziehungen zu den kleinen Städten; sie hatten nichts gemeinsam. Der Wormser Bürgermeister hatte Kontakt zu dem Bürgermeister von Offenbach, den er aus politischen Gründen vielleicht nicht mochte, aber mit dem er sich auf gleicher Ebene sah. Es ist eine etwas kuriose Sache, daß sich ein hessischer Städtetag gebildet hat, der dann, als die »Kleinen« dazu sollten, von den fünf »Großen« blockiert worden ist. Diese wollten sich nicht mit den »Kleinen« zusammensetzen und wichen auf Oberbürgermeistertreffen aus.

Was die Begriffe »Bürgermeister« und »Oberbürgermeister« anbelangt, so sollte man darauf hinweisen, daß es in Hessen keinen Oberbürgermeister im eigentlichen Sinne gegeben hat. Die Städteordnung von 1874 schrieb bis zur Neufassung von 1911 einen Bürgermeister und Beigeordnete vor. Der Bürgermeister konnte durch den Großherzog jedoch den »Charakter als Oberbürgermeister« erhalten in Form einer Verleihung und somit auch als Anerkennung. Anläßlich des Geburtstages des Landesherrn wurden Orden verliehen und Beigeordnete zu Bürgermeistern und Bürgermeister zu Oberbürgermeistern ernannt.

1891 fand in Worms ein Hessischer Städtetag statt. Der Wormser Oberbürgermeister Küchler referierte über Kanalbenutzungsgebühren sowie die rechtzeitige Ausgabe der Gemeindesteuerzettel. Beigeordneter Dr. Schmidt aus Worms, später Mainz, sprach zu den Themen: Dienstverhältnisse der Handarbeitslehrerinnen an städtischen Schulen, Gehälter der Zivilbeamten und Besoldung von Volksschullehrern. Abschließend nahm Beigeordneter Dr. Gaßner zum Thema Städtischer Witwen- und Waisenanstalten Stellung; man hat sich also mit Angelegenheiten vor allem der großen Städte beschäftigt. Dort fanden auch die ersten hessischen Städtetage statt: Am 27. Oktober 1890 in Mainz, am 2. Februar 1891 in Offenbach, am 6. Juli 1891 in Worms und am 16. Februar 1892 wieder in Mainz. Um ein Organ zur Koordination der gefaßten Beschlüsse zu schaffen, trafen sich am 11. Juli 1893 in der (nicht hessischen) Stadt Frankfurt am Main die *Bürgermeister der beteiligten Städte* und verfaßten ein Statut. Es wurde im gleichen Jahr von *sämtlichen Stadtverordnetenversammlungen der Städte des Landes* angenommen. Weniger eilig hatte man es mit der nächsten Sitzung, denn sie wurde für das Frühjahr 1895 in Gießen projektiert, wo sie am 4. November 1895 stattfand. Der 6. hessische Städtetag wurde erst zwei Jahre später, nämlich am 4. November 1897, in Darmstadt abgehalten (StadtA Worms, 13/514; Verwaltungsrechenschaftsbericht 1893/94, S. VIII, und 1895/96, S. 48–50, sowie in den weiteren Bänden unter »Städtetag«).

Kirchgässner: Es war ein lebendiges und weitreichendes Gebiet städtischen Lebens und kommunaler Aktivitäten, das uns in diesen Tagen beschäftigt hat. Wir danken allen Referenten und allen Diskussionsteilnehmern, die dieses wichtige Problemfeld kommunaler Realität und kommunaler Verfassung auszuleuchten versuchten. Wir danken auch nochmals der gastgebenden Stadt. Damit darf ich die Tagung beschließen.

VERZEICHNIS DER VERFASSER UND DISKUSSIONSTEILNEHMER

Dr. Wolfram BAER, Augsburg
Dr. Hans-Peter BECHT, Pforzheim
Dr. Hermann BECKSTEIN, Bielefeld
Dr. Rudolf BENL, Heidelberg
Dr. Wilfried EHBRECHT, Münster
Karl-Hans FELGER, Stuttgart
Dr. Ulrich GAUSS, Waiblingen
Dr. Kurt GEBHARDT, Stuttgart
Prof. Dr. Bernhard KIRCHGÄSSNER, Mannheim
Prof. Dr. Thomas KLEIN, Marburg
Prof. Dr. Eberhard NAUJOKS, Tübingen
Dr. Cornelia RAUH-KÜHNE, Wannweil
Dr. Fritz REUTER, Worms
Dr. Gregor RICHTER, Stuttgart
Dr. Jörg SCHADT, Mannheim
Dr. Georg SCHMIDT, Tübingen
Prof. Dr. Bernard VOGLER, Strasbourg
Dr. Kurt WESOLY, Bonn
Prof. Dr. Bernd WUNDER, Konstanz
Dr. Hartmut ZOCHE, Waldkirch

ORTS- UND PERSONENNAMEN

bearbeitet von Matthias Stuhlinger